Geoökonomie

nuggets

In der Lehre immer am Zahn der Zeit zu sein, wird in unserer schnelllebigen Zeit immer mehr zur Herausforderung. Mit unserer neuen fachübergreifenden Reihe *nuggets* präsentieren wir Ihnen die aktuellen Trends, die Forschung, Lehre und Gesellschaft beschäftigen – wissenschaftlich fundiert und kompakt dargestellt. Ein besonderes Augenmerk legt die Reihe auf den didaktischen Anspruch, denn die Bände sind vor allem konzipiert als kleine Bausteine, die Sie für Ihre Lehrveranstaltung ganz unkompliziert einsetzen können. Mit unseren *nuggets* bekommen Sie prägnante und kompakt dargestellte Themen im handlichen Buchformat, verfasst von Expert:innen, die gezielte Information mit fundierter Analyse verbinden und damit aktuelles Wissen vermitteln, ohne den Fokus auf das Wesentliche zu verlieren. Damit sind sie für Lehre und Studium vor allem eines: Gold wert!
So gezielt die Themen in den Bänden bearbeitet werden, so breit ist auch das Fachspektrum, das die *nuggets* abdecken: von den Wirtschaftswissenschaften über die Geisteswissenschaften und die Naturwissenschaften bis hin zur Sozialwissenschaft – Leser:innen aller Fachbereiche können in dieser Reihe fündig werden.

Prof. Dr. Serge Ragotzky ist Professor an der Fakultät Betriebswirtschaft und Internationale Finanzen der Hochschule für Wirtschaft und Umwelt Nürtingen-Geislingen.

Serge Ragotzky

Geoökonomie

Finanzmärkte und wirtschaftliche Ressourcen als Hebel staatlicher Macht

UVK

Umschlagabbildung: Suphanat Khumsap iStockphoto

Bibliografische Information der Deutschen Nationalbibliothek
Die Deutsche Nationalbibliothek verzeichnet diese Publikation in der Deutschen Nationalbibliografie; detaillierte bibliografische Daten sind im Internet über http://dnb.dnb.de abrufbar.

DOI: https://doi.org/10.24053/9783381146628

– Ein Unternehmen der Narr Francke Attempto Verlag GmbH + Co. KG
Dischingerweg 5 · D-72070 Tübingen

Internet: www.narr.de
eMail: info@narr.de

Druck: Elanders Waiblingen GmbH

ISSN 2941-2730
ISBN 978-3-381-14661-1 (Print)
ISBN 978-3-381-14662-8 (ePDF)
ISBN 978-3-381-14663-5 (ePub)

FSC www.fsc.org MIX Papier | Fördert gute Waldnutzung FSC® C016368

Inhalt

1 Einführung

Die Verhängung von Zöllen und Sanktionen, die Kontrolle über Ölvorkommen, Gaspipelines und Seltene Erden, die Beherrschung von Produktionsstätten und Handelsketten für Mikrochips und Antibiotika, die Kontrolle technologischer Infrastruktur:
In einer globalisierten Welt definiert wirtschaftliche Macht zunehmend geopolitische Einflusssphären. Der Terminus „Geoökonomie" hat sich deswegen zu einem Schlüsselbegriff entwickelt. Doch was verbirgt sich hinter diesem oft missverstandenen Ausdruck? Der Begriff setzt sich aus den altgriechischen Wörtern „geo" (Erde) und „Ökonomie" (Wirtschaft) zusammen, beschreibt damit aber nur unvollständig ein vielschichtiges Themenfeld. Geoökonomie vereint Geographie, internationale Politik und Wirtschaftswissenschaften. Die in der Disziplin gewonnenen Erkenntnisse helfen, das Handeln von Staaten und Entscheidungsträgern in einer komplexen, von gegenseitigen Abhängigkeiten und Unsicherheiten gekennzeichneten Welt zu beschreiben und zu erklären.

Dieser Text führt in die Grundlagen der Geoökonomie ein, beleuchtet ihre historischen Wurzeln und zeigt, wie Staaten wirtschaftliche Instrumente nutzen, um ihre politischen Ziele zu erreichen. Geoökonomie entstand durch die schrittweise Abgrenzung und Vernetzung der verschiedenen Wissensbereiche. Der erste Schritt war die Definition der *Geopolitik*, der zweite die Entwicklung der *International Political Economy* und der dritte die Synthese der beiden Gebiete zur *Geoökonomie.*

Die Wurzeln der Geopolitik

Bereits Anfang des 20. Jahrhunderts haben Geographen die Bedeutung der räumlichen Positionierung von Staaten für deren außenpolitisches Handeln erkannt, unter anderem Halford Mackinder (Oxford) und Karl Haushofer (München). Diese Forscher waren die Begründer der akademischen *Geopolitik*, die analysiert haben, welche Einflüsse geographische Gegebenheiten und Dynamiken auf politische Strategien und Handlungen haben. Das Konzept der Geopolitik hat sich im weiteren Verlauf zu einer praktischen

Methode sicherheitspolitischer Entscheidungsfindung und -umsetzung von Großmächten entwickelt, sowohl in Autokratien als auch in Demokratien.

Mackinder entwickelte die Theorie, dass die Kontrolle über Eurasien die Weltherrschaft sichert, da dieser Kontinent die meisten Menschen und Ressourcen der Welt vereint.

> „Who rules the Heartland commands the World-Island; who rules the World-Island commands the World".

Die Weltinsel besteht aus den Kontinenten Europa, Asien und dem mit Eurasien direkt verbundenen Afrika. Das Heartland umfasst Teile des heutigen Russlands, der zentralasiatischen Staaten wie Kasachstan, Kirgisistan, Tadschikistan, Turkmenistan und Usbekistan sowie angrenzende Regionen weiterer Staaten. Mackinder betonte, dass das Heartland aufgrund seiner Ressourcen und seiner Unzugänglichkeit für Seemächte die strategische Schlüsselregion ist, um die Welt zu dominieren. Viele Jahrzehnte später bestätigte Zbigniew Brzezinski Mackinders Analyse: Eurasien beherrschen bedeutet, zwei der drei wirtschaftlich stärksten Regionen zu kontrollieren, Europa und Asien. Für Brzezinski ist dabei die Ukraine die Drehscheibe (Brzezinski, 1997).

Eurasische Kontrolle entsteht von innen, durch Eroberung oder Kooperation, oder außen, durch Intervention. Historische Fehlschläge wie Napoleons und Hitlers Ostfeldzüge illustrieren die Risiken kontinentaler Expansion durch militärische Aggression. Im Kontrast steht Chinas Belt-and-Road-Initiative: Ein kooperativer Ansatz, der Eurasiens Infrastruktur unter Pekings Führung verbindet und geopolitischen Einfluss verschafft.

Maritime Mächte wie das britische Empire oder die Vereinigten Staaten beachteten Mackinders Logik mit umgekehrtem Vorzeichen: Sie verhinderten eurasische Einheitsfronten, um ihre Vorherrschaft zu wahren. Statt teure Landeroberungen anzustreben, setzten sie auf eine Balance-of-Power-Politik. Sie operierten strategisch geschickt mit Stützpunkten, Kolonien und gezielten Interventionen in Europa, Ost- und Südasien. Das römische Prinzip „Divide et impera" (teile und herrsche) ermöglichte ihnen eine effiziente Ressourcenausbeutung bei minimalem Risiko (Brzezinski, 1997). Wie wirkt sich das heute aus? In einer Welt von Allianzen und Sanktionen bleibt die Geopolitik der Kompass für Staaten, die um Einfluss ringen, aber ergänzt um ökonomische Faktoren.

Entstehung der International Political Economy (IPE)

Politologen aus der Disziplin der „Internationalen Beziehungen“ (International Relations) haben zwei Generationen nach Mackinder und Haushofer begonnen, systematisch die Beziehung von internationaler Politik und Weltwirtschaft zu untersuchen und so den Forschungszweig der *International Political Economy* („IPE“) begründet (Strange, 1970). Die IPE beschäftigt sich schwerpunktmäßig mit der Frage, wie Staaten, internationale Organisationen und multinationale Unternehmen das globale Wirtschaftssystem beeinflussen. In der IPE wird insbesondere analysiert, wie sich politische Entscheidungen und Machtstrukturen auf den internationalen Handel, die globalen Finanzmärkte und die weltweite Verteilung von Wohlstand und Armut auswirken. Seit Ende der 1960er-Jahre, angeregt durch globale wirtschaftliche Krisen und Entwicklungsprobleme, hat sich die IPE als zentraler Bestandteil der Internationalen Beziehungen etabliert (Cohen, 2008). Sie integriert verschiedene theoretische Ansätze, darunter Realismus, Liberalismus und kritische Perspektiven, und berücksichtigt neben den Staaten auch nichtstaatliche Akteure (Gilpin, 1987). Die IPE legte mit diesen Analysen den Grundstein für die Geoökonomie, die geopolitische Strategien mit wirtschaftlichen Mitteln verknüpft.

Geoökonomie: Eine Synthese der Disziplinen

Wiederum eine Akademikergeneration später wurden die drei Disziplinen Geographie, Politik und Ökonomie in einen ganzheitlichen Untersuchungsansatz unter dem Begriff „Geoökonomie“ integriert.

> Unter ***Geoökonomie*** wird die Umsetzung geopolitischer Strategien durch den Einsatz wirtschaftlicher Instrumente zur Erreichung politischer und wirtschaftlicher Ziele verstanden. Sie analysiert, wie Staaten wirtschaftliche Ressourcen, Handel und Finanzinstrumente einsetzen, um Einfluss in internationalen Beziehungen zu gewinnen (Luttwak, 1990).

Im Gegensatz zur klassischen Geopolitik, die sich auf territoriale Kontrolle konzentriert, betont die Geoökonomie wirtschaftliche Abhängigkeiten und globale Märkte (Sparke, 2007). Beide Themenfelder sind aber verbunden, wie Blackwill und Harris betonen, die Geoökonomie folgendermaßen definieren:

> „The use of economic instruments to promote and defend national interests, and to produce beneficial geopolitical results; and the effect of other nations economic actions on a country's geopolitical goals". (Blackwill und Harris, 2016).

Kurz zusammengefasst, beschreibt Geoökonomie den Einsatz wirtschaftlicher Macht, um staatliche Interessen durchzusetzen. Sie umfasst Themen wie Handelsabkommen, Sanktionen, Energiepolitik und multinationale Infrastrukturprojekte. Staaten nutzen geoökonomische Strategien, um ihre Position in der globalen Wirtschaft zu stärken, etwa durch Kontrolle über Lieferketten oder Technologiestandards. Ökonomische Instrumente staatlicher Machtdurchsetzung können auch destruktive Maßnahmen wie Zölle und nichttarifäre Handelshemmnisse, Wirtschaftssanktionen, Spionage und Sabotage sein.

Staaten versuchen, in einem System wechselseitiger Abhängigkeiten die eigene Position zu optimieren, also für sich selbst ein Höchstmaß an Autarkie zu erreichen und gleichzeitig den eigenen wirtschaftlichen Einfluss auf andere Staaten zu erhöhen. Politische Macht ist ein zentrales Ergebnis dieser beiden Optimierungshebel. Bei extremer Ungleichverteilung wirtschaftlicher Macht und einseitigen Abhängigkeiten ergeben sich hegemoniale Ordnungen, die Regionen, Kontinente und temporär auch die ganze Welt prägen können. Beispiele sind die globale Führerschaft des britischen Empires im 19. Jahrhundert oder die unipolare, US-dominierte Weltordnung nach dem Zusammenbruch des Ostblocks.

> Die hohe Relevanz der Geoökonomie für außen -und wirtschaftspolitische Entscheidungen der Staaten ist offensichtlich. Diese staatlichen Entscheidungen haben wiederum Auswirkungen auf Unternehmen, weil sie sowohl Inputfaktoren (z. B. Energiekosten, Mitarbeiter) als auch Absatzmärkte (z. B. Sanktionen, Zölle, Transportkosten) betreffen. Gerade geopolitische Risiken zählen zu den wichtigsten Erwägungen für unternehmerische Entscheider, etwa wenn neue Produktionsstätten im Ausland errichtet werden sollen. Auch für institutionelle und private Investoren sind geoökonomische Analysen wertvoll, weil sie wertvolle Hinweise auf erforderliche Änderungen bei der Asset

Allocation[1] geben können. Das kann allgemein die Übergewichtung wachstumsstarker Regionen oder aussichtsreicher Branchen im Aktienportfolio betreffen, aber auch sehr konkret die Anlage in Einzeltiteln. Die westlichen Russlandsanktionen hatten z. B. sehr unterschiedliche Auswirkungen auf die Kurse verschiedener Aktien in der Energiebranche, im Technologieumfeld oder im Rüstungssektor. Auch die Zollpolitik der Trump-Regierung bewegt immer wieder die Börsen, die Turbulenzen am „Liberation Day" waren dafür nur ein Beispiel.

Disziplin	Anfang	Ausgewählte wichtige Kernfragen	Vertreter
Geopolitik	ca. 1900	• *Wie wirkt sich die geographische Lage von Staaten auf ihre Außenpolitik aus?* • *Welche Bedeutung haben Ressourcen für Staaten?* • *Was unterscheidet Seemächte von Landmächten?*	Mackinder Haushofer Brzezinski
International Political Economy	ca. 1970	• *Wie beeinflussen Staaten und Unternehmen einander?* • *Welche Rolle spiele internationale Organisationen?* • *Wie wirkt sich Politik auf Finanzmärkte und Wohlstandsverteilung aus?* • *Welche Folgen haben Freihandel und Globalisierung?*	Strange Cohen Gilpin
Geoökonomie	ca. 1990	• *Wie nutzen Staaten wirtschaftliche Macht, um politische Interessen durchzusetzen?* • *Welche Bedeutung haben Ressourcen, Handel und Finanzen für globale Machtverteilung und Konflikte?* • *Wie instrumentalisieren Unternehmen, globale Organisationen und Eliten nationale Politik?*	Luttwak Blackwill, Harris Sparke

Tab. 1: Überblick: Geoökonomisch relevante akademische Disziplinen

1 Asset Allocation beschreibt die Aufteilung eines Anlageportfolios auf verschiedene Anlageklassen und Märkte.

Vier Pfeiler geoökonomischer Macht

> Welche Faktoren verleihen Staaten geoökonomische Dominanz und wie lassen sich diese strukturieren? Glenn Diesen definiert drei Pfeiler geoökonomischer Macht: Eine überlegene Wettbewerbsposition in strategischen Industrien, die Kontrolle wichtiger Transportwege und die Herrschaft über das globale Finanzsystem. (Diesen, 2024). Ein weiterer wichtiger Machtfaktor ist die Soft Power (Nye, 2004). Sie wird deswegen in diesem Buch als vierter Pfeiler in die Analyse einbezogen, obwohl ihr ökonomisches Gewicht im Vergleich zu den anderen drei Faktoren schwerer messbar ist:

1. Die Bedeutung der ***Herrschaft über Schlüsselindustrien*** ist seit langer Zeit Gegenstand strategischer Überlegungen von Entscheidungsträgern führender Mächte. Bis in die 1970er Jahre ging es primär um Nahrungsmittel und Öl. Zu den strategischen Industrien zählen aber auch andere Rohstoffe wie seltene Erden oder Uran und moderne, innovative Wirtschaftszweige wie die Pharmaindustrie, die Software- und Technologiebranche sowie der Rüstungssektor.
2. Die ***Kontrolle über Transportwege*** ist ein weiterer wichtiger Machtfaktor. Schon das römische Imperium verfügte über eine überlegene Infrastruktur, die unter anderem durch für die damalige Zeit moderne Verkehrswege, Landwirtschaft und Wasserversorgungssystem geprägt war. Auch andere historisch bedeutende Mächte wie Spanien, Portugal, die Niederlande und Großbritannien gründeten ihren Einfluss maßgeblich auf die Kontrolle von Handelsrouten. Wenn einzelnen Staaten anderen, nicht-autarken Ländern den Zugang zu Transportwegen abscheiden können, können sie deren Bevölkerung sogar verhungern lassen.
3. Das Überleben von Staaten wie Unternehmen hängt nicht zuletzt auch vom ***Zugang zum Kapitalmarkt*** ab. Börsen und Banken verschaffen Eigen- und Fremdkapital, ermöglichen die Abwicklung von Handelsgeschäften. Finanzielle Risiken können mit Hilfe von Versicherungen und Termingeschäften abgesichert werden. Ohne freien Zugang zum globalen Kapitalmarkt drohen Abhängigkeit und Zahlungsunfähigkeit. Die Bedeutung des Finanzsektors und seiner Kontrolle über die meisten Unternehmen der Realwirtschaft überragt alle anderen Wirtschafts-

zweige und stellt deswegen auch einen eigenständigen Machtpfeiler der Geoökonomie dar.

4. Die ***Soft Power*** wird oft unterschätzt. Sie bezeichnet die Fähigkeit eines Staates, gewaltlos durch kulturelle und ideologische Mittel Einfluss auf andere Länder auszuüben. Beispiele sind kulturelle Exporte wie Filme, Musik oder Bildung, aber auch Werte wie Freiheit, Demokratie und Menschenrechte.

(1)	(2)	(3)	(4)
Schlüssel-industrien	**Transportwege**	**Finanzen**	**Soft Power**
• Nahrungs-mittel • Rohstoffe • Technologie • Pharma und Medizin • Rüstung	• Seewege • Häfen • Straßen • Bahntrassen • Pipelines	• Reserve-währung • Börsenplätze • Banken • Zahlungs-verkehr • Versicherun-gen	• Bildung • Sprache • Kultur • Unterhaltung • Werte

Tab. 2: Geoökonomische Machtpfeiler

Realpolitik

Rationale staatliche Entscheidungsträger analysieren nüchtern die Machtposition ihres Landes im Vergleich zu konkurrierenden Staaten und leiten daraus ihre nutzenmaximierenden Handlungen ab. Politische Sympathien und Moralvorstellungen haben dagegen keinen dauerhaften Einfluss auf geoökonomische Entscheidungen. Der russische Präsident Putin wurde durch US-Präsident Trump im August 2025 in Alaska – trotz anhaltender gravierender – Spannungen mit großem Bahnhof empfangen. Auch der Empfang von Donald Trump beim Staatsbesuch in London wenig später war pompös, obwohl den US-Präsidenten und den britische Premierminister Sir Keir Starmer politisch und persönlich wenig verbindet. Ausschlaggebend war möglicherweise das britische Interesse an besseren US-Wirtschaftsbeziehungen, insbesondere an niedrigen Zöllen.

Die Behandlung einiger EU-Politiker durch Präsident Trump kurz zuvor in Washington war dagegen regelrecht respektlos, womöglich, weil die EU aus Sicht der US-Regierung geoökonomisch wenig anzubieten hat. Die

Beispiele verdeutlichen, dass die Außenpolitik souveräner Mächte stets Realpolitik ist, die mehr von Nutzenerwägungen und Opportunismus als von „Wertegemeinschaften" geprägt ist, und sich auch jederzeit sehr abrupt ändern kann, wenn sich Einschätzungen und Prioritäten ändern. Der britische Staatsmann Lord Palmerston sagte schon im Jahr 1846:

> „We have no eternal allies, and we have no perpetual enemies. Our interests are eternal and these interests it is our duty to follow".

Der verstorbene SPD-Außenpolitiker Egon Bahr formulierte am 3. Dezember 2013 im Rahmen der „Willy-Brandt-Lesewoche" in Heidelberg wörtlich:

> „In der internationalen Politik geht es nie um Demokratie oder Menschenrechte. Es geht um die Interessen von Staaten. Merken Sie sich das, egal, was man Ihnen im Geschichtsunterricht erzählt."

Welche Mittel Staaten zur Durchsetzung ihrer Interessen einsetzen, hängt in erster Linie davon ab, welche Optionen ihnen zur Verfügung stehen. Von Carl v. Clausewitz stammt der berühmte Satz, der Krieg sei die *„Fortsetzung der Politik mit anderen Mitteln"*. Blackwill und Harris (2016) bezeichnen, angepasst an die heutige Zeit, geoökomische Auseinandersetzungen bereits im Titel ihres Buches als Krieg mit anderen Mitteln. Ähnlich wie Luttwak (2009) definieren sie Geoökonomie als Ersatzkrieg, auch weil reale Kriege der Bevölkerung westlicher Staaten kaum noch vermittelbar sind und zudem im Atomwaffenzeitalter existenzielle Risiken für alle Beteiligten bergen.[2] Dennoch sind irrationale Handlungen aufgrund einer Unterschätzung der Kriegskosten und möglicher Fehleinschätzungen bezüglich der Kräfteverhältnisse oder der Entschlossenheit von Konkurrenten nie auszuschließen.[3]

---

2 Meinungsumfragen in westlichen Ländern kommen regelmäßig zu dem Ergebnis, dass nur eine Minderheit der Bürger bereit wäre, für ihre Nation und deren Werte mit dem eigenen Leben einzustehen. Angesichts der vielen globalen Konfliktherde (u. a. in der Ukraine, im Nahen Osten und in Taiwan) lässt sich trotzdem nicht ausschließen, dass europäische Staaten bald wieder häufiger zu einer aktiven Kriegspartei werden.

3 Der kontinuierliche Anstieg des Goldpreises und der Notierungen von Rüstungsaktien kann auch so interpretiert werden, dass die Kapitalmärkte ein steigendes geopolitisches Risiko konstatieren.

Westlich geprägte Vogelperspektive

Ziel dieser Darstellung ist es, interessierten Lesern aus der Vogelperspektive einen sachlichen, einführenden Überblick über die geoökonomischen Verhältnisse in der Welt zu geben. Dieses Buch ist zugleich aus einer westlichen Perspektive geschrieben. Der Grund dafür liegt nicht in mangelnder Anerkennung der Leistungen anderer Kulturräume. Die Staatenbildung in anderen, zeitweilig zivilisatorisch fortgeschritteneren und mächtigeren Weltregionen (z. B. Ägypten, Persien oder China) könnte jedoch allein aus Platzgründen nicht in derselben Tiefe nachgezeichnet werden. Entscheidend ist aber die prägende Rolle von 500 Jahren westlicher Machtpolitik für die gegenwärtige Weltordnung, die erst durch koloniale Eroberungen ermöglich worden ist. Samuel Huntington argumentiert provokativ in seinem bekannten Buch *Clash of Civilisations*:

> „Der Aufstieg des Westens wurde nicht durch die Überlegenheit seiner Idee, Werte oder Religion ermöglicht, sondern durch seine Überlegenheit in der Anwendung organisierter Gewalt".[4]

Das bedeutet nicht, dass es keine westlichen Werte gebe, die eine Verbreitung verdienten, wenn sie willkommen sind.[5] Mit Huntingtons Statement ist auch nicht gesagt, dass sich andere Kulturen bei Eroberungen fremder Territorien rücksichtsvoller verhalten hätten als die Staaten des Westens, wenn sie die Möglichkeit gehabt hätten. Diese spekulative Frage lässt sich im Rahmen dieses Buches auch nicht beantworten.

Aufbau und Kernfragen

Zentrales Thema dieses Buches ist das Handeln von Staaten im Kontext geopolitischer Realitäten und ökonomischer Machtverhältnisse.

---

4 Es ließe sich möglicherweise noch ergänzen, dass die Staaten des Westens, insbesondere Großbritannien und die Vereinigten Staaten, besonders gute PR-Arbeit leisten.

5 Die Verbreitung des Christentums, der Freiheit oder des zivilisatorischen Fortschritts war vielen westlichen Politikern ein Anliegen, wurden aber auch häufig als Argumente missbraucht, um profane Interessen zu verdecken. Daher werden im dritten Kapitel auch die Werte untersucht, die die westlichen Zivilisation ideell geprägt haben. Zudem werden innere Konfliktlinien, Widersprüche und Kämpfe um Deutungshoheiten angesprochen, soweit sie geoökonomisch relevant sind.

- Zunächst wird in Kapitel zwei ***(Lehren aus der Geschichte)*** untersucht, was Staaten ausmacht und wie sie entstanden sind, unter Berücksichtigung, politischer und ökonomischer Aspekte. Dafür werden ausgewählte Meilensteine der westlichen Staatenformation und ihrer kolonialen Expansion chronologisch nachgezeichnet und Analogien zur Gegenwart beschrieben. Am Ende des Kapitels steht ein erster aktueller Vergleich westlicher Staaten mit den BRICS-Nationen anhand aktueller ökonomischer und demographischer Daten. Auch wenn sich Geschichte bekanntlich nicht wiederholt, sondern nur reimt, können durch historisches Wissen auch zahlreiche aktuelle Konflikte besser verstanden werden. Im Idealfall können historisch gebildete Entscheider sogar die Wiederholung von Fehlern vermeiden.
- In Kapitel drei ***(Staatliche Macht und Macht im Staate)*** wird betrachtet, wie (insbesondere westliche) moderne Staaten organisiert sind, welche Wertvorstellungen die Staaten prägen und welche gesellschaftlichen Gruppen und Organisationen die Geschicke der Nationen bestimmen. Dabei wird auch die Grundsatzfrage nach der Legitimation von Staaten und ihrer Machtausübung über freie Individuen diskutiert. Ein besonderes Augenmerk wird auf Herkunft, Prägung und Konsens der Eliten gelegt, deren Denken und Handeln das politische und geoökonomische Handeln einzelner Staaten prägt, zugleich aber auch nationale Grenzen überschreitet.
- Im Kapitel vier ***(Wichtige geoökonomische Machthebel)*** werden die wichtigsten ökonomischen Strategien und Instrumente beschrieben, die den Staaten zur Durchsetzung ihrer politischen Ziele zur Verfügung stehe. Dabei geht es primär um die Kontrolle über strategische Industrien, über Transportwege und über das globale Finanzsystem. Aber auch angrenzende Themen wie die Konkurrenz in den Bereichen Bildung und Talente (als Teil der Soft Power) und die militärischen Fähigkeiten werden einbezogen.
- Im fünften Kapitel ***(Stellung und Strategien einflussreicher Staaten und Bündnisse)*** werden in einer ausführlichen individuellen Betrachtung die internen Strukturen und relativen Machtpositionen ausgewählter Staaten betrachtet, um deren geoökonomisches Handeln zu erklären. Die zentrale Frage des Kapitels ist, welche Staaten und Bündnisse über die effizienteren Hebel, die strategische Weitsicht und das Durchsetzungsvermögen zur Verteidigung oder Verbesserung ihrer geoökonomischen Position verfügen.

Das vorliegende Buch soll entsprechend eines Beitrags zum Verständnis staatlichen und nicht-staatlichen geoökonomischen Handelns in der realen Welt leisten. Konkret wird ein Versuch unternommen, Erkenntnisse zur Beantwortung folgender Fragen zu liefern:

- Welche ökonomischen und politische Ziele verfolgen Staaten?
- Welche Lehren können aus der Geschichte gezogen werden, zum Beispiel aus den Imperien der Antike, den Erfahrungen der Kolonialzeit und den Weltkriegen?
- Welche Einzelpersonen, gesellschaftlichen Gruppen und Institutionen haben Einfluss auf das geoökonomische Handeln von Staaten und was sind deren Interessen?
- Welche ökonomischen Faktoren – *Rohstoffe, Finanzen, Technologie* – sind entscheidend im Wettbewerb der Staaten um globalen Einfluss, Ressourcen und Macht?
- Welche Staaten bestimmen heute aktiv die globale geoökonomische Agenda?
- Wie sieht die aktuelle Machtverteilung zwischen einzelnen Staaten und Allianzen – *EU, NATO, BRICS, SCO* - aus und welche geoökonomischen Entwicklungen zeichnen sich ab?
- Welche Optionen – *Ressourcenteilung, wirtschaftliche Kooperation, Krieg* – bestehen für die Lösung bestehender globaler Konflikte?

Führung,
UVK

2 Lehren aus der Geschichte

2.1 Staaten als politische Gemeinschaft

Die Rolle der Staaten in der Geoökonomie

Die Evolution und das Handeln von Staaten bilden den Kern der Geoökonomie. Über Jahrhunderte prägten sie das Weltgeschehen – anfangs durch Diplomatie und Militär, heute zunehmend durch wirtschaftliche Hebel. Luttwak betont, dass Staaten auch im Zeitalter internationaler Unternehmen und Vernetzungen eine zentrale Rolle im globalen Machtgefüge einnehmen, nicht zuletzt, weil sie die nationalen Identitäten verkörpern:

> „The interest of solidarity of peoples derives from a common national identity which exists only because it excludes other peoples" (Luttwak, 1999).

Ohne gemeinsame Werte und Ziele einer solidarischen Gemeinschaft ist es schwierig, Interessen gegenüber Dritten durchzusetzen.

Auch mächtige nichtstaatlichen Akteure wie internationale Organisationen, Banken, Tech-Giganten oder Milliardäre sind, wie im vierten Kapitel konkretisiert wird, auf Unterstützung ihrer Heimatländer angewiesen. Giganten wie Nvidia dominieren zwar globale Märkte. In Zeiten von US-China-Tech-Konflikten zeigen diese Konzerne aber ihre Abhängigkeit von staatlichen Sanktionen. Es fehlt ihnen zudem die emotionale Bindung, die Nationen durch Identität schaffen – ein Faktor, der in geoökonomischen Konflikten oft entscheidend ist. Der in Krisenzeiten oft zitierte Spruch *„right or wrong, my country"* lässt sich nicht ohne weiteres auf Unternehmen übertragen. Denn wie viele Menschen würden freiwillig für BlackRock den Gürtel enger schnallen oder für Google in den Krieg ziehen? Zunächst soll daher geklärt werden, was allgemein unter einem „Staat" verstanden wird.

> **Das Konzept des Staates: Rechtliche und politisch**
> Die bekannteste deutschsprachige Definition, was ein Staat ist, stammt aus dem 19. Jahrhundert, formuliert von dem Juristen Georg Jellinek: *„Ein Staat ist die mit ursprünglicher Herrschaftsmacht ausgerüstete Körperschaft eines sesshaften Volkes".* Im Völkerrecht hast sich die *Drei-Elemente-Lehre etabliert, der zufolge Staatsgebiet, Staatsvolk und Staatsmacht* die drei konstitutiven Merkmale sind. In der Politologie

wird unter einem Staat eine politische Instanz verstanden, die zur Schaffung und Wahrung von Recht und öffentlicher Ordnung in der Gesellschaft zuständig ist und diese mittels einer Verwaltung, dem Staatsapparat, auch durchsetzt.
Ein Staat ist kurz gesagt eine souveräne politische Gemeinschaft, die auf einem bestimmten Gebiet ein *Gewaltmonopol* ausübt, ihre Bürger organisiert und durch Gesetze sowie Institutionen für Sicherheit und Verwaltung sorgt. Zentrale Merkmale sind:

- **Äußere Souveränität**: Autonome Entscheidungen gegenüber anderen
- **Innere Rechtsordnung**: Legitime Herrschaft durch Gesetze
- **Autonomie**: Fähigkeit, Interessen durchzusetzen

Im westlichen Verständnis legitimiert vor allem die Rechtsordnung die staatliche Macht. Der verstorbene Papst Benedikt XVI. zitierte am 22. September 2011 in seiner Rede vor dem Deutschen Bundestag Augustinus' Aussage aus De Civitate Dei: *„Remota itaque iustitia quid sunt regna nisi magna latrocinia?“* („Ohne Recht bzw. Gerechtigkeit, was sind Staaten anderes als große Räuberbanden?“).

Die Staaten sind aber nicht zufällig aus dem Nichts entstanden. Im Gegenteil, die heutige Staatenwelt ist das Ergebnis langwieriger historischer Prozesse. Westliche Staaten haben, ausgehend von Europa, mit politischen, militärischen und ökonomischen Mitteln Macht über Menschen und Territorien errungen und verteidigt. Werfen wir daher zunächst einen Blick auf die historische Entwicklung ausgewählter europäischen Staaten.

2.2 Entstehungsgeschichte expansiver europäischer Staaten

Geographische Abgrenzung des europäischen Westens

Welche Staaten bilden den Kern des expansiven Westens? Für diese Betrachtung eignen sich die atlantischen Seemächte Spanien, Portugal, Niederlande und Großbritannien sowie Frankreich. Im Einklang mit Historikern wie Heinrich August Winkler zählt auch die mitteleuropäische Landmacht Deutschland dazu (Winkler, 2016), trotz ambivalenter Zuordnung vor 1945. Der Diplomat Ulrich Graf Brockdorff-Rantzau verkörperte in den 1920er

Jahren diese Mittelposition: Als Verhandlungsführer des Rapallo-Vertrags[6] im Jahr 1922 balancierte er zwischen Ost und West (Scheidemann, 1998).[7] Dennoch ist Deutschlands Entwicklung – geistes-, religions- und wirtschaftsgeschichtlich – eng mit dem Westen verflochten. Im 19. Jahrhundert wurde Deutschland auch Kolonialmacht in Afrika und Asien.

Russland dagegen wird nicht zum Westen gezählt, obwohl das Land in der europäischen Geschichte politisch und kulturell eine prägende Rolle eingenommen hat. Die Kiewer Rus als Nukleus der Nation wurde sogar von skandinavischen Wikingern gegründet und lange von den Rurikiden[8] beherrscht (Pares, 1956). Russland hat sich aber als eurasische Macht historisch primär nach Osten und Süden orientiert.

Von der Stammesgesellschaft zum Imperium

Die Ursprünge europäischer Stammesgemeinschaften waren durch enge verwandtschaftliche Bindungen geprägt. Die Familienclans organisierten sich in Stämmen, die oft nomadisch oder halbnomadisch lebten und durch gemeinsame Sprache, Rituale und Bräuche verbunden waren. Die steinzeitliche Wirtschaft basierte überwiegend noch auf Jagen und Sammeln. In der Jungsteinzeit ab ca. 5000 v Chr. entwickelten sich dann auch Ackerbau und Viehzucht. Der Übergang zur Landwirtschaft führte zur Entstehung komplexer organisierter Gesellschaften. (Bogucki, 1999).

Mit der Bronze- und Eisenzeit (ca. 3000–500 v. Chr.) entwickelten sich im Mittelmeerraum die ersten Stadtstaaten, unter anderem im heutigen Griechenland und Italien. Diese Staatstaaten markierten einen Übergang von Stammesverbänden zu zentralisierten politischen Einheiten. Einige Stadtstaaten bildeten später die Keimzelle großer Herrschaftsgebiete. Ein

---

6 Mit dem Vertrag von Rapallo stellten am 16. April 1922 Deutschland und Sowjetrussland ihre nach dem Ersten Weltkrieg unterbrochenen diplomatischen und wirtschaftlichen Beziehungen wieder her. Die Staaten verzichteten dabei auf Reparationsforderungen und vereinbarten eine engere wirtschaftliche Zusammenarbeit. Eine geheime Klausel des Vertrags ermöglichte zudem eine Zusammenarbeit zwischen der Reichswehr und der Roten Armee.

7 Deutschland und der Sowjetunion waren Anfang der 1920er Jahre international isoliert. Ihre Kooperation war eine logische Folge. Etwa 100 Jahre später findet sich in der enger werdenden Verbindung Russlands mit China eine interessante Parallele, allerdings ist das neue Bündnis wirtschaftlich und militärisch stärker und global einflussreicher.

8 Russische Fürstenhäuser, deren Oberhäupter Abkömmlinge des Wikinger-Königs Rurik waren.

mächtiger Stadtstaat war das attische Imperium, das noch als hierarchischer Handelsverbund unter Führung Athens organisiert war. Zur Bildung eines integrierten Großstaates war Athen aber noch nicht in der Lage. Erst der makedonisch-griechische König Alexander der Große eroberte ab 336 v. Chr. ein europäisch dominiertes Großreich unter Einschluss Persiens und Ägyptens, dem jedoch aufgrund seiner geographischen Überdehnung und des frühen Todes seines Begründers keine lange Lebenszeit beschieden war. Wenig später entwickelte sich aus dem bereits 753 v. Chr. gegründeten römischen Staatstaat durch Politik, Handel und Eroberungen das riesige Römischen Reich.

Kulturelle Machtfaktoren in der Antike

Wesentliche Machthebel früher europäischer Großmächte waren Militär und Handel sowie die Durchsetzung ihrer Landessprachen als „Lingua franca". Im östlichen Mittelmeerraum bildete zunächst das Altgriechische eine gemeinsame sprachliche Basis. Die griechische Sprachkultur brachte Philosophie, Literatur und Kunst hervor, die bis heute das westliche Denken prägen. Im Römischen Reich wurde Latein zur dominanten Sprache.[9] Die Römer adaptierten und erweiterten die griechischen Errungenschaften, etwa durch Architektur (z. B. Aquädukte) und ihr bis heute prägendes Rechtssystem. Das Römische Reich entwickelte ein ausgeklügeltes Netzwerk von Handelsrouten, das den Austausch von Waren, Ideen und Kulturen bis weit nach Asien und Afrika förderte. Auch die Idee der Bürgerschaft entstand im „Alten Rom" und bildete später die Grundlage für das rechtliche Verständnis von Staatszugehörigkeit. Die Verbreitung des klassischen Lateins durch Eroberungen und Handel legte später auch den Grundstein für die modernen romanischen Sprachen, die im Falle Spaniens, Portugals und Frankreichs ihrerseits später große Einflusssphären markierten.

Finanzmacht der Römischen Imperiums

Das Römische Reich hat zur systematischen Ausbeutung eroberter Provinzen und Vasallenstaaten ein Tributsystem eingerichtet, um Armee,

9 Die offensichtliche aktuelle Analogie liegt in der globalen Bedeutung der englischen Sprache. Für Angehörige des westlichen Elite ist deren Beherrschung unverzichtbar geworden, aber auch in anderen Teilen der Welt kommunizieren Handelspartner und Politiker sehr häufig auf Englisch. Für die Vereinigten Staaten und Großbritannien liegt darin ein großer geoökonomische Vorteil.

Verwaltung und die eigene Elite zu finanzieren. Römische Provinzen wie Ägypten oder Spanien zahlten jährliche Tribute in Form von Getreide, Gold und Silber. Vasallenstaaten wie Judäa oder Pergamon leisteten Naturalabgaben und Schutzgeldzahlungen. Der rücksichtslose Abbau natürlicher Ressourcen wie Holz, Metalle und Marmor führte immer wieder zu sozialen Spannungen und Aufständen in den beherrschten Gebieten. Das Tributsystem stärkte Roms Hegemonie, zerstörte aber lokale Ökonomien.
Bereits in der Römerzeit stabilisierte das Geldsystem die Herrschaft. Die römischen Münzen, vom goldenen Aureus bis zur Sesterze, waren weit über den Mittelmeerraum hinaus als Zahlungsmittel anerkannt. Das Währungsprivileg hat der Staat bereits damals erfolgreich zum Betrug seiner Bürger und Handelspartner durch Münzverschlechterung genutzt.[10] Das Alte Rom war eine Art Pionier bei der Schaffung und Nutzung geoökonomischer Machthebel. Nach dem Untergang des weströmischen Reichs dauerte es sehr lange, bis sich wieder ähnlich stabile Strukturen in Europa etablieren konnte.

Fragmentierung Europas

Die Bildung immer größerer staatlicher Herrschaftsräume ist aber in der Geschichte bisher nie als linearer Prozess verlaufen, auch nicht für das Alte Rom. Im Gegenteil, nach dem Eroberung des Weströmischen Reiches im Jahr 476 n. Chr. durch die Goten zerfiel Europa zunächst wieder in kleinere Königreiche und Fürstentümer, die durch feudale, lokale Strukturen geprägt waren. Diese größeren Stammesverbände wurden zwar sukzessive durch komplexere politische Einheiten ergänzt, das gesamte Herrschaftssystem basierte jedoch weiterhin auf persönlichen Loyalitäten.

Kirche als europäisches Bindeglied im Mittelalter

Aufgrund der Verbreitung Lateins als elitäre Kirchen-, Verwaltungs- und später als Wissenschaftssprache bewahrte Europa wichtige Elemente seiner

10 Die Römer haben ihren Edelmetallmünzen stetig wachsende Anteile minderwertiger Metalle beigemischt, ohne den Nennwert anzupassen. Gegenüber heutigen Staaten und Notenbanken hatten sie allerdings noch den Nachteil, dass sie nicht einfach Papiergeld aus dem Nichts schöpfen konnten.

kulturellen Einheit. Das Mittelalter war von einer starken Verbindung zwischen weltlicher und kirchlicher Macht geprägt. Die römisch-katholische Kirche mit dem Papst an der Spitze war nicht nur die mit Abstand wichtigste spirituelle Kraft Europas und ein eigenes politisches Machtzentrum, sondern durch ihre Klöster, Schulen und Universitäten auch der wichtigste Träger des Bildungswesens. Im Mittelalter haben sich auch die ersten europäischen Nationalstaaten konstituiert, angefangen mit Frankreich, Großbritannien, Spanien und Portugal. Entscheidende Meilensteine sind die Zentralisierung der Macht, die Etablierung einer einheitlichen Sprache und Kultur sowie kriegerische oder diplomatische Ereignisse, die die territoriale Einheit festigten. Diese Nationen legten durch ihre frühzeitige Konsolidierung den Grundstein für die moderne Staatsbildung in ganz Europa.

Frankreich

Die französischen Könige trieben seit der Krönung Hugo Capets im Jahre 987 sukzessive eine Machtzentralisierung in Paris voran. Der Hundertjähriger Krieg mit England (1337–1453) stärkte die nationale Identität Frankreichs. Zwischen 1387 und 1417 kam es zum Kirchenschisma, wobei Frankreich aus politischen Motiven die Gegenpäpste in Avignon unterstützte und den aktiven Einfluss Roms auf die eigene Politik dauerhaft begrenzte. Könige und durchsetzungsstarke Minister wie Kardinal Richelieu förderten zudem die Verbreitung der französischen Sprache zulasten regionaler Sprachen. Französisch wurde durch die Verordnungen von Villers-Cotterêts 1539 als Amtssprache festgeschrieben. Spätestens mit der Regentschaft Ludwigs XIV. im 17. Jahrhundert war Frankreich ein klar definierter Nationalstaat mit zentralisierter Verwaltung.

England

Den Grundstein für die Etablierung Englands als Nationalstaat legte dessen normannische Eroberung unter Wilhelm dem Eroberer im Jahr 1066, der die Verwaltung des Landes zentralisierte. Im Jahr 1215 wurde mit der Magna Carta die Machtteilung zwischen König und Adel festgelegt und eine Rechtsordnung gebildet. Heinrich VIII. setzte 1534 mit dem Act of Supremacy die spirituelle und politische Unabhängigkeit Englands vom päpstlichen Rom durch und stärkte so weiter die nationale Identität. Die englische Machtarchitektur profitierte ab dem 16. Jahrhundert von einer effizienten Kooperation von Krone, Adel, Hochfinanz und anglikanischer Kirche. Die Insellage sicherte zudem Schutz vor Invasoren.

Iberische Staaten

Spanien wurde mit der Vollendung der Reconquista 1492 und der Vertreibung der Juden und Muslime zu einer religiös und kulturell homogenen Gesellschaft. Im selben Jahr begann, mit Kolumbus' Entdeckung Amerikas, die spanische Kolonialexpansion.

Portugal ist ein weiteres europäischer Land, das früh durch seine Einigung und die für maritime Abenteuer privilegierte geographische Lage eine klare nationale Identität entwickelte. Die portugiesische Reconquista wurde bereits im Jahr 1249 abgeschlossen Im Jahr 1385 wurde mit der Schlacht von Aljubarrota zudem die Unabhängigkeit Portugals gegenüber Kastilien (Spanien) gesichert und durch Abgrenzung vom iberischen Nachbarn die nationale Identität gestärkt.

Niederlande

Die Niederlande etablierten im Jahr 1602 durch die Vereenigde Oost-Indische Compagnie eine merkantilistische Handelsmacht. Die Ostindien-Kompanie war die erste börsennotierte Aktiengesellschaft der Welt, die ein Monopol auf den Handel mit Asien hatte und die Voraussetzungen für die staatliche holländische Kolonialexpansion schuf.

Heiliges Römisches Reich Deutscher Nation

Auf dem Gebiet des heutigen Deutschlands konnte sich dagegen zur selben Zeit kein Nationalstaat etablieren. Im „Heiligen Römischen Reich Deutscher Nation“ war ein von 962 bis 1806 bestehendes politisches Gebilde in Mitteleuropa, das sich aus vielen Gründen nicht zu einem Nationalstaat entwickeln konnte. Das Reich wurde ursprünglich als Fortsetzung des Römischen Reiches gegründet, war aber über die meiste Zeit seiner Geschichte ein eher lockerer Verbund von Fürstentümern, Königreichen und Städten. Das Reich war geprägt von föderaler Struktur und ständigen Machtkämpfen.

Der Kaiser verfügte nur über eine begrenzte Macht, weil die Kaiserkrone nicht erblich weitergegeben, sondern in einer Wahl durch die kirchlichen und weltlichen Kurfürsten vergeben wurde. Die katholische Kirche stellte mit den Erzbischöfen von Mainz, Köln und Trier ursprünglich drei von sieben Kurfürsten. Die Mehrzahl der Kaiser wurde vom Papst gekrönt, wodurch die hervorgehobene Stellung der Kirche im Machtgefüge symbolträchtig betont wurde.

Das Reich war überwiegend von der deutschen Kultur und Politik geprägt, umfasste aber auch Teile Italiens und Zentralosteuropas. Die fremdsprachigen Gebiete standen einer zentralisierten Nationalstaatsbildung ebenfalls im Wege. Es fehlte außerdem bis ins 19. Jahrhundert an einer einheitlichen deutschen Schriftsprache. Der deutsche Nationalstaat entstand erst nach längeren Geburtswehen im Jahr 1871. Aufgrund seiner Zersplitterung war Deutschland zuvor oft Schauplatz blutiger Konflikte, deren Höhepunkt der Dreißigjährige Krieg war.

Das historische Beispiel des Heiligen Römischen Reiches hat aktuelle Relevanz, weil es zeigt, wie Zersplitterung zu Schwäche führen kann. Zwar hat der Wettbewerb kleiner Monarchien und Stadtstaaten Europa in den Bereichen Kultur und Handel oft beflügelt, der Nachteil lag aber in der Wehrlosigkeit gegenüber aggressiven Mächten, vor allem von Invasoren.[11]

Land	Meilenstein	Schlüsseljahr	Wichtige geoökonomische Aspekte
Athen	Delisch-Attischer Seebund	ca. 478 v. Chr.	Hierarchischer Handelsbund; Seemacht und Tribute als Vorläufer imperialer Ökonomie
Makedonien	Feldzüge Alexanders des Großen	336–323 v. Chr.	Eroberung Persiens/Ägyptens; kulturelle und handelstechnische Integration Eurasiens
Römisches Reich	Etablierung des Tributsystems	ca. 200 v. Chr.	Systematische Ausbeutung von Provinzen; Finanzmacht durch Münzsystem
Frankreich	Krönung Hugo Capets	u.a. 987	Zentralisierung in Paris; Grundlage für absolutistische Expansion

11 Die vielen kleine und großen Monarchien haben sich im Wettbewerb um große Künstler und Musiker überboten und so zu einer einzigartigen kulturellen Blüte insbesondere in Deutschland und Italien beigetragen. Auch die Handelsstädte in Norditalien und Deutschland (Hanse) verdankten ihren wirtschaftlichen Erfolg der ständigen Konkurrenz, die ihre Kaufleute zu Höchstleistungen angespornt hat, beispielsweise bei der Sicherung von Seewegen und der Entwicklung von Finanzinnovationen.

England	Magna Charta	u.a. 1215	Interne Machtteilung und Rechtsordnung als Stütze für merkantile Kolonialmacht, Freihandel
Portugal	Schlacht von Aljubarrota	1385	Unabhängigkeit von Kastilien; Grundlage für maritime Expansion in Afrika/Asien
Spanien	Ende der Reconquista	1492	Rechristianisierung und Amerika-Entdeckung; Aufbau kolonialer Ressourcenflüsse
Niederlande	Gründung der Ostindien-Kompanie	1602	Globale Handelsmonopole und Börse; Seemacht als Modell für wirtschaftliche Hegemonie
Deutschland	Reichsgründung	1871	Nationalstaatsgründung; späte Kolonialpolitik und Konkurrenz zum britischen Empire

Tab. 3: Ausgewählte Meilensteine der europäischen Staatenbildung und Machtausweitung

2.3 Entwicklung zur Westfälischen Ordnung

Dreißigjähriger Krieg

Erst der Dreißigjährige Krieg brachte ein stabiles System staatlicher Souveränität hervor, welches die geoökonomischen Machtverhältnisse auch außerhalb Europas bis heute beeinflusst. Schon seit dem frühen Mittelalter war Europa Schlachtfeld zahlreicher kriegerischer Auseinandersetzungen, in denen um territoriale Grenzen gerungen wurde, um die einzelnen Staatsgebiete zu definieren. Im 16. Jahrhundert führte die Reformation zur Spaltung der katholische Kirche. Der Antagonismus von Katholiken und Protestanten löste danach immer wieder blutige Streitigkeiten aus. Im Jahr 1618 kam es dann zum Prager Fenstersturz, einem Protestakt böhmischer Protestanten gegen die katholische Dominanz des Hauses Habsburg, der den Beginn des Dreißigjährigen Kriegs markierte.

Der Konflikt eskalierte schnell von einem regionalen Streit zu einem europäischen Krieg, der religiöse, politische und dynastische Interessen verband (Parker, 1997). Die Konfliktlinien illustrieren die komplexe Verflechtung von

Mächten wie dem Heiligen Römischen Reich, Frankreich, Schweden, Spanien und den Niederlanden. Der Krieg führte in Europa, aber ganz besonders auf deutschem Gebiet, zu massiven Zerstörungen, Bevölkerungsverlusten und wirtschaftlichem Niedergang (Mortimer, 2002). Auf deutschem Gebiet reduzierte sich die Bevölkerungszahl um etwa ein Drittel (Englund, 1993). Die Erschöpfung trieb alle Mächte zu einer dauerhaften Verständigung. Das Ergebnis war der Westfälische Frieden, dessen Grundsätze Völkerrecht und Politik auf lange Sicht prägen sollten.

Der Westfälische Frieden von Münster und Osnabrück

Der Westfälische Frieden markiert einen Wendepunkt in der europäischen Geschichte und legt die Grundlage für das moderne Völkerrecht. (Lesaffer, 2004). Die Verhandlungen begannen 1641 in Münster und Osnabrück, nachdem frühere Versuche, den Krieg zu beenden, gescheitert waren (Dickmann, 1998). Die Gespräche waren komplex, da sie nicht nur den Krieg beenden, sondern auch territoriale, religiöse und politische Streitfragen klären mussten (Croxton, 2013). Teilnehmer waren unter anderem Vertreter des Heiligen Römischen Reiches, Frankreichs, Schwedens, Spaniens, der Niederlande und zahlreicher deutscher Fürsten. Die Verhandlungen waren von diplomatischen Innovationen geprägt, wie der Gleichstellung der Verhandlungspartner und der Einbindung kleinerer Staaten (Osiander, 1994).

Die Verträge von Münster und Osnabrück, unterzeichnet am 24. Oktober 1648, klärten wichtige europäische Territorialfragen und etablierten völkerrechtlichen Prinzipien (siehe Tabelle am Ende des Abschnitts).

> **Gleichgewicht der Mächte**
> Der Westfälische Friedensvertrag schuf ein Gleichgewicht der Mächte in Europa, das bis ins frühe 20. Jahrhundert Bestand hatte. Das Abkommen verankerte, aufgrund der zerstörerischen Erfahrungen des Dreißigjährigen Kriegs, das Prinzip der Souveränität und der Nichteinmischung in die Angelegenheiten anderer Staaten. Der Friedensvertrag ermöglichte die Entstehung eines Staatensystems, in dem Machtpolitik und Diplomatie die Beziehungen zwischen Staaten auf friedliche Weise bestimmten. Die religiösen Konflikte wurden zwar nicht vollständig gelöst, aber dauerhaft eingedämmt. Die in den Verträgen enthaltene Anerkennung der Souveränität kleinerer Staaten förderte die Diversität

der internationalen Gemeinschaft. Gleichzeitig festigten die Verträge aber auch die Vorherrschaft größerer Mächte wie Frankreich und Großbritannien.

Völkerrechtliche Grundsätze

Der Westfälische Friedensvertrag setzte entsprechend nicht nur dem europäischen Krieg ein rechtliches Ende. Er schuf auch die Grundlage für tragfähige zwischenstaatlichen Beziehungen. Der Westfälische Frieden gilt als Geburtsstunde des modernen Völkerrechts, da er zentrale Grundsätze etablierte, die bis heute relevant sind. Durch die Etablierung der Prinzipien der Souveränität, Gleichheit und Nicht-Einmischung beeinflusst er bis heute die Struktur und Funktionsweise der internationalen Gemeinschaft. Seine Bedeutung liegt nicht nur in den historischen Ergebnissen, sondern auch in der Einführung diplomatischer Praktiken, die die Grundlage für die moderne Diplomatie und internationale Organisationen bilden. Die westfälischen Regeln wurden von den Nationen anschließend weiterentwickelt, um den vermeintlich anarchischen Charakter der Welt durch ein umfangreiches Netz internationaler Rechts- und Ordnungsstrukturen zu bändigen (Grewe, 2000). Die völkerrechtlichen Prinzipien haben der Welt – trotz wiederholter Verletzungen und westlicher Kolonialpolitik – über Jahrhunderte einen stabilen Ordnungsrahmen gegeben und die Funktionsfähigkeit einer multipolaren Ordnung bewiesen. Der kürzlich im Alter von 100 Jahren verstorbene ehemalige US-Außenminister Kissinger bezeichnet die Westfälischen Prinzipien noch vor elf Jahren sogar als die bis heute wirksame Grundlage der weltweiten Beziehungen der Staaten untereinander. (Kissinger, 2015). Das stabile europäische multipolare Mächtesystem nach 1648 könnte auch zum Vorbild für eine neujustierte, kooperative Weltordnung im 21. Jahrhundert werden.

Basis für europäische Expansion

Die Befriedung Europas und das entstandene Machtgleichgewicht erleichterte ab dem 17. Jahrhundert den atlantischen Großmächten ihre imperiale Ausdehnung, da das Westfälische System ihnen zuhause den Rücken freihielt.

Prinzip	Beschreibung	Langfristige Auswirkung
Staatliche Souveränität	Exklusive staatliche Kontrolle über innere Angelegenheiten	• Stärkung der Einzelstaaten • Schwächung supranationaler Autoritäten (Heiliges Römisches Reich)
Religionsfreiheit	Erweiterung des Augsburger Religionsfriedens von 1555	• Beendigung konfessioneller Kriege • Etablierung des Prinzips *„cuius regio, eius religio“*
Territoriale Veränderungen	Gebietsgewinne für Schweden und Frankreich; Unabhängigkeit der Niederlande und der Schweiz	• Neuverteilung von Ländereien und Ressourcen in Europa • Präzedenzfälle für Sezession
Diplomatie und Gleichheit	Anerkennung der Gleichberechtigung großer und kleiner Staaten bei Verhandlungen	• Grundlage moderner Staatssysteme • Begrenzung des Rechts des Stärkeren
Friedenssicherung	Anerkennung kollektiver Interessen und Etablierung neutraler Vermittler bei Konflikten	• Ermöglichung außereuropäischer Expansion • Vorläufer internationaler Organisationen

Tab. 4: Wichtige Prinzipien des westfälischen Friedens und deren Folgen

2.4 Westliche Kolonialherrschaft

Christopher Kolumbus‘ Entdeckung Amerikas im Jahr 1492 entfesselte eine Welle der Eroberungen, die die Welt dauerhaft veränderte. Das westliche Streben nach geoökonomischer Dominanz wurde primär von wirtschaftlichen Interessen und geopolitischen Ambitionen angetrieben. Die Aneignung überseeischer Gebiete begründete die Epoche der westlichen Kolonialherrschaft. Die resultierende Überlegenheit sicherte den Zugang zu Edelmetallen, Rohstoffen und Märkten. Westliche Dominanz kennzeichnete danach für mehr als vier Jahrhunderte die geoökonomischen Machtverhältnisse, durch die Kontrolle über Ressourcen, Handelsrouten und geopolitische Einflusssphären.

Europas Mächte waren zentralisiert, homogen und konfessionell einheitlich. Monarchische Stabilität, gekennzeichnet durch eine Gesellschaft, in der jeder seinen Geburtsplatz fürs Leben hatte, erleichterte die äußere Expansion.

Materielle Interessen tarnten sich in Narrativen. Anfangs dominierten religiöse Missionsbegründungen, später rückten humanitäre Argumente in den Vordergrund. Zudem entwickelte sich innerhalb der westlichen Staaten über die Jahrhunderte ein ausgeprägter Patriotismus zur gesellschaftlichen Norm. Die Regierenden sicherten sich mit diesen inklusiven Erzählungen eine breite Unterstützung der einheimischen Bevölkerung für ihre Kolonialpolitik.

Die westliche ***Kolonisierung*** der übrigen Welt vollzog sich in drei Abschnitten. Dabei handelt es sich um die erste Phase der *iberischen Expansion* in der Renaissance, die zweite Phase der *nordwesteuropäischen Expansion* im Zeitalter der Aufklärung und die dritte und finale Phase der *globalen Aufteilung* im Zeitalter der industriellen Revolution. Spanien und Portugal waren die ersten Kolonialmächte. In der zweiten Phase kamen die Niederlande, England[12] und Frankreich hinzu. In der dritten Kolonialperiode betraten mit Deutschland, Italien und Frankreich weitere europäische Nationen die globale Bühne. Auch die Vereinigten Staaten beschlossen in dieser Zeit, ihre Selbstbeschränkung aufzugeben und zu expandieren.

Periode	Zeitraum	Neue Mächte	Motive und Schlüsselereignisse
1. Iberisch	15.-16. Jh.	S/P	Edelmetalle, Abenteuer, Karriere, christliche Mission und erste Aufteilung
2. Nordwesteuropäisch	16.-18. Jh.	NL/GB(E)/F	Aufklärung, Welthandel, Auswanderung, Ausbreitung in Asien und Ozeanien
3. Globale Aufteilung	19. Jh.	D/B/I/ USA	Nationalismus, Verteilung unbesetzter Gebiete, geoökonomische Dominanz

Tab. 5: Phasen der westliche Kolonialexpansion im Überblick:[13]

12 Im Jahr 1707 wurde aus England das Königreich Großbritannien durch den Act of Union, einen Vertrag, der die Königreiche England und Schottland zu einem einheitlichen Staat vereinte.

13 Erläuterung: S=Spanien, P=Portugal, NL=Niederlande, GB=Großbritannien, E=England, F=Frankreich, D=Deutschland, B=Belgien, I=Italien und USA=United States of America

Iberische Expansion (15.–16. Jahrhundert)

Bevölkerungswachstum und zentralisierte Nationalstaaten gaben den Seefahrernationen Portugal und Spanien den Rückenwind für ihre Entdeckungsreisen. Gold- und Silberschätze in der Neuen Welt motivierten zu weiteren Eroberungen. Die Ausbeutung der Vorkommen war lukrativ für Krone und Elite. Für nachgeborene Söhne des Adels eröffnete die „Neue Welt“ Karrieremöglichkeiten, die Europa verwehrte (Heinsohn, 2003). Die Territorien waren dünn besiedelt und technisch unterlegen, was den Widerstand der einheimischen Bevölkerung minimierte.

Auch die Verbreitung des christlichen Glaubens war den beiden erzkatholischen Staaten ein wichtiges Anliegen. Insbesondere Portugal eröffnete zahlreiche Missionsstationen in Afrika und Asien. Der Glaube bot den Kolonisatoren eine moralische Begründung, weil sie als Kreuzfahrer für Gott und König agierten. Die spirituelle Einbettung lieferte die ideelle Rechtfertigung für Eroberungen und trug zur kulturellen und religiösen Vereinheitlichung der kolonisierten Gebiete bei (Elliott, 2006). Das Narrativ einer „gerechten“ Eroberung stärkte auch die nationale Identität der Kolonialmächte (Pagden, 1995).

Iberische Weltaufteilung

Durch den Vertrag von Tordesillas von 1494 legitimierte der Papst die Eroberungen, mit der Idee einer Missionierung der heidnischen Völker. Außerdem regelte der Vertrag die geographische Aufteilung der Neuen Welt entlang einer Demarkationslinie, der zufolge Spanien die westlichen und Portugal die weiter östlich gelegenen Gebiete erhielt. Die Demarkationslinie verlief etwa 370 historische Meilen (Leguas) westlich der Kapverden (ca. 46° 37' westlicher Länge). Die beiden kolonialen Pionierländer teilten so nach längeren Streitigkeiten die neue Welt untereinander auf, allerdings ohne dafür die Zustimmung der betroffenen Einwohner einzuholen. Das spanisch-portugiesische Arrangement ist ein gelungenes Beispiel für die friedliche Koexistenz von zwei großen Imperien.

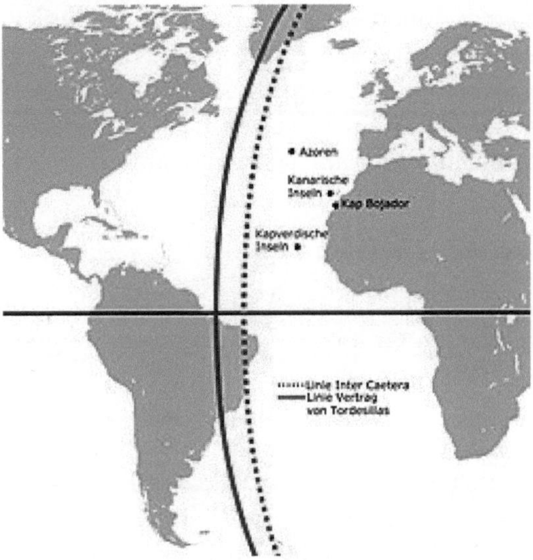

Abb. 1: Demarkationslinie des Vertrags von Tordesillas

Spanien eroberte Mexiko, Peru, Kolumbien, Argentinien, Havanna (Kuba), die Philippinen und Florida. Portugal baute Stützpunkte in Ghana, Angola, Mosambik, Goa, Malakka, Macao und Indonesien. Die Lusitaner gründeten zudem eine Randniederlassung in Brasilien, aus der sich später die größte Nation Lateinamerikas entwickeln sollte. Später waren die Iberer allerdings aufgrund wirtschaftlicher Probleme gezwungen, einige ihrer überseeischen Besitzungen an aufstrebende Mächte abzugeben oder frühzeitig in die Freiheit zu entlassen.

Koloniale Übergriffe

Die Eroberungen der beiden südwesteuropäischen Nationen erfolgten weder geräuschlos noch konfliktfrei. Insbesondere in Lateinamerika setzten Portugal und Spanien den katholischen Glauben nicht nur durch Missionierung, sondern auch mittels Gewaltanwendung durch. Der Dominikanermönch de Las Casas hat die teilweise schwerwiegenden Folgen der Kolonisierung für die Einwohner der neuen Welt bereits 1552 in dramatischen Worten beschrieben. Die angestammte Bevölkerung wurde zeitgenössischen Schilderungen zufolge unterdrückt, teilweise versklavt und zudem von eingeschleppten Krankheiten dezimiert. In einigen Regionen Amerikas starben bis zu 90 % der indigenen Bevölkerung Amerikas an Krankheiten wie Pocken (Mann, 2005). Aufgrund des Massensterbens der indigenen Bevölkerung wurden später auch afrikanische Sklaven nach Südamerika und in die Karibik verschleppt, um auf den Plantagen zu arbeiten.

Technische und intellektuelle Modernisierung

Die schnelle technische und intellektuelle Entwicklung Europas lieferte ab dem 17. Jahrhundert den Nährboden für koloniale Ambitionen weiterer europäischer Mächte. Besonders das zentralistisch organisierte Frankreich, das technisch fortschrittliche England und die als Finanzplatz bedeutenden Niederlande waren als Atlantikanrainer der Verlockung zur Eroberung von überseeischen Territorien und Ressourcen ausgesetzt. Diese wirtschaftlich prosperierenden Länder verfügten, nach langen Kriegen und internen Auseinandersetzungen, über eine kulturell und religiös weitgehend homogene, stetig wachsende Bevölkerung, Banken und Handelsunternehmen, eine Staatssprache und eine zentralistisch organisierte Verwaltung.

Geistesgeschichtliche Veränderungen brachten den europäischen Kolonialbestrebungen in der nächsten Phase einen zusätzlichen Schub. Die Renaissance brachte Europa im Zeitraum vom 14. bis zum 17. Jahrhundert einen neuen Fokus auf Wissenschaft, Kunst und Humanismus. Die Wiederentdeckung antiker Texte und die Betonung von Vernunft und Individualismus führten zu tiefgreifenden gesellschaftlichen Veränderungen. Die Universitäten florierten. Zudem machte Johannes Gutenbergs Erfindung des Buchdrucks das Wissen breiter zugänglich. Die Aufklärung betonte im 17. und 18. Jahrhundert Vernunft, Freiheit und Gleichheit, was die Grundlage für moderne demokratische Prinzipien schuf. Philosophen wie Kant, Locke und Montesquieu beeinflussten die Ideen der individuellen Freiheit, des Gesellschaftsvertrags und der Gewaltenteilung. Aus diesen Prinzipien entwickelte sich in Teilen Europas ein ideelles Sendungsbewusstsein, das den religiösen Missionierungsgedanken als Eroberungsbegründung zunächst ergänzt und später weitgehend abgelöst hat.

Nordwesteuropäische Expansion (16.-18. Jahrhundert)

England begann im 16. und 17. Jahrhundert mit der Kolonisierung Nordamerikas, der Karibik und Teilen Asiens. Zu den wichtigsten Kolonien zählten Anfang des 17. Jahrhunderts Virginia und Massachusetts in Nordamerika sowie Barbados und Jamaika in der Karibik. In Asien etablierte England durch die private East India Company ab 1600 Stützpunkte wie Bombay. Im 18. Jahrhundert erlangte England auch die Kontrolle über weite Teile Kanadas und Australien und begründete das mächtigste, fortschrittlichste und effizienteste Imperium seiner Zeit.

Die britische Eroberungspolitik hatte auch eine europäische Komponente. Großbritannien eroberte die Nachbarinsel *Irland* ab dem 12. Jahrhundert und unterwarf das Land sukzessive wirtschaftlich, politisch und kulturell. Mit dem Act of Union (1801) wurde Irland auch formell direkt dem britischen Parlament unterstellt. Viele Iren haben die britische Herrschaft in schlechter kollektiver Erinnerung. Der Great Famine (1845–1852), ausgelöst durch die Kartoffelfäule, führte zu etwa einer Million Toten und massenhafter Emigration (Woodham-Smith,1962). Kritiker werfen der britischen Regierung sogar vor, die Katastrophe durch ihre Politik absichtlich verschlimmert zu haben.

Frankreich konzentrierte sich im 16. bis 18. Jahrhundert auf Nordamerika, die Karibik und Indien. In Nordamerika wurden Kolonien wie Neufrankreich (Québec) und Louisiana gegründet. In der Karibik etablierte Frankreich Stützpunkte in Martinique, Guadeloupe und Saint-Domingue (heute Haiti). In Asien kontrollierte Frankreich Handelsstützpunkte wie Pondichéry. Französische Kolonien waren stark auf Handel und Missionierung ausgerichtet.

Auch die **Niederlande** etablierten im 17. Jahrhundert ein globales Handelsimperium, vor allem durch die Niederländische Ostindien-Kompanie, das phasenweise sogar eine Führungsrolle eingenommen hat (Dalio, 2022). Wichtige niederländische Kolonien waren Niederländisch-Ostindien (heute Indonesien), Surinam und einige Karibikinseln. In Nordamerika gründeten die Niederländer Neu-Amsterdam (heute New York), das später an England fiel. Die Niederlande kontrollierten zwischen 1630 und 1654 auch kurzzeitig Teile Brasiliens.

Industrielle Revolution und globale Aufteilung (19. Jahrhundert)

Die **industrielle Revolution** im 19. Jahrhundert markierte die dritte Phase der westlichen Kolonialexpansion, in der die geoökonomische Dominanz Europas gefestigt wurde. Dampfschiffe, Eisenbahnen und moderne Waffen erleichterten die Eroberung und Kontrolle fremder Gebiete erheblich. Auch die Kommunikation über weite Entfernungen wurde durch technische Innovationen erleichtert. Moderne Waffen wie Hinterladergewehre und Maschinengewehre sicherten die militärische Überlegenheit der Europäer gegenüber indigenen Völkern. Zudem steigerte die industrielle Produktion den Bedarf an Rohstoffen (z. B. Kautschuk, Baumwolle) und Absatzmärkten, was die europäischen Staaten zur Eroberung und wirtschaftliche Ausbeutung von Kolonien in Afrika und Asien antrieb. Mit der industriellen Revolution strebten daher auch weitere europäische Staaten nach Kolonien.

Neue politische, philosophische und kulturelle Inspirationen prägten das globale Sendungsbewusstsein der Europäer. Die **Idee der Nation** als politische Einheit, basierend auf gemeinsamer Sprache, Kultur und Geschichte, wurde immer einflussreicher. Auch Literatur, Kunst und Musik spiegelten damals nationale Ideale wider. Die Standardisierung von Nationalsprachen durch zugänglichere Bildungssysteme und Medien verstärkte nationale Identitäten. In Italien (1861) und Deutschland (1871) bewirkten sprachliche Einheit und politische Einigungsbewegungen nach langer Zersplitterung doch noch späte Nationalstaatsgründungen.

Die **Säkularisierung** schritt derweil voran, der Einfluss der Kirche auf staatliche Angelegenheiten nahm ab. Westlichen Gesellschaften rechtfertigten ihre geographische Ausbreitung zunehmend mit dem Argument, die vermeintlich primitiveren Gesellschaften am zivilisatorischen Fortschritt teilhaben zu lassen. Tatsächlich haben die Kolonialmächte in vielen afrikanischen und asiatischen Ländern in die Infrastruktur, Bildung und medizinischen Versorgung investiert. Diese Modernisierung diente zwar primär den Interessen der Kolonialmächte, hatten aber trotz der Unterdrückung auch gewisse positive Effekte für die einheimische Bevölkerung.[14]

Britisches Dominanzstreben außerhalb Europas

Großbritannien musste die Kolonien auf dem Gebiet der neuformierten Vereinigten Staaten nach erbitterten Kämpfen im Jahr 1776 in die Unabhängigkeit entlassen. Dafür etablierten die Briten im 19. Jahrhundert in Afrika

14 Eine Diskussion der wirtschaftlichen Vor- und Nachteile der Kolonialherrschaft für die Menschen in den Kolonien würde den Rahmen dieses Buches sprengen. Auch eine relative Vorteilhaftigkeit für die Menschen in den Kolonien würde nichts an der ethischen und völkerrechtlichen Fragwürdigkeit der Eroberungspolitik der westlichen Staaten ändern.

Kolonien am Kap (ab 1806 Südafrika), in Nigeria, Kenia, Uganda und Ägypten. Im Rahmen des „Wettlaufs um Afrika" strebten England und Frankreich die Kontrolle ganzer Handelsrouten. Die Erlangung der Kontrolle über geographische Schlüsselpositionen und Handelswege in Afrika und Asien war ein entscheidendes Ziel. Der Kampf um strategische Stützpunkte wie den Suezkanal, den am Ende England gewonnen hat, findet sein aktuelles geoökonomisches Echo nicht nur in der Belt-and-Road-Initiative, sondern auch in Auseinandersetzungen um Lieferketten und digitale Infrastruktur.

In Asien erweiterte die Britische Ostindien-Kompanie ihre Herrschaft über Indien. Ab 1858 erlangte Großbritannien als Staat dann die vollständige Kontrolle über Indien und machte den Subkontinent zu seiner Kronkolonie. Parallel wurden in der ersten Hälfte des 19. Jahrhunderts Birma (heute Myanmar), Malaya (heute Malaysia) und Singapur Teil des britischen Empire. Mit dem ersten Opiumkrieg erlangten die Briten 1842 auch die Kontrolle über Hong Kong.

Französische Umorientierung

Frankreich musste sich Anfang des 19. Jahrhunderts von seinen nordamerikanischen Besitzungen in Quebec und Louisiana trennen. Auch Frankreichs kontinentale Vormachtbestrebungen wurden 1815, mit vereinten europäischen Kräften, in der Schlacht bei Waterloo beendet. Das Land blieb aber eine Großmacht, nicht zuletzt dank des Verhandlungsgeschicks von Außenminister Talleyrand auf dem Wiener Kongress (Harris, 2018).

Frankreich änderte seine Strategie und baute in der post-napoleonischen Zeit ein großes Kolonialreich in Afrika auf, darunter Algerien, Tunesien, Französisch-Westafrika (u. a. Senegal und Mali) und Französisch-Äquatorialafrika (u. a. Gabun und Kongo). Madagaskar wurde 1896 annektiert. In Asien kontrollierte Frankreich Indochina (Vietnam, Laos und Kambodscha). Die französische Geopolitik zielte auf Ressourcen und globalen Einfluss. So gelang es Frankreich, der Welt seinen kulturellen Stempel aufzudrücken, auch wenn die geopolitische Reichweite der *Grande Nation* mit der des britischen Empires nicht vergleichbar war.

Deutschlands Platz an der Sonne

Das **Deutsche Kaiserreich**, gegründet 1871, wollte seinen mit der späten nationalen Einigung errungenen Status als Großmacht festigen und wirtschaftliche Interessen sichern. Unter Kanzler Otto von Bismarck begann ab den 1880er Jahren die Kolonialexpansion, motiviert durch den Wettlauf um Afrika, den Bedarf an Rohstoffen und Absatzmärkten. Das Streben nach „einem Platz an der Sonne" spiegelte auch den Wunsch von Teilen der Bevölkerung wider, mit Großbritannien und Frankreich in der globalen Machtpolitik gleichzuziehen. In Afrika erwarb Deutschland Deutsch-Südwestafrika (heute Namibia), Deutsch-Ostafrika (heute Tansania, Ruanda, Burundi), Kamerun und Togo. In Asien/Pazifik kontrollierte es Teile Neuguineas, Samoa und die Shandong-Halbinsel in China (Qingdao).

Die Kolonien des Deutschen Kaiserreichs, wie Deutsch-Ostafrika und Kamerun, lieferten wertvolle Ressourcen wie Kautschuk, Baumwolle und Kupfer, die für die wachsende Industrie, insbesondere in der Textil- und Metallverarbeitung, wichtig waren. Diese Ressourcen verringerten die Importabhängigkeit und förderten die industrielle Selbstständigkeit. Asiatische Kolonien wie Samoa und Tsingtao sicherten dem Kaiserreich Stützpunkte und Häfen, um den globalen Handel zu stärken und die Abhängigkeit von britischen Seewegen zu reduzieren. Die territorialen Erwerbungen unterstützten den Aufbau einer eigenen Handelsflotte. Die Kolonien dienten als strategische Stützpunkte, um die globale Präsenz Deutschlands zu stärken und im Wettstreit mit Großbritannien und Frankreich geopolitischen Einfluss zu sichern. Einige Kolonien dienten auch als militärische Außenposten und unterstützten die Wachstumsambitionen der kaiserlichen Marine.

Weitere europäische Kolonialmächte

Weitere europäische Kolonialmächte sind Belgien und Italien. Nach dem Wiener Kongress 1815 war **Belgien** noch Teil des Vereinigten Königreichs der Niederlande. Kulturelle, religiöse und wirtschaftliche Spannungen führten aber zur Belgischen Revolution im August 1830. Die belgischen Aufständischen erklärten am 4. Oktober 1830 die Unabhängigkeit von den Niederlanden. Nach militärischen Auseinandersetzungen wurde Belgien 1831 durch den Vertrag von London von den Großmächten als Staat anerkannt. Leopold I. aus dem Hause Sachsen-Coburg-Gotha wurde 1831 erster König Belgiens.

Unter König Leopold II. begann die belgische Kolonialpolitik ab 1885 mit der Übernahme des Kongo-Freistaats (heute Demokratische Republik Kongo) als private Kolonie. Die belgische Kolonialpolitik im Kongo-Freistaat unter Leopold II. wurde wegen schwerwiegender Menschenrechtsverletzungen, einschließlich Zwangsarbeit und Gewalt gegen die einheimische Bevölkerung, besonders scharf kritisiert. Die private Kolonialpolitik hatte Millionen Tote und eine humanitäre Katastrophe zur Folge (Hochschild, 1998). Insbesondere die brutale Ausbeutung von Kautschuk führte zu internationalem Protest, der 1908 zur Übernahme des Kongo durch den belgischen Staat zwang (Nzongola-Ntalaja, 2002).

Auch **Italien**, ebenfalls erst 1861 vereinigt, begann seine Kolonialabenteuer spät. Ab den 1880er Jahren erwarb es in Afrika Eritrea und Italienisch-Somaliland. Später folgten Libyen und Äthiopien.

Aufstieg der Vereinigten Staaten als Kolonialmacht

Im 19. Jahrhundert betrat mit den **Vereinigten Staaten von Amerika** ein weiterer westlicher Staat die Bühne der Weltpolitik. Wenige Jahrzehnte nach Erringung ihrer Unabhängigkeit von Großbritannien erwarben die Vereinigten Staaten im Jahr 1803 Louisiana von Frankreich sowie im Jahr 1819 Florida von Spanien. Präsident James Monroe erklärte 1823 Nord- und Südamerika zur Einflusssphäre der Vereinigten Staaten. Die nach dem Präsidenten benannte „Monroe-Doktrin" war wie ein Schild, mit dem der geopolitische Emporkömmling Europa aus der westlichen Hemisphäre fernzuhalten versuchte. Die Doktrin wurde erstmals 1845 erfolgreich angewendet, als die Vereinigten Staaten Großbritannien und Frankreich davon abhielten, bei der Annexion von Texas einzugreifen. Auch die aktuelle Konfrontation zwischen den Vereinigten Staaten und Venezuela lässt sich teilweise mit der Monroe-Doktrin erklären.

Die industrielle Revolution förderte die Massenproduktion, den Ausbau von Eisenbahnen und die Urbanisierung, was die Vereinigten Staaten zu einer führenden Wirtschaftsmacht machte. Der wachsende Binnenmarkt und reiche Rohstoffvorkommen, wie Kohle und Eisen, ermöglichten die weitere Expansion. Der Sieg im Spanisch-Amerikanischen Krieg (1898) verschaffte der jungen Nation die Kontrolle über Gebiete wie die Philippinen und Puerto Rico und zeitweise Kuba. Hawaii wurde 1898 annektiert. Im Jahr 1895 wurde die Monroe-Doktrin im Grenzstreit zwischen Venezuela und Britisch-Guayana endgültig durchgesetzt. Die Doktrin rechtfertigte US-Interventionen, unter anderem 1903 in Kuba und Panama, und etablierte die Vereinigten Staaten als hegemoniale Regionalmacht, gestützt auf ihre wachsende wirtschaftliche und militärische Stärke. Die Vereinigten Staaten strebten keine Kolonien in Afrika an, unterstützten aber 1822 die Gründung Liberias als Siedlung für freigelassene Sklaven.

Globale Dominanz des Westens und ihre Folgen

Am Ende der industriellen Revolution und der dritten Kolonisierungsphase stand die geoökonomische Vorherrschaft des Westens. Die meisten nicht-westlichen Länder waren bloße Objekte der Weltpolitik, entweder als Kolonien oder als teilsouveräne Klientelstaaten. Als bedeutende souveräne nicht-westliche Staaten sind bis 1914 nur Russland und Japan verblieben, sowie das Osmanische Reich und der mitteleuropäische Vielvölkerstaat Österreich-Ungarn, die aber intern weniger stabil waren. Die Kolonialherrschaft führte in den eroberten Ländern nicht nur zu wirtschaftlichem Gewinn, sondern vielerorts auch zu kultureller Zerstörung und langfristigen sozialen Problemen. Einige afrikanische Staaten fordern heute Reparationen von ihren ehemaligen Kolonialmächten, unter anderem Namibia von Deutschland wegen der gewaltsamen Niederschlagung des Aufstands der Herero und Nama durch die kaiserliche Armee zwischen 1904 und 1908.

Die industrielle Revolution verwandelte Europa in eine globale Machtmaschine, die neue Kontinente eroberte. Wachsende Rivalitäten zwischen den europäischen Großmächten sollten sich aber im 20. Jahrhundert in zwei Weltkriegen entladen, die fundamentale geopolitische und ökonomische Umwälzungen zur Folge hatten. Die unmittelbare Folge der Weltkriege war eine politische und ökonomische Machtverschiebung innerhalb des Westens, die mittelbare Folge lag in dem Streben der dominierten Länder nach Selbstbestimmung.

2.5 Europa in der Thukydidesfalle

Bedrohung der Vorherrschaft durch eine aufstrebende Macht

> Die *Thukydidesfalle* beschreibt, wie eine aufstrebende Macht die etablierte Ordnung bedroht und die dominante Macht zu präventiven, oft kriegerischen Maßnahmen provoziert.

Nach den Perserkriegen in den Jahren 490–479 v. Chr. wurde Athen zur dominierenden Seemacht im Mittelmeer. Athen stärkte vor allem durch Handelsbündnisse seinen wirtschaftlichen und militärischen Einfluss in der Region. Sparta, die führende Landmacht, erkannte in Athens Expansion eine Bedrohung seiner Vorherrschaft. Misstrauen und strategische Interessen standen einer diplomatische Lösung im Wege. Spartas Entscheidung für einen Präventivkrieg führte zu einem zerstörerischen Konflikt, der letztlich beide Mächte schwächen sollte (Kagan, 2003).

Peloponnesischer Krieg

Ereignisse wie der Streit um Korfu im Jahr 433 v. Chr. und die Belagerung von Potidaia führten zu wachsenden Spannungen zwischen den beiden griechischen Mächten. Sparta sah sich gezwungen, auf die wachsende Bedeutung Athens zu reagieren, um seinen Status und Einfluss zu wahren. Die Angst Spartas vor dem Verlust seiner Vormachtstellung und die Unfähigkeit beider Seiten, durch Diplomatie eine Koexistenz zu sichern, führten schließlich zum Peloponnesischen Krieg. Dieser Krieg war langwierig, zerstörerisch und endete mit der Niederlage Athens, schwächte jedoch beide Kräfte nachhaltig (Hanson, 2005). Auch wenn beide Seiten durch ihre Handlungen und Bündnispolitiken zur Eskalation beitrugen, hat Sparta als erstes seine Armeen in Bewegung gesetzt und so einen Präventivkrieg begonnen, um das Machtgefüge zu bewahren. Der antike Historiker Thukydides kommentierte den Peloponnesischen Krieg, der von 431–404 v. Chr. andauerte, mit den Worten:

> „Die Angst Spartas vor Athens wachsender Macht machte den Krieg unvermeidlich."

So entstand der bis heute geläufige Begriff „Thukydidesfalle".

Schwer lösbarer Interessenkonflikt

Die Thukydidesfalle beschreibt einen gefährlichen strategischen Interessenkonflikt zwischen einer etablierten Macht wie Sparta, die ihre Position verteidigen will, und einer aufstrebenden Macht wie Athen, deren Wachstum als Bedrohung wahrgenommen wird. Die „Falle" liegt darin, dass die Angst vor Machtverlust oft präventive Maßnahmen wie Krieg provoziert, obwohl beide Seiten möglicherweise keinen Auseinandersetzung wünschen. Athen betrachtete Spartas Bündnispolitik als Versuch, seine Freiheit einzuschränken, während Sparta Athen als imperialistische Bedrohung ansah. (Kagan, 2003). Weder Athen noch Sparta konnten ihr Misstrauen überwinden und die tragische Dynamik durch Kompromisse entschärfen. Ähnlich wie im antiken Griechenland führten im Europa des 19. Jahrhunderts Machtrivalitäten zu einer gefährlichen Eskalation. Eine Parallele ist insbesondere in der damaligen deutsch-britische Konkurrenz erkennbar, die große Ähnlichkeiten zur antiken Thukydidesgeschichte aufweist. Ähnliches gilt ein Jahrhundert später auch für die Rivalität zwischen den Vereinigten Staaten und China. Graham Allison hat 16 historische Thukyidesfallen analysiert und ist zu dem Ergebnis gekommen, dass von diesen – für die heutige geopolitische Lage aber nicht repräsentativen – Konflikten zwölf in Krieg mündeten und nur vier friedlich gelöst worden sind (Allison, 2015).

Betrachten wir zunächst die Konfliktsituation im Vorkriegseuropa.

Deutsch-britische Konkurrenz als Thukydidesfalle

Im Europa des 19. Jahrhunderts verschärften multiple Rivalitäten und komplexe Bündnissysteme die Spannungen. Der Balkankonflikt, der Panslawismus, die deutsch-französische Erbfeindschaft und der Machtverfall Österreich-Ungarns und des Osmanischen Reiches trugen zur Instabilität der europäischen Ordnung bei. Das Attentat von Sarajevo im Sommer 1914, bei dem der österreichisch-ungarische Thronfolger Franz Ferdinand und seine Frau Sophie von einem serbischen Nationalisten ermordet wurden, löste eine Kette von Mobilmachungen und Kriegserklärungen aus, die den Ersten Weltkrieg entfesselte (Clark, 2012).

Am Ende des 19. Jahrhunderts war Großbritannien die führende Weltmacht, die dank eines ausgedehnten Kolonialreichs mehr als 20 % des Planeten abdeckte und den globalen Handel und Ressourcenzugang kontrollierte. Der Inselstaat dominierte die Welt aufgrund seiner industrielle Basis und seiner starke Marine, vor allem aber wegen der dominanten Rolle Londons als globales Finanzzentrum. Das britische Pfund war die unangefochtene Leitwährung. Das aufstrebende deutsche Kaiserreich forderte die britische Vorherrschaft durch rasche Industrialisierung und militärische Aufrüstung heraus. Nach seiner Gründung 1871 entwickelte sich das Deutsche Reich unter Kaiser Wilhelm II. rasant zu einer Großmacht. Bis 1914 hatte Deutschland Großbritannien wirtschaftlich in der Stahlproduktion und im industriellen Output überholt und verzeichnete zugleich ein starkes demographisches Wachstum.

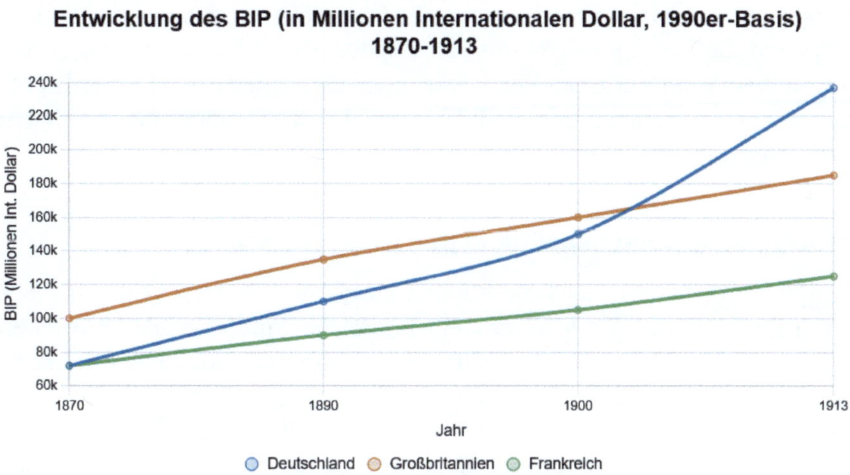

Abb. 2: BIP-Entwicklung

Geoökonomische Maßnahmen der Briten gegen die deutsche Industriekonkurrenz verpufften wirkungslos. Im Jahr 1887 führte der Merchandise Marks Act eine Kennzeichnungspflicht deutscher Produkte mit dem Begriff „Made in Germany“ ein, um Verbraucher vom Kauf abzuschrecken und britische Waren zu schützen.[15] Die hohe Qualität deutscher Produkte drehte die Wirkung aber um, „Made in Germany“ wurde ein weltweit anerkanntes Qualitätsmerkmal. Die bekannte Anekdote illustriert, warum sich Großbritannien Ende des 19. Jahrhunderts in seiner politischen und geoökonomischen Vormachtstellung bedroht fühlte, ähnlich wie Sparta mehr als 2000 Jahre zuvor von Athen.

Die britische Kontrolle über Weltmeere und Ressourcen sicherte dem britischen Empire noch entscheidende geoökonomische Vorteile. Britische Politiker befürchteten aber, dass Deutschland die Kontrolle über strategisch wichtige Seewege anstreben könnte, was Großbritanniens globale Machtstellung gefährdet hätte. Großbritannien investierte in seine Marine, das Deutsche Reich rüstete immer stärker nach. Das spürbare Selbstbewusstsein des wilhelminischen Kaiserreichs hat nicht dazu beigetragen, die britischen

15 Die willkürliche Deklarationspflicht importierter Güter zur Abschreckung von Käufern ist ein klassisches *„nicht-tarifäres“*, also ohne Verteuerung der Produkte durch Zölle von protektionistischen Staaten, geschaffenes Handelshemmnis. Freihandel, Handelsbeschränkungen und Zölle werden in Kapitel 4 ausführlich betrachtet werden.

Sorgen zu entkräften. Ereignisse wie die Bosnische Annexionskrise im Jahr 1908 und die Marokko-Krise drei Jahre später verschärften das Misstrauen gegenüber dem Deutschen Reich. Vor allem deutsche Historiker nach 1945 haben der deutschen Außenpolitik deswegen die Hauptschuld am ersten Weltkrieg gegeben (Ullrich, 2013).

Strategische Bündnispolitik in der Thukydidesfalle

Einige Historiker wie der verstorbene Georgetown-Professor Carroll Quigley argumentieren dagegen, das einflussreiche Mitglieder der britischen Elite, wie Alfred Milner und Cecil Rhodes, schon Ende des 19. Jahrhunderts einen Krieg mit Deutschland als unvermeidlich ansahen und entsprechende Vorbereitungen trafen. Die Angst vor Deutschland hätte bewirkt, dass Großbritannien seine Außenpolitik zunehmend gegen das Kaiserreich ausrichtete. Die führende Seemacht schloss 1904 und 1907 strategische Bündnisse, erst die Entente Cordiale mit Frankreich und drei Jahre später die Anglo-Russische Entente mit dem Zarenreich, um Deutschland einzudämmen und die eigene hegemoniale Position zu sichern. Dabei wurde der militärische Charakter der Entente Cordiale gegenüber der britischen und internationalen Öffentlichkeit gezielt verheimlicht.

Quigley argumentiert, dass die Gruppe um Milner und Rhodes die britische Außenpolitik bewusst lenkte, um Deutschland als wirtschaftliche und militärische Bedrohung zu neutralisieren, im Sinne einer heimlichen Vorbereitung des Ersten Weltkriegs. Konkret habe Großbritannien durch seine Diplomatie indirekt den französischen Revanchismus nach dem Deutsch-Französischen Krieg der Jahre 1870–71 unterstützt. Das Empire habe zudem die Balkankonflikte gefördert, vor allem, um Russland und Österreich-Ungarn gegeneinander aufzubringen, und dadurch – selbst vermeintlich unbeteiligt – einen europäischen Konflikt auszulösen. Diese britische Politik habe den Weg zum Ersten Weltkrieg geebnet, indem sie eine breite anti-deutsche Koalition vorbereitete und den Konkurrenten gezielt einkreiste.

Zwar war die britische Politik nur ein sehr wichtiger Aspekt in einer überaus komplexen geopolitischen Situation. Neben der deutsch-britischen Rivalität trugen auch die Balkankonflikte, die deutsch-französische Erbfeindschaft und die Schwäche Österreich-Ungarns zur Eskalation bei. Als sich die Situation während der Julikrise nach dem Attentat rasant verschärft hat, haben alle wesentlichen Protagonisten sehr unglücklich agiert (Clark, 2015). Nichtsdestotrotz hat die britische Sorge vor einem Machtverlust und wirtschaftlicher Konkurrenz als Thukydidesfalle zur Entstehung des Ersten Weltkriegs beigetragen.

2.6 Transatlantische Machtverlagerung

Zerstörung Europas durch den Ersten Weltkriegs
Der Erste Weltkrieg währte von 1914 bis 1918. Der globale Konflikt dauerte damit sehr viel länger als von allen Parteien erwartet und verursachte dramatische Schäden, deren Ausmaß kaum jemand erahnt hat.[16] Schätzungen zufolge starben schätzungsweise 8–10 Millionen Soldaten weltweit, davon der Großteil in Europa, durch direkte Kampfhandlungen, Krankheiten oder Verwundungen (Keegan, 1999). Darüber hinaus starben geschätzte 5–6 Millionen Zivilisten in Europa durch Kriegseinwirkungen wie Hungersnöte, Krankheiten, Massaker und Zerstörungen. Weitere 20–22 Millionen Soldaten und Zivilisten wurden schwer verwundet, viele davon waren dauerhaft behindert. Insbesondere in Frankreich, Belgien und Osteuropa wurden zudem durch den Krieg Städte, Dörfer, Straßen, Eisenbahnen, Fabriken und landwirtschaftliche Flächen zerstört.

Kriegsgewinner Vereinigte Staaten

Die europäischen Großmächte waren von Beginn an Kriegsparteien, dagegen blieben die Vereinigten Staaten anfangs neutral. Während europäische Volkswirtschaften durch Kriegsschäden, Produktionsausfälle und Inflation zusehends gelähmt wurden, konnte die unversehrte US-Wirtschaft ihre industrielle Kapazität während des Krieges weiter ausbauen. Als neutraler Akteur profitierte die junge Industrienation von Rüstungsexporten an die Alliierten, insbesondere an Großbritannien und Frankreich. Die Vereinigten Staaten wurden zum Hauptlieferanten von Lebensmitteln, Rohstoffen und Kriegsmaterial. Die amerikanische Industrieproduktion stieg um 40 %, die

---

16 Angeblich soll Gregori Rasputin, der sagenumwobene und skandalumwitterte Wunderheiler und einflussreiche Vertraute der Zarin Alexandra, Zar Nikolaus vor und nach Kriegsausbruch eindringlich vor der Katastrophe gewarnt und zum Frieden gedrängt haben, weswegen er von Angehörigen der russischen Kriegspartei am 30.12.1916 im Hause des Fürsten Felix Jussupow ermordet worden sei.

Exporte des Landes verdreifachten sich sogar von ca. 2,4 Mrd. US$ im Jahr 1913 auf ca. 7,4 Mrd. US$ im Jahr 1918 (Mitchell, 1960).

Durch ihren späten Kriegseintritt 1917 retteten die Vereinigten Staaten am Ende gerade noch den Sieg der Alliierten. Mit ihrem militärischen Beitrag verhinderten die USA außerdem, dass ihre eigenen Banken die gewaltigen Rüstungskredite an die europäischen Entente-Mächte abschreiben mussten. Die Kriegsausgaben der europäischen Staaten beliefen sich auf schätzungsweise 200–250 Milliarden US$, was in heutigen Werten mehreren Billionen US$ entspricht. Die Entente-Mächte finanzierten den Krieg überwiegend durch Kredite, was erst zu untragbaren Staatsschulden, Abhängigkeit und später zu Hyperinflation und wirtschaftlicher Instabilität führte (Ferguson, 1998). Die Vereinigten Staaten wurden spiegelbildlich die größte Gläubigernation der Welt. New York wurde wie London ein globales Finanzzentrum, der US$ wurde zur zweiten Weltwährung. Die Kontrolle über Finanzströme und Handelsnetzwerke machte Washington zur geoökonomischen Großmacht.

Der Erste Weltkrieg katapultierte die Vereinigten Staaten wirtschaftlich und geopolitisch nach vorn, während Europa geschwächt zurückblieb. Die transatlantische Machtverlagerung Anfang des 20. Jahrhunderts markierte den Durchbruch der Vereinigten Staaten auf dem Weg zur globalen Supermacht. Der Erste Weltkrieg leitete somit das „amerikanische Jahrhundert“ ein, in dem die Vereinigten Staaten die geschwächten europäischen Großmächte wirtschaftlich und geopolitisch überflügelten. Die Vereinigten Staaten übernahmen die westliche Führungsrolle aber zunächst nur zögerlich.

Versailler Zweifel

Der Aufstieg der Vereinigten Staaten wurde von gravierenden politischen Veränderungen in der Alten Welt begleitet. Die europäische Ordnung wurde umgepflügt, auch, weil die drei Kaiserdynastien Russlands, Deutschlands und Österreich-Ungarns abdanken mussten und die Nachfolgestaaten anschließend von ökonomischen und politischen Krisen geschüttelt wurden. Deutschland war durch die Niederlage und die harten Bedingungen des Versailler Friedens schwer getroffen. Russland litt unter den Folgen der Revolution, der Kapitulation und dem anschließenden Bürgerkrieg. Das Osmanische Reich und Österreich-Ungarn zerfielen. Großbritannien sowie Frankreich waren durch den Krieg wirtschaftlich und politisch so erschöpft, dass ihnen der Sieg nur ein schwacher Trost war.

Während Europa mit den Folgen von Zerstörung, Reparationszahlungen und politischer Instabilität zu kämpfen hatte, etablierten die Amerikaner ihre Position als industrielle Supermacht und finanzieller Gläubiger.

Unmittelbar nach dem Ersten Weltkrieg war Präsident Woodrow Wilson noch ein zentraler Akteur auf der Pariser Friedenskonferenz 1919, die den Versailler Vertrag ausarbeitete. Dort setzten Frankreich und Großbritannien, unterstützt durch eine Seeblockade, harte Bedingungen durch, insbesondere hohe deutsche Reparationen und umfassende Gebietsverluste. Deutschland musste Elsass-Lothringen, diverse Ostgebiete und seine Kolonien abgegeben. Die harten Versailler Bedingungen waren auch der prekären wirtschaftlichen Lage der Entente-Staaten geschuldet, zu der auch deren Auslandsschulden beitrugen. Als Rechtfertigung diente die Kriegsschuldklausel im Artikel 231, mit der Deutschland die alleinige Verantwortung für den Krieg zugeschrieben wurde.

Die harten Versailler Bedingungen waren aber im Kreise der Sieger umstritten. Der britische Ökonom John Maynard Keynes verließ sogar die Delegation seines Landes, weil er die Schulden nicht für tragfähig hielt und schwerwiegende ökonomische und politische Folgen befürchtete. In einem Buch übte er wenig später heftige Kritik am Versailler Regime (Keynes, 1919). Die Regelungen widersprachen auch Wilsons versöhnlichem 14-Punkte-Plan, mit dem er 1918 einen Waffenstillstand herbeigeführt hat. Vor allem stießen die Friedensbedingungen im oppositionellen US-Senat auf unüberwindliche Kritik.

Isolationismus in der Zwischenkriegszeit

Viele Senatoren, besonders die „Irreconcilables" und „Reservationists" unter Henry Cabot Lodge, lehnten den Versailler Vertrag ab. Sie sahen die Reparationsforderungen als exzessiv und die Gebietsverluste als ungerecht an. Einige Senatoren befürchteten – leider in weiser Voraussicht – als Ergebnis des Vertrages eine Destabilisierung Deutschlands und künftige Konflikte. Sogar die Kriegsschuldhypothese wurde im US-Senat angezweifelt. Eine 1920 eingesetzte US-Kommission unter Historiker Sidney B. Fay untersuchte die Kriegsursachen und verwarf die Alleinschuldthese.[17] Fays Einschätzung verstärkte die Skepsis im Senat, da sie die moralische Grundlage des Vertrags

17 Einige Jahre später hat Sydney B. Fay seine Ergebnisse in seinem Buch *Before Sarajevo: The Origins of the World War (1928)* veröffentlicht.

infrage stellte. Der Senat hatte auch Bedenken, dass durch den vorgesehenen Beitritt zum Völkerbund, der Vorläuferorganisation der Vereinten Nationen, die US-Souveränität untergraben werden könnte. Präsident Wilsons Beharren, keine Änderungen am Vertrag zu akzeptieren, führte im November 1919 und im März 1920 zur Ablehnung der Ratifikation im Senat. Nach Wilsons Amtszeit schloss die Regierung Harding 1921 dann bilateral mit Deutschland den Berliner (Friedens-)Vertrag ab. Dem Völkerbund traten die Vereinigten Staaten nicht bei.

Boom und Bust der wilden 1920er Jahre

Wirtschaftlich schadete den Vereinigten Staaten ihr Isolationismus zunächst nicht. Die Nation erlebte in den 1920er-Jahren, den sogenannten „Roaring Twenties" einen Boom. Als einer der wenigen großen Industriestaaten, die nicht direkt auf eigenem Boden vom Krieg verwüstet wurden, profitierten die Amerikaner von einer intakten Infrastruktur und einer starken Produktionskapazität. Die Massenproduktion, insbesondere in der Automobilindustrie (z. B. Ford), und technologische Innovationen wie Elektrizität und Radio trieben das Wirtschaftswachstum. Die Vereinigten Staaten wurden zum größten Gläubigerland. Der Aktienmarkt florierte, auch aufgrund der Kreditausweitung, und die USA überholten Großbritannien als führende Handelsnation.

Das Platzen der US-Aktienblase im Oktober 1929 und die dadurch ausgelöste Wirtschaftskrise stellte jedoch einen Rückschlag für die Vereinigten Staaten dar. Es kam zu Massenarbeitslosigkeit (bis zu 25 %) und einem Einbruch der Industrieproduktion. Die Vereinigten Staaten waren dadurch auch gezwungen, Geld aus Europa wieder abzuziehen, insbesondere aus Deutschland. Die Wirtschaftskrise wurde „ansteckend" und trug zur Machtergreifung der Nationalsozialisten im Jahr 1933 bei.

2.7 Neuer Sheriff in der Stadt

New Deal, Rüstung und Kriegsausbruch

Während der Erste Weltkrieg den Grundstein legte, festigte der Zweite die US-Dominanz. Zwar verstärkte sich in den 1930er-Jahren noch einmal kurzfristig der US-Isolationismus, aufgrund der Weltwirtschaftskrise und der wachsenden Spannungen in Europa und Asien. Die Mitte der 1930er Jahre vom Kongress verabschiedeten Neutralitätsgesetze spiegelten dabei

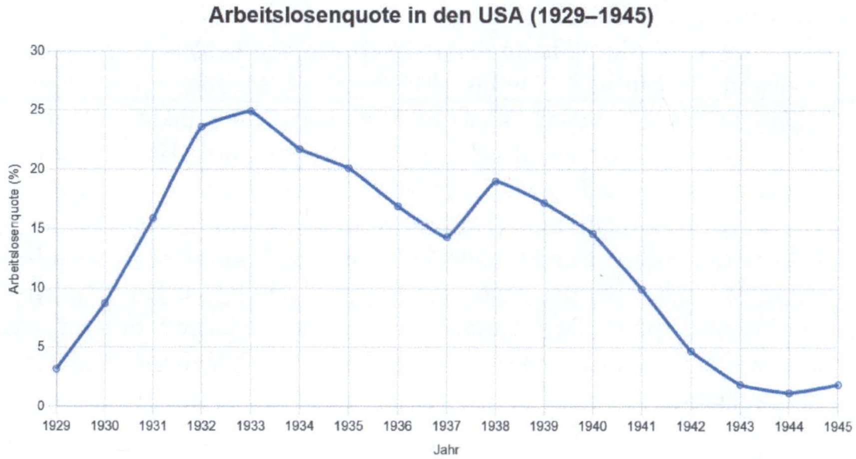

Abb. 3: Arbeitslosenquote in den USA (1929-1945) / Quelle: B. R. Mitchell, International Historical Statistics

den Wunsch der großen Mehrheit der amerikanischen Bürger wider, sich aus internationalen Konflikten herauszuhalten. Präsident Franklin D. Roosevelts „New Deal" ab 1933 brachte staatliche Investitionen in Infrastruktur, Sozialprogramme und Arbeitsbeschaffungsmaßnahmen, die die Wirtschaft aber zunächst nur wenig in Schwung brachten. Das BIP wuchs kaum, die Arbeitslosenquote verharrte oberhalb von 15 %.

Doch mit dem Hitler-Stalin-Pakt und dem Einmarsch – zuerst der Wehrmacht und anschließend der Roten Armee – im Jahr 1939 in Polen änderte sich die US-Außenpolitik. Zunächst engagierten sich die Vereinigten Staaten wieder in Form von Waffenlieferungen. Nach dem japanischen Angriff auf Pearl Harbor im Jahr 1941 wurden sie auch Kriegspartei. Erneut erlebte die US-Wirtschaft einen beispiellosen Aufschwung, beflügelt durch die Rüstungsproduktion. Die Arbeitslosigkeit sank nahezu auf null, und die Industrieproduktion verdoppelte sich. Der eigene militärische Einsatz war trotz des pazifischen Krieges gegen Japan und der späten Invasion in der Normandie im Vergleich zu den Opfern der anderen Siegermächte begrenzt. Unterstützungsprogramme für die Alliierten wie der 1941 mit Großbritannien abgeschlossene „Lend-Lease Act" erfolgten wieder als Kriegsmateriallieferungen auf Kredit. Das stärkte die US-Wirtschaft und festigte die Rolle der Vereinigten Staaten als globaler Exporteur und Gläubiger.

Zerstörung Europas
Der Zweite Weltkrieg hatte derweil verheerende Folgen für Europa. Weltweit starben von 1939 bis 1945 ca. 70–85 Millionen Menschen. Allein in Europa waren es ca. 40 Millionen Opfer, inklusive rund 20 Millionen Zivilisten, durch Kämpfe, Völkermord, Hungersnöte, Bombenangriffe und gewaltsame Vertreibung. Städte wie Dresden, Hamburg, Rotterdam und Warschau wurden großflächig zerstört. Infrastruktur, Industrie und Wohngebiete lagen in Trümmern. Viele Millionen Menschen wurden obdachlos, riesige Flüchtlingsströme prägten die Nachkriegszeit. Der nationalsozialistische Holocaust ermordete geschätzte sechs Millionen europäische Juden und Angehörige anderer Minderheiten.

Wachtwechsel

Nach 1945 ist den Vereinigten Staaten die geopolitische Dominanz regelrecht in den Schoß gefallen. Das Land verfügte über eine intakte Infrastruktur, die stärkste Armee und als erste Nation über die Atombombe. Da viele politisch Verfolgte Wissenschaftler noch rechtzeitig aus Europa fliehen konnten, profitierte das Land auch von einem „Brain drain“, einer Zuwanderung kluger Köpfe. Die Vereinigten Staaten erlitten dank ihrer geographischen Lage wieder keine Kriegsschäden, Auch die produzierenden Unternehmen und Banken profitierten erneut. Bis 1945 war die US-Wirtschaft für etwa 50 % des globalen BIP verantwortlich. Der US$ etablierte sich sukzessive als neue internationalen Leitwährung, so dass New York endgültig London als globale Finanzmetropole ablösen konnte. Die Ablösung des britischen Pfunds durch den Dollar wurden im Jahr 1944 durch das Bretton-Woods-Abkommen auch offiziell besiegelt. Im Verlauf der nächsten beiden Jahrzehnte erreichte der Wohlstand weite Teile der amerikanischen Bevölkerung. Der „American way of life“ erreichte bald seine größte globale Ausstrahlung.

Neue globale Institutionen
In Bretton Woods wurden im Jahr 1944 die Einrichtung von IWF und Weltbank, jeweils mit Sitz in Washington beschlossen. Kernaufgabe der beiden Institutionen waren die Kontrolle des globalen (westlichen) Finanzsystems und die Steuerung der Kreditvergabe bei Finanzkrisen und für Entwicklungsprojekte. Die Vereinigten Staaten verfügten über

eine Sperrminorität beim Kapital beider Institutionen und nahmen entscheidenden Einfluss auf die Besetzung der Führungspositionen. Auch die wenige Jahre später gegründete NATO sollte den US-Einfluss sichern, vor allem in Europa. Lord Ismay, der erste Generalsekretär der NATO, fasste den Zweck des Verteidigungsbündnisses folgendermaßen zusammen: *„The purpose of NATO is to keep the Russians out, the Americans in, and the Germans down."* [18]

Unmittelbar nach dem Krieg wurden auch die Vereinten Nationen (UN) mit Sitz in New York gegründet. Die Vereinigten Staaten nehmen in der UN bis heute als eine von fünf Veto-Mächten eine hervorgehobene Position ein. Durch die neuen Institutionen sicherten sich die Vereinigten Staaten eine führende Position in der Weltordnung. Der Marshall-Plan (ab 1948) arrangierte zudem den wirtschaftlichen Wiederaufbau Westeuropas unter US-Führung und Kreditfinanzierung. Am Ende des Zweiten Weltkriegs dominierten die USA sowohl wirtschaftlich als auch geopolitisch die Weltbühne. Einzig die Sowjetunion blieb als weitere Großmacht bestehen. Auch Großbritannien und Frankreich wurden 1945 endgültig in die zweite Reihe des globale Machtgefüges verbannt, auch wenn beide Staaten bis zum heutigen Tage Schwierigkeiten haben, ihren Bedeutungsverlust zu akzeptieren und Privilegien wie den ständigen Sitz im UN-Sicherheitsrat verbissen verteidigen. Die veränderte geoökomische Realität manifestiert sich aber im wirtschaftlichen Abstieg und auch im Verlust der meisten ehemaligen Kolonien der beiden Staaten.

Dekolonisation der Entente

Der Zweite Weltkrieg schwächte Großbritannien und Frankreich sowohl wirtschaftlich als auch militärisch. Die Kolonialmächte mussten erneut enorme Ressourcen für einen Krieg mobilisieren, was ihre Fähigkeit einschränkte, die Kontrolle über ihre Kolonien aufrechtzuerhalten. Die beiden ehemals größten Kolonialmächte sahen sich mit wachsendem Druck durch Unabhängigkeitsbewegungen, wirtschaftliche Schwierigkeiten und internationale Veränderungen konfrontiert. Der Weltkrieg förderte anti-koloniale

18 Die Einschätzung ist zum damaligen Zeitpunkt angesichts der noch frischen Erfahrung mit dem Nationalsozialismus und dem Stalinismus unter geopolitischen Erwägungen nachvollziehbar.

und nationalistische Ideologien, da die Alliierten für sich reklamierten, für Freiheit und Selbstbestimmung zu kämpften. Das inspirierte die Kolonialvölker, ähnliche Rechte einzufordern. Die Charta der Vereinten Nationen von 1945 betonte das Prinzip der Selbstbestimmung, was den Unabhängigkeitsbewegungen zusätzlichen Rückhalt gab.

Nach 1945 musste Großbritannien seine asiatischen Kolonien, allen voran das „Juwel der Krone" Indien, aufgeben. Der Indische Nationalkongress unter Führung von Mahatma Gandhi und Jawaharlal Nehru hatte durch jahrzehntelangen zivilen Ungehorsam und politische Mobilisierung starken Druck aufgebaut. Die neugewählte Labour-Regierung unter Premierminister Clement Attlee, erkannte schnell, dass die Aufrechterhaltung der Kolonialherrschaft gegen den Willen der Inder finanziell nicht mehr tragbar war. 1947 wurde die Kronkolonie unabhängig. Die von Religionskonflikten ausgelöste Teilung des Subkontinents in das überwiegend hinduistische Indien sowie das islamischen Pakistan führte zu gewaltsamen Konflikten und massiven Fluchtbewegungen, bei denen Millionen Menschen starben oder vertrieben wurden. Bangladesch löste sich 1971 von Pakistan.

Auch in Südostasien verlief die Dekolonisation schnell. Myanmar und Sri Lanka erlangten bereits 1948 die Unabhängigkeit. Malaysia wurde 1957 unabhängig, Singapur löste sich wiederum 1965 von Malaysia. Die britische Dekolonisation in Asien wurde primär auf dem Verhandlungsweg gelöst, wobei die Kolonialmacht versuchte, Einfluss durch wirtschaftliche und militärische Abkommen im Rahmen des neugegründeten Commonwealth zu sichern.

In Afrika gab es regionale Unterschiede, die den Dekolonisierungsprozess prägten. In Westafrika, wo es nur wenige europäische Siedler gab, verlief der Rückzug relativ friedlich. Ghana erreichte 1957 als erstes schwarzafrikanisches Land seine Unabhängigkeit. Nigeria folgte 1960. Diese Länder profitierten von einer gut organisierten nationalistischen Bewegung und einer schrittweisen Einführung von Selbstverwaltung durch die Briten. In Ost- und Zentralafrika behinderten insbesondre weiße Siedlergemeinschaften für längere Zeit die Machtübernahme durch die einheimische Bevölkerung. In Kenia führte der Mau-Mau-Aufstand zu einem brutalen Konflikt, bevor die Unabhängigkeit 1963 erreicht wurde. Simbabwe erlangte sogar erst 1980 nach einem langen Bürgerkrieg die Unabhängigkeit. Insgesamt hat Großbritannien die Abwicklung seines einst so glanzvollen Empires aber überwiegend pragmatisch und würdevoll bewältigt.

Frankreichs hielt hartnäckiger an der Aufrechterhaltung seiner Kolonialherrschaft fest, weshalb die Dekolonisation in Asien konfliktreicher ablief als die britische. In Französisch-Indochina (heute Vietnam, Laos und Kambodscha) führte der Widerstand der Viet Minh unter Ho Chi Minh ab 1946 zu einem blutigen Unabhängigkeitskrieg. Erst nach der entscheidenden Niederlage in der Schlacht von Dien Bien Phu 1954 war die „Grande Nation“ bereit, in Verhandlungen einzutreten. Das Genfer Abkommen legte dann letztlich die Teilung Vietnams und die Unabhängigkeit von Laos und Kambodscha fest. Frankreichs Rückzug aus Asien markierte einen Wendepunkt der europäischen Kolonialgeschichte, da es zeigte, dass militärische Kontrolle nicht mehr durchsetzbar war.

Auch von seinen afrikanischen Kolonien trennte sich Paris zunächst nur widerstrebend, da es seine dortigen Gebiete als integralen Bestandteil der „Grandeur“ Frankreichs ansah. In Nordafrika führte der algerische Unabhängigkeitskrieg in den Jahren 1954 bis 1962 zu einem der blutigsten Konflikte der Dekolonisation. Die algerische Nationale Befreiungsfront FLN kämpfte gegen die französische Armee, was zu Hunderttausenden Toten und massiven Flüchtlingsbewegungen führte. Die Unabhängigkeit Algeriens 1962 war ein Wendepunkt, der den Rückzug Frankreichs aus anderen afrikanischen Kolonien beschleunigte. In West- und Zentralafrika verlief die Dekolonisation friedlicher als im Norden des Kontinents. Länder wie Senegal, Mali und die Elfenbeinküste wurden 1960 unabhängig. Madagaskar erlangte ebenfalls 1960 die Unabhängigkeit, nachdem zuvor Aufstände noch blutig niedergeschlagen worden waren.

Postkoloniale Einflusssphären

Die neu entstandenen Nationalstaaten waren mit zahlreichen Herausforderungen konfrontiert, wie politischer Instabilität, wirtschaftlicher Abhängigkeit und ethnischen Spannungen. Die willkürlichen Grenzen, die während der Kolonialzeit gezogen wurden, führten in vielen Ländern zu Konflikten, etwa im Kongo oder in Nigeria. Die ehemaligen Kolonialmächte nutzten diese Komplikationen zur Sicherung wirtschaftlichen, politischen und kulturellen Einflusses, was die vollständige Souveränität vieler Länder noch lange Zeit einschränkte und oft als „Neokolonialismus“ kritisiert wird. Die meisten ehemaligen französischen Kolonien traten der „Französischen Gemeinschaft“ bei, die britischen Kolonien wurden überwiegend Teil des „Commonwealth“. Angehörige der Eliten der Länder werden bis heute gezielt in Frankreich und Großbritannien ausgebildet, um sie an die ehemalige Kolonialmacht zu binden. Trotzdem schwindet der Einfluss der ehemaligen Kolonialmächte seit den 1960er Jahren langsam, aber unaufhaltsam.

Die transatlantische Machtverlagerung etablierte Washington als globale Hegemonialmacht, während die Dekolonisation die europäischen Großmächte schwächte und neue geoökonomische Konflikte in Afrika und Asien auslöste. Aber auch für die Vereinigten Staaten war die Bewahrung der in zwei Jahrhunderten errungenen Vorherrschaft nicht garantiert. Ihre Hegemonie wurde bereits durch den bipolaren Konflikt mit der Sowjetunion auf die Probe gestellt.

Phase	Europäische Verluste	US-Gewinne	Geoökonomische Folgen
I. Weltkrieg (1914–1918)	• 14–16 Mio. Tote • Infrastrukturzerstörung • Schuldenberg	• Exportboom (+200%) • Gläubigerstatus	• Dollar als 2. Währung • Aufstieg New Yorks als Finanzzentrum
Zwischenkriegszeit und Isolationismus (1920er und 30er)	• Hyperinflation • Schuldzinsen • Reparationen	• Roaring Twenties • BIP-Wachstum	• Crash 1929 und globale Krise • NS-Machtübernahme
II. Weltkrieg (1939–1945)	• 40 Mio. Tote (Europa) • ca. 50 % aggregierter BIP-Verlust	• Rüstungsboom • Braindrain • Globale Goldreserven • Atombombe	• Bretton Woods: Dollar als Leitwährung • USA stehen für 50 % des Welt-BIP
Dekolonisation (1945–1960er)	• Ressourcenverlust • Aufgabe Kolonien und Militärstützpunkte • Einflussverlust Naher Osten (Rohstoffe)	• Erweiterung der Einflusszone • Militärstützpunkte • US-Investitionen in neue Staaten • Zugang zu globalen Ölreserven	• Politische und ökonomische Schwächung Europas • Aufstieg US-Konzerne und $-Finanzsystem

Tab. 6: Überblick transatlantische Machtverschiebung

2.8 Westlicher Pyrrhussieg im Kalten Krieg

Ein **Pyrrhussieg** ist ein Erfolg, der mit so hohen Kosten oder Verlusten errungen wird, dass er fast einem Misserfolg gleichkommt. Der Begriff wurde nach König Pyrrhus von Epirus benannt, der im 3. Jahrhundert v. Chr. gegen Rom kämpfte und einige Schlachten gewann, aber enorme Verluste an Soldaten und Ressourcen erlitt. Pyrrhussiege schwächen den vermeintlichen Gewinner langfristig, sodass der Nutzen des Erfolgs fraglich wird. Der Begriff wird oft verwendet, um kurzfristige Erfolge zu beschreiben, die langfristig mehr schaden als nützen. Der Westen hat den Kalten Krieg gegen den kommunistischen Ostblock vermeintlich triumphal und mit geringen Verlusten an Menschenleben und Ressourcen gewonnen. Jahrzehnte später wird in einer chronologischen Rekapitulation der Ereignisse aber erkennbar, dass der Sieg auch einen hohen Preis für den gesamten Westen hatte.

Eiserner Vorhang

Nach dem Ende des Zweiten Weltkriegs 1945 zerfiel die Allianz zwischen den USA und der Sowjetunion. Die ideologischen Gegensätze zwischen Kapitalismus und Kommunismus wurden schnell deutlich. Beide Staaten entwickelten sich in den nächsten Jahren zu Führungsmächten großer antagonistischer Blöcke, deren Grenze quer durch Europa verlief, wodurch Deutschland und Berlin geteilt wurden. Winston Churchill 1946 verwendete den Begriff „Eiserner Vorhang“, um die Teilung Europas zu beschreiben. Henry Truman verkündete 1947 die nach ihm benannte Truman-Doktrin als US-Politik des „Containments“, einer systematischen Eindämmung des Kommunismus. Gleichzeitig finanzierten die USA mit Krediten der Marshall-Plan den erfolgreichen Wiederaufbau Westeuropas. Die Sowjetunion reagierte mit der Gründung des „Kominform“ (Kommunistisches Informationsbüro), um die Zusammenarbeit und Koordination zwischen kommunistischen Parteien in Europa zu fördern. Schnell entzündeten sich die ersten Konflikte zwischen den beiden großen Blöcken, denen sich jeweils zahlreiche Länder anschlossen. Einige Nationen wie Indien erklärten sich im Verlauf des Kalten Kriegs aber auch zu neutralen, blockfreien Staaten.

Spannungen und Stellvertreterkriege

Bereits im Jahr 1948 führte die Berlin-Blockade durch die Sowjetunion zu einer der ersten großen geopolitischen Konfrontationen. Die Vereinigten Staaten und ihre Verbündeten antworteten mit der Berliner Luftbrücke. Die USA gründeten mit ihren Alliierten 1949 die NATO. Die Sowjetunion erlangte im selben Jahr vermutlich durch Spionage und US-Geheimnisverrat ihre erste Atombombe (Holloway, 1994), wodurch das Wettrüsten eingeleitet wurde. Der Koreakrieg Anfang der 1950er Jahre markierte den ersten Stellvertreterkrieg, in dem die Vereinigten Staaten und die Sowjetunion indirekt über ihre Verbündeten kämpften. Nach Stalins Tod 1953 lockerten Reformen unter Chruschtschow kurzzeitig die Spannungen, doch die Gründung des Warschauer Pakts 1955 festigte den Ostblock. Im Jahr 1956 unterdrückte die Sowjetunion brutal den Ungarnaufstand, um ihre Kontrolle über Osteuropa zu sichern. Die Kubakrise 1962 brachte die Welt an den Rand eines Atomkriegs, wurde aber durch diplomatische Verhandlungen entschärft. Danach folgte eine Phase der Entspannung, während der Verträge wie der Atomwaffensperrvertrag und SALT I zur Begrenzung des Wettrüstens abgeschlossen wurden. Dennoch führten die Vereinigten Staaten und die Sowjetunion Stellvertreterkriege, unter anderem in Vietnam und in Afghanistan. Zu einem direkten „heißen" Krieg zwischen den Großmächten kam es aber nicht.

Wirtschaftssysteme im Wettstreit

Ohne dass damals der Begriff der Geoökonomie schon existierte, hat der Ausgang des Kalten Krieges bewiesen, dass geopolitische Konflikte mächtiger Staaten auch ohne direkte militärische Konfrontation durch den Einsatz geoökonomischer Hebel entschieden werden können.

Es waren vor allem strategische und wirtschaftliche Vorteile, welche die US-Politik nach langem Abwarten und vielen Stellvertreterscharmützeln ermuntert haben, im Kalten Krieg eine ökonomische Entscheidung zu suchen. Die Sowjetunion verfügte über eine starke, weltkriegserprobte Armee und umfangreiche natürliche Ressourcen, insbesondere große Öl- und Gasvorkommen. Jedoch war die sozialistische Planwirtschaft dem marktwirtschaftlichen System des Westens bei der Innovationskraft und der Allokation knapper Ressourcen hoffnungslos unterlegen. Die staatlich festgelegten Preise drückten keine Knappheiten der Güter aus. Beispielsweise wurde mit fast kostenlosen fossilen Brennstoffen buchstäblich zum Fenster heraus geheizt. Gleichzeitig produzierten staatliche Unternehmen mangels Kontrolle durch den Markt an den Bedürfnissen der Konsumenten vorbei. Den Bürgern fehlte es an Freiheitsrechten, aber auch an Leistungsanreizen, weil sie kaum persönlich von überdurchschnittlichem Arbeitseinsatz und individueller Kreativität profitieren konnten.

Durch das gezielte amerikanische „Aufpäppeln" Westeuropas wuchsen Bewunderung und Neid in der osteuropäische Bevölkerung. Das westliche Freiheitsversprechen erreichte seine größte Strahlkraft, während triste Fassaden, eine kaputte Umwelt und leere Regale das Bild östlich des Eisernen Vorhangs bestimmten. Die hohle Propaganda von Prawda und Aktueller Kamera sowie Reiseverbote und Stasiüberwachung konnten die triste Realität im real existierenden Sozialismus immer weniger übertünchen. Kontinuierlich wuchs die westliche Soft Power durch Musik, Radio, Fernsehen und Spielfilme, deren subtile Botschaften die Unzufriedenheit der Menschen in den Ostblock-Staaten noch verstärkten.

Schaufenster Bundesrepublik Deutschland

Im innerdeutschen Vergleich wurde die Diskrepanz besonders deutlich. Die sowjetisch besetzte Zone litt überproportional unter der Demontage von Fabriken. Zwar wurden im Rahmen der geheimen Operation „Paperclip" nach 1945 auch etwa 1.600 westdeutsche Wissenschaftler und Techniker, darunter Wernher von Braun, aus den westlichen Besatzungszonen – aus den 1949 die Bundesrepublik Deutschland hervorgegangen ist – in die Vereinigten Staaten gebracht. Ihre Expertise und Patente, vor allem in der Raketentechnik, trugen maßgeblich zur Entwicklung des Weltraumprogramms der NASA bei (Jacobsen, 2014).

Wenig später änderten die Vereinigten Staaten aber, aufgrund der eskalierenden Konfrontation mit der Sowjetunion, ihre Deutschlandpolitik um 180 Grad. In der Bundesrepublik trug dieser Kurswechsel in den 1950er Jahren erheblich zum Wirtschaftswunder bei. Wirtschaftsminister Ludwig Erhard setzte, amerikanisch inspiriert, auf marktwirtschaftliche Freiheit, statt auf Verstaatlichung und Regulierung. Die Unternehmen profitierten von Deregulierung, Innovationskraft und Zugang zu großen Absatzmärkten. Die DDR litt dagegen noch nach 1949 unter der Industriedemontage und zunehmend auch unter der ineffizienten Kommandowirtschaft des

Ostblocks. Mit jedem Jahr wurde die Diskrepanz für die DDR-Führung schwieriger zu kaschieren.

Viele DDR-Bürger hatten Verwandte im Westen, fast alle anderen konnten zudem Westfernsehen einschalten. So wurde der sehr viel höheren westlichen Lebensstandard für alle sichtbar. Das BIP pro Kopf lag in der DDR im Jahr 1989 nur bei etwa 38 % des westdeutschen Niveaus, wie nachträglich erstellte statistische Berechnungen zeigen (Burda und Severgnini, 2011).[19]

Wirtschaftlicher Kollaps der Sowjetunion

US-Präsident Ronald Reagan erkannte und nutzte in den 1980er Jahren mit geoökonomischem Kalkül die strukturelle Schwäche des Ostblocks und betrieb den Zusammenbruch der Sowjetwirtschaft. Entscheidend war die Überlegenheit der Marktwirtschaft, die nicht nur mehr Konsummöglichkeiten schuf, sondern auch die Finanzierung eines größeren Verteidigungsbudgets und diverser zermürbender Stellvertreterkriege ermöglichte, unter anderem in Afghanistan. Die USA verstärkten den Druck durch massive Rüstungsausgaben und das „Star Wars“-Programm. Die Sowjetunion, wirtschaftlich geschwächt, konnte nicht mehr mithalten. Die Förderung von Dissidentenbewegungen in Osteuropa, gefördert durch westliche Propaganda, sorgte ergänzend für politischen Druck auf das sowjetische System.

Auch der niedrige Ölpreis in den 1980er Jahren gilt als ein wesentlicher Faktor für den Zusammenbruch des Ostblocks, da die Sowjetunion stark von Ölexporten abhängig war. Die USA und ihre Verbündeten, insbesondere Saudi-Arabien, sollen durch eine gezielte Überproduktion von Öl die Preise von ca. 30 US$ pro Barrel auf ca. 10 US$ gedrückt haben, um die sowjetische Wirtschaft zu schwächen (Yergin, 1991). Dies führte zu erheblichen Einnahmeverlusten für die UdSSR, was ihre wirtschaftlichen und politischen Probleme verschärfte und den Zerfall des Ostblocks beschleunigte. Erst als der Druck zu groß wurde, begann die Ostblockführung unter Generalsekretär Michail Gorbatschow ab 1985 mit zaghaften Reformen, was jedoch die Instabilität noch verstärkte. Der Fall der Berliner Mauer, ein Symbol für das Ende der Teilung Europas, war im Jahr 1989 mit friedlichen Mitteln

19 Die DDR-Daten wurden durch Rückrechnungen und Schätzungen auf Basis westdeutscher Preise und internationaler Standards erstellt, da es in der ehemaligen DDR keine Marktpreise gab und die offiziellen Statistiken teilweise aus Propagandagründen manipuliert waren.

nicht mehr aufzuhalten. Die Sowjetführung verzichtete aber anders als 1956 in Ungarn und 1968 in der Tschechoslowakei auf Gewaltanwendung und löste sich stattdessen 1991 freiwillig selbst in 15 Einzelstaaten mit Russland als Rechtsnachfolger auf. Auch ihre ehemaligen Vasallenstaaten Mittelosteuropas entließ die Sowjetunion in die Unabhängigkeit und suchte einen freundschaftlichen Ausgleich mit dem Westen. Vor allem die Einsicht Gorbatschows bestätigt am Ende das strategische US-Kalkül. Der Ost-West-Konflikt hätte allerdings mehrfach auch schnell atomar eskalieren können.

Unipolarer Moment

Der Kalte Krieg endete vordergründig mit dem vollständigen Sieg des Westens unter US-Führung. Europa wurde vom Kommunismus „befreit“. Die Vereinigten Staaten etablierten sich als einzige globale Supermacht. Der ehemalige US-Präsident George H.W. Bush sprach damals von *„einer Ära, in der die Völker der Welt, Ost und West, Nord und Süd, prosperieren und in Harmonie leben können. (...) einer Welt, in der die Herrschaft des Rechts die Herrschaft des Dschungels ersetzt. Eine Welt, in der die Völker die gemeinsame Verantwortung für Freiheit und Gerechtigkeit erkennen. Eine Welt, in der der Starke die Rechte des Schwachen respektiert.“* Der amerikanische Politologe Francis Fukuyama proklamierte das *„Ende der Geschichte“* (Fukuyama, 1992/2020) im Sinne eines allumfassenden westlichen Sieges. Zbigniew Brzezinski (1997) schrieb triumphierend *„The defeat and collapse of the Soviet Union was the final step in the rapid ascension of a Western Hemisphere Power, the United States, as the sole, and indeed, the first truly global power.“ George Friedman sprach vom „amerikanischen Zeitalter“* (Friedman, 2009).

Enttäuschte Hoffnungen

Die optimistischen Prophezeiungen von Freiheit, Frieden und Prosperität haben sich nur zum Teil erfüllt. Zwar sind die meisten Ländern Mittelosteuropas unabhängig und weitgehend demokratisch geworden. Vielerorts blieben aber die alten kommunistischen Seilschaften stark, einige Altfunktionäre haben sich persönlich bei Privatisierungen der ehemaligen Staatsunternehmen bereichert. Die westlichen Unternehmen haben durch den

Wegfall des Eisernen Vorhangs anfänglich neue Absatzmärkte gewonnen, wovon gerade die deutsche Industrie stark profitiert hat.

Der Preis dafür war aber hoch. Die ökonomische Implosion des Ostblocks musste mit viel Steuergeld abgefedert werden. In Ostdeutschland verlief der Zusammenbruch besonders schnell, weil die DM-Einführung trotz Warnungen der Bundesbank zu einem überhöhten Wechselkurs erfolgt ist. Die meisten DDR-Unternehmen waren dadurch kostenseitig nicht mehr konkurrenzfähig und wurden von der Treuhandanstalt zerschlagen oder abgewickelt. Viele Arbeitsplätze und wertvolles Know-how sind so verloren gegangen. Im Osten sind kaum wirtschaftliche Entscheidungszentren übriggeblieben. Die Verbitterung vor allem vieler älterer Menschen war entsprechend groß. Doch auch die Bürger des Westens zahlten einen hohen Preis. Die Kosten der deutschen Wiedervereinigung für westdeutsche Steuerzahler werden auf etwa 1,3 bis 2 Billionen Euro netto bis 2014 geschätzt, wobei ein Großteil durch Sozialtransfers und Infrastrukturmaßnahmen wie den Aufbau Ost entstand (Ritter, 2007). Diese Kosten wurden unter anderem durch den Solidaritätszuschlag und erhöhte Steuern finanziert. Schätzungen zufolge flossen zudem seit 1990 etwa 750 bis 800 Milliarden Euro an direkten Finanzhilfen (einschließlich Strukturfonds, Kohäsionsfonds und Agrarsubventionen) von der EU und Westeuropa an osteuropäische Staaten, wobei Polen, Ungarn und Rumänien die größten Nettoempfänger sind.

Innerwestliche Rivalitäten

Solange der Kalte Krieg andauerte, waren die westlichen Staaten zum Zusammenhalt gezwungen. Nach 1990 mussten die großen westlichen Wirtschaftsmächte aber nicht mehr so viel Rücksicht aufeinander nehmen. Japan, Südkorea, die großen europäischen Länder und die Vereinigten Staaten begannen plötzlich, ihre eigenen Unternehmen auch auf Kosten „verbündeter" Nationen zu fördern, Frankreich und Deutschland unterstützen Airbus mit massiven Subventionen gegen die US-Konkurrenz, Japans Wirtschaftsministerium subventionierte die heimische Industrie und operierte mit nicht-tarifären Handelshemmnissen zum Schutz heimischer Märkte, zum Beispiel in der Automobilindustrie. Selbst die bis dahin besonders marktwirtschaftlich ausgerichtete US-Politik begann gezielt, US-Technologieunternehmen mit Investments und Regierungsaufträgen zu fördern. Politik, Verwaltung und Wirtschaftsführung kooperierten in den Ländern jeweils umfassend und strategisch, um globale Technologie- und Marktführerschaft für heimische Unternehmen zu erringen. Der geoökonomische Konkurrenzkampf ist aus westlicher Sicht nach Hause gekommen. Nach dem Ende des Kalten Kriegs 1991 hoffte die Welt zudem auf eine Friedensdividende, die durch reduzierte Rüstungsausgaben wirtschaftlichen Wohlstand und globale Stabilität fördern würde. Die Menschen in West und Ost träumten von einer neuen Ära der Zusammenarbeit und Prosperität. Es kam jedoch nur zu einer kurze Entspannungsperiode. Nachdem anfangs erfolgreich Abrüstungsmaßnahmen und Kooperationsabkommen zwischen der NATO und Russland vereinbart werden konnten, befinden sich die Rüstungsbudgets inzwischen wieder auf Rekordniveau.

Honeckers Rache

Vom 1989 gestürzten DDR-Staatsratsvorsitzenden Erich Honecker ist der Spruch überliefert, *„den Sozialismus in seinem Lauf halten weder Ochs noch Esel auf"*. Nach der Wende wurde er für diese Aussage noch überwiegend belächelt. Inzwischen ist aber nicht mehr zu übersehen, dass westliche Staaten ihre marktwirtschaftlichen Prinzipien seit den 1990er Jahren verdrängt und mehr auf staatliche Lenkung von Wirtschaft und Gesellschaft setzen. So stieg der Anteil staatlicher Ausgaben am BIP in vielen EU-Ländern seit 1990 deutlich an, etwa in Deutschland von ca. 45 % (1990) auf 49 % (2024), in Frankreich liegt die Quote laut IWF mit 56,9% (2024) noch deutlich höher. Auch das Volumen staatlicher Subventionen erhöhte sich deutlich, allein in Deutschland stiegen die Beträge zuletzt laut Bundesfinanzministerium auf Bundesebene von 37,9 Milliarden Euro im Jahr 2021 auf veranschlagte 67,1 Milliarden Euro im Jahr 2024. Manche Beobachter interpretieren die Entwicklung zu immer mehr Staatswirtschaft im Westen als „reverse Take-over" (umgekehrte Übernahme). Dieser Lesart zufolge hat der Sozialismus sich 1990 als eine Art trojanisches Pferd in den Westen eingeschlichen und viele seiner Institutionen erobert.

Wachsende Steuerbelastung

Laut OECD-Daten lag die durchschnittliche Steuer- und Abgabenbelastung (Steuer- und Abgabenkeil) für alleinstehende Durchschnittsverdiener ohne Kinder im Jahr 2023 in Deutschland bei 47,8% und in Frankreich bei etwa 46,7% der Gesamtarbeitskosten (OECD, 2023). Gerade für Haushalte mit niedrigem und mittlerem Einkommen sinken dadurch die Arbeitsanreize. Gleichzeitig steigt der Aufwand für Sozialleistungen, in Deutschland insbesondere für Rentenzahlungen und für das Bürgergeld, das für Bezieher ohne (transparentes) Privatvermögen über 15.000 Euro einem bedingungslosen Grundeinkommen immer ähnlicher wird. Fraglich ist allerdings, wie lange sich die Wohlfahrtetats und andere Staatsausgaben noch finanzieren lassen. Die Verschuldung der Vereinigten Staaten und der meisten EU-Länder ist seit 1990, trotz wachsender Steuereinnahmen, regelrecht explodiert. Die US-Staatsverschuldung lag laut OECD im Jahr 2024 bei etwa 124 %. In der Europäischen Union liegt sie insgesamt zwar „nur" bei etwa 81,5% des BIP, aber mit weiter steigender Tendenz und noch deutlich höheren Quoten in einzelnen Mitgliedsstaaten wie Frankreich und Italien. Eigentlich kann man angesichts des Gesamtbilds, dass diese Zahlen vermitteln, in der EU gar nicht mehr von Marktwirtschaft sprechen.

> Parallel zum Anstieg von Staatsschulden, Subventionen und Abgabenlast hat auch die **Regulierung** zugenommen. Zahllose neue Vorschriften der EU, immer mehr Bürokratie auf allen Ebenen trotz gegenteiliger politischer Lippenbekenntnisse sind Indikatoren einer Abkehr von marktwirtschaftlichen Prinzipien, denen der Westen über viele Jahrzehnte seinen Wohlstand zu verdanken hatte.

Fehlsteuerung durch Verbote

Ein Beispiel für fehlgeleitete Regulierung in der EU ist die Umweltpolitik. Mit dem gut gemeinten European Green Deal wurden 2019 strenge Vorgaben eingeführt, etwa CO2-Emissionsziele, die europäische Unternehmen zu teuren Umstellungen zwingen. Die EU hat sich bis 2030 zu einer CO2-Reduktion um 55 % gegenüber 1990 verpflichtet. Für die Automobilindustrie gilt ab 2035 ein Verbot von Verbrennungsmotoren, wodurch den Unternehmen der Automobilbranche hohe Kosten und gravierende Wettbewerbsnachteile gegenüber der Konkurrenz aus Asien entstehen.

Der Schutz der Umwelt ist ein wichtiges politisches Ziel. Isolierte Umweltvorgaben sind aber im globalen Kontext technologisch und ökonomisch sinnlos oder sogar schädlich für die Umwelt. Die isolierte EU-Politik ist zentralplanerisch und nachteilig für die heimische Industrie und Bevölkerung, da sie aufgrund explodierender Energiekosten den Wohlstand senkt und die in der EU eingesparten Emissionen lediglich in andere Weltregionen verlagert.

Hans-Werner Sinn entlarvte die EU-Klimapolitik als kontraproduktiven Aktionismus, da unilaterale Maßnahmen wie das Verbrennerverbot oder Ölheizungsverbote den globalen CO_2-Ausstoß nicht senken, sondern steigern, weil eingesparte fossile Brennstoffe zum Beispiel in China sehr viel umweltschädlicher verbrannt werden (Sinn, 2021).

China und die Vereinigten Staaten setzten derweil wieder verstärkt auf fossile Energieträger. Die EU-Staaten befinden sich dadurch in einer schwierigen Situation. Umweltpolitsich effektiv wäre nur eine weltweite Kooperation, z. B. durch Klimaabkommen mit Ländern wie China und den USA oder möglicherweise Emissionshandelskonzepte. Zusätzliche nationale Maßnahmen, wie Deutschlands Gebäudeenergiegesetz, erhöhen dagegen noch die Regulierungsdichte, unter anderem durch Vorgaben für energieeffiziente Sanierungen. Die Kosten für Bürger und Unternehmen steigen so noch weiter, ohne dass der Umwelt geholfen würde.

> Die Liste teurer **staatlicher Wirtschaftseingriffe** in der EU und ihren Mitgliedstaaten, z. B. über Euro-Rettungsschirme, Wirtschaftssanktionen und Coronahilfen, ließe sich noch fortsetzen. All diese Maßnahmen bürden den europäischen Bürgern und Unternehmen sehr hohe Kosten auf, die unter anderem zu fehlender Innovationskraft, Wachstumsschwäche und struktureller Arbeitslosigkeit beitragen. Europas Wettbewerbsfähigkeit gegenüber anderen, dynamischeren Weltregionen hat darunter gelitten. Zeitgleich haben sich andere Weltregionen vorwärts bewegt.
> Die gravierenden indirekten Folgen des Kalten Krieges machten den Erfolg zu einem Pyrrhussieg. Die großteils selbstverschuldete wirtschaftliche und ideele Schwächung des Westens bereitete den Boden für die nächste geopolitische und ökonomische Herausforderung. Auch die neue Rivalität birgt die Gefahr, sich zu einer Thukydidesfalle zu entwickeln.

2.9 Emanzipation und Aufholjagd des Ostens und Südens

Aufstand der Underdogs

Pyrrhussiege sind nicht von Dauer. Schon wenige Jahre nach Ende des Kalten Krieges wurde das US-dominierte Ordnungssystem von Unruhen erfasst, zunächst durch Wirtschaftskrisen, Terror und Kriege, im weiteren Verlauf auch durch fundamentale geoökonomische Herausforderungen. Inzwischen erkennen Staaten wie China und Russland die politische Vorherrschaft der Vereinigten Staaten nicht mehr vorbehaltlos an und fordern eine Position auf Augenhöhe im globalen Gefüge.

Die Volksrepublik China bezieht ihr gewachsenes geopolitisches Selbstbewusstsein aus ihrer gewachsenen wirtschaftlichen Bedeutung und ihrer Bevölkerungszahl, Russland aus seinem Rohstoffreichtum und seiner militärischen Stärke. Die beiden Staaten kooperieren wirtschaftlich und militärisch, um ihren individuellen Ambitionen Nachdruck zu verleihen, und binden über die beiden Organisationen BRICS und SCO gezielt weitere Länder in ein System nicht-westlicher Staaten ein.

Der Gruppe der BRICS-Staaten gehören neben den ursprünglichen Namensgebernationen Brasilien, Russland, Indien, China und Südafrika (aus deren Anfangsbuchstaben sich der Name des Bündnisses zusammensetzt), inzwischen auch Ägypten, Äthiopien, Iran, Vereinigte Arabische Emirate (seit 2024) und Indonesien (2025) an. Weitere elf Länder wie die Algerien, Malaysia, Nigeria und Vietnam sind Partnerstaaten der BRICS. Auch Saudi-Arabien und das NATO-Mitglied Türkei haben offiziell an Treffen teilgenommen. Die Mitglieder der Gruppe entwickeln ein vom Westen unabhängiges Kooperationssystem, das primär durch regelmäßige Gipfeltreffen und Konsensentscheidungen koordiniert wird. Wesentliches Ziel der Gruppe ist es, die eigene wirtschaftliche und geopolitische Autonomie zu fördern. Im Jahr 2001 wurde zudem die Shanghai Cooperation Organisation von China, Russland, Indien, Iran, Pakistan, Kasachstan, Kirgisistan, Tadschikistan, Usbekistan und Weißrussland gegründet (Kavalski, 2021). Die BRICS emanzipieren sich politisch vom Westen und greifen geoökomisch auf allen Ebenen an, im Finanzbereich, bei kritischen Industrien und bei der Kontrolle von wichtigen Transportwegen.

Geoökonomische Pfeiler der BRICS-Welt im Aufbau

Die BRICS etablierten im Jahr 2014 die New Development Bank („NDB"), die Projekte wie erneuerbare Energien in Indien finanziert, und das Contingent Reserve Arrangement (CRA) unterhält, das mit einem Volumen von 100 Mrd. US$ ausgestattet ist und Staaten bei Finanzkrisen Kredite gewährt. Mit ihren Angeboten bietet die NDB Alternativen zur Weltbank und dem IWF an (Li, 2019). Die Shanghai Cooperation Organisation (SCO) ergänzt das südliche

Autonomiestreben um Chinas Belt and Road Initiative (BRI), die seit 2013 über 1 Billion US$ in Infrastrukturprojekte wie die Zentralasien-China-Gaspipeline und den China-Pakistan-Wirtschaftskorridor investiert, um die Staaten Eurasiens ökonomisch zu verbinden (Zhao, 2024). Die BRI fördert auch den eurasischen Handel durch Projekte wie die China-Kirgisistan-Usbekistan-Bahn. Die SCO steht für 23 % des globalen BIP (kaufkraftbereinigt sehr viel mehr) und 42 % der Bevölkerung. Als Hauptsponsor der BRI arbeitet China gezielt an der eurasischen Integration (Chen und Wang, 2020), deren Realisierung aber gemäß der Mackinder-Doktrin den Interessen der US-geführten Westens, diametral zuwiderläuft. Westliche Kritiker warnen vor einer Schuldenabhängigkeit der kleineren BRICS-Staaten von China (Cooley, 2019). Kirgisistan weist etwa eine BRI-Verschuldung von 40 % des BIP auf. Der SCO-Energieclub (2013) koordiniert Energiekooperationen, die unter anderem der Türkei eine wichtige Rolle als Gasdrehscheibe verleihen.

Erklärtes Ziel der BRICS ist es auch, sich von der Leitwährung US$ strategisch abzukoppeln und dadurch den USA ein wesentliches geoökonomisches Sanktionierungsinstrument aus der Hand zu nehmen. Die BRICS fördern deswegen Handel in lokalen Währungen (2024: 65 % des BRICS-Handels). Das neue Chinas Cross-Border Interbank Payment System (CIPS) fungiert als SWIFT-Alternative. Pläne für eine BRICS-Währung werden auf den Treffen der Organisation regelmäßig diskutiert, wurden bisher aber noch nicht umgesetzt. Einige der BRICS bauen auf nationaler Ebene zudem gezielt strategische Industrien aus. Im fünften Kapitel wird dieser Aspekt noch genauer betrachtet.

Die neuen Allianzen haben neben der ökomischen auch eine dezidiert politische Dimension. Die SCO koordiniert Sicherheitsübungen wie „Peace Mission“ (2024). Die Organisation bekämpft zudem Terrorismus, Separatismus und Extremismus durch ihre regionale Antiterrorstruktur (RATS). Diese Aktivitäten werden im Westen kritisch beobachtet (Kavalski, 2021).

Geopolitik auf Augenhöhe

BRICS und SCO streben offen eine multipolare Weltordnung an, die auf nationaler Souveränität und Nichteinmischung beruht. Sie fordern Reformen von IWF, Weltbank und UN-Sicherheitsrat. Die BRICS verfügen über eine sehr wichtige Rolle im Energiesektor (50 % der Öllieferungen), die ihnen auch einen geoökonomischen Hebel verleiht. Im Falle einer weiteren Annäherung der BRICS an Saudi-Arabien könnte das Bündnis energiepolitisch noch einflussreicher werden.

In ihren Kommuniqués fordern die BRICS-Staaten eine Weltordnung, die auf Gleichheit und Völkerrecht basiert. Die Erklärung von Rio 2025 verurteilte explizit Kriege und Sanktionen, ließ aber eine Verurteilung Russlands wegen des Ukrainekriegs aus. Zwischen einzelnen Gruppenmitgliedern bestehen zwar Interessenkonflikte, so zwischen Russland und China (Gabuev, 2023) sowie Indien und China (Acharya, 2017). Die BRICS- und SCO-Staaten haben durch NDB, CRA, CIPS und BRI dennoch ein robustes multilaterales Parallelsystem aufgebaut, das westliche Strukturen herausfordert.

Realer Wirtschaftsvergleich

Den BRICS-Staaten kommt ökonomisch zugute, dass sie geringe staatliche Verschuldungszahlen aufweisen. China und Russland verfügen zudem über ein hohes Nettoauslandsvermögen. China ist ein globaler Netto-Gläubiger mit geschätzten Nettoauslandsforderungen von ca. 1,9 Billionen US$ (2023). Zu dieser Position tragen hohen Devisenreserven des Landes und umfangreiche Investitionen im Ausland bei, welche die Auslandsschulden von ca. 1,4 Billionen US$ (2022) signifikant übersteigen. Chinas ist wichtiger Inhaber von US-Staatsanleihen und der zentrale Belt-and-Road-Kreditgeber. Viele westlichen Staaten sind dagegen im Ausland verschuldet. Sehr günstig sieht noch die deutsche Auslandsvermögensbilanz aus, die das Ergebnis jahrzehntelang akkumulierter Exportüberschüsse ist. Allerdings ist ein sehr großer Teil des deutschen Auslandsvermögens anders als zum Beispiel in Norwegen und China nicht produktiv investiert, sondern niedrig verzinst in TARGET-2-Salden des europäischen Zentralbanksystems „angelegt“.[20] Die Rückzahlung dieser Forderungen kann nicht eingefordert werden. Im Falle einer schwerwiegenden Finanzkrise wären diese Guthaben möglicherweise uneinbringlich, wie Hans-Werner Sinn (2021) argumentiert.

20 Der aktuelle deutsche TARGET2-Saldo (Forderungen der Deutschen Bundesbank an das EZB-System) beträgt laut Monatsbericht der Bundesbank zum 31. August 2025 €1.061 Mio.

	BIP nominal*	Verschuldung in % des BIP**	BIP bereinigt*	DL-Anteil**	BIP ex DL bereinigt*	Auslandsvermögen*	Status Ausland
USA	28,8	123,1	28,8	79,7	5,8	-18	Schuldner
EU	19	84	20,9	66,1	7,1	-1,4	Schuldner
UK	3,5	102,1	3,9	72,8	1,0	-0,7	Schuldner
Indien	3,91	81,6	14,6	49,9	7,3	-0,1	Schuldner
VR China	18,74	88,3	46,9	56,7	20,3	1,9	Gläubiger
Russland	2,06	16,5	4,1	57,5	1,8	0,25	Gläubiger
Deutschland	4,66	63,6	5,1	63,9	1,9	3	Gläubiger

* in Billionen US$, ** in% des BIP

Tab. 7: BIP, Staatsverschuldung und (Netto-)Auslandsvermögen im Vergleich[21]

Bereits ein unbereinigter nominaler **BIP-Vergleich** unterstreicht die wachsende Bedeutung der BRICS-Staaten. Bei Berücksichtigung der Kaufkraftdivergenzen in den Ländern und der unterschiedlichen Sektorzusammensetzung wird noch deutlicher, dass sich die Welt geändert hat. Laut IWF World Economic Outlook (Oktober 2024) und Statista müssen, bei Anpassung der Kaufkraftparitäten, die europäischen BIP-Zahlen um mehr als 10 %, die russischen Zahlen um über 100 % und die chinesischen um mehr als 150 % gegenüber den US-Werten erhöht werden. Der reale Wert des chinesischen BIP läge dann bereinigt bei 46,9 Billionen US$. Daraus folgt, dass die chinesische Volkswirtschaft real bereits die mit Abstand größte Volkswirtschaft der Welt ist und

21 Daten zu Staatsverschuldung (2024) von Eurostat, U.S. Census Bureau, IWF und Statista. Für VR China liegt die Verschuldung der Zentralregierung nur bei 23,8% des BIP, der Rest entfällt auf Gebietskörperschaften. Die Daten zum Nettoauslandsvermögens stammen unter anderem von verschiedenen Zentralbanken. Einige Zahlen sind aus den Vorjahren, weil aktuelle Werte nicht verfügbar waren. Der Autor hat aber keine Anhaltspunkte gefunden, dass sich die Relationen in den letzten Jahren gravierend verändert haben, bittet um Verständnis für kleinere Ungenauigkeiten.

Russlands Wirtschaftskraft nicht weit von der deutschen entfernt ist. Für Indien liegt der Anpassungsfaktor sogar bei 3,7.

Ein weiterer wichtiger Aspekt ist der hohe Dienstleistungsanteil am BIP westlicher Länder. Jacques Sapir (2022) und Emmanuel Todd (2024) argumentieren, dass entbehrliche Dienstleistungen die westlichen BIP-Zahlen aufblähen. Dazu zählen sie unter anderem Verwaltungsleistungen, Rechtsberatung und Finanzvermittlung. Einige Statistikämter rechnen sogar geschätzte Werte für illegalen Drogenhandel und Prostitution in das BIP ein. Der geoökonomische Wert des Dienstleistungsanteils am BIP ist den Kritikern zufolge sehr gering. Letztlich zähle primär der BIP-Anteil von Produktionsunternehmen und Landwirtschaft. Würde man den Dienstleistungssektor – Zahlen ausweislich des World Fact Books der CIA (2025) – herausrechnen, verbliebe in den Vereinigten Staaten überschlägig ein realwirtschaftliches BIP von 5,8 Billionen US$, wogegen die Volksrepublik China kaufkraftbereinigt auf den 3,5-fachen Wert (20.3 Billionen US$) käme (siehe Tabelle).

Auch wenn diese Kalkulation die reale Lage überzeichnet, würde selbst bei einer nur anteiligen Anpassung deutlich, dass die realen geoökonomischen Machtverhältnisse nicht mehr mit dem Bild übereinstimmen, das im Westen vorherrscht. Ein wichtiger Aspekt ist, dass die BRICS-Staaten viele Fehler der sozialistischen Kommandowirtschaft vermieden haben. Die wirtschaftlichen Freiheitsgrade privater Unternehmen sind in vielen dieser Ländern inzwischen oft größer als im Westen, die Besteuerung ist erheblich niedriger.

Auf der persönlichen Ebene sind die Freiheitsgrade dafür oft geringer. Das Verhalten der Bevölkerung wird zum Beispiel in der Volksrepublik China durch Verbote, Überwachung und ein Social Credit System gesteuert. Die Chinesen – und auch andere BRICS-Völker – scheinen aber ein hohes Maß an staatlicher Gängelung und Bevormundung zu akzeptieren, solange der Staat seine Wohlstandsversprechen erfüllt. Mit vielen der im nächsten Kapitel betrachteten westlichen Werten, insbesondere dem Konzept der individuellen Freiheit, ist die autoritäre chinesische Politik allerdings nicht kompatibel, auch wenn einige Denker und vor allem viele Politiker des Westens mit dem Ansatz staatlicher Bevormundung sympathisieren. Außerdem fehlt es im Westen seit vielen Jahren an vergleichbaren Wohlstandsgewinnen.

3 Staatliche Macht und Macht im Staate

Geoökonomischer Einfluss basiert auf staatlicher Macht. Die Macht des Staates und ihre Verteilung auf Institutionen und Personen sind zentrale Themen der politischen Philosophie. Konkret sind unter anderem folgende philosophische Fragen auch geopolitisch und -ökonomisch relevant:

- Wie wurde und wie wird die Macht der Staaten religiös und philosophisch legitimiert?
- Worauf gründet sich staatliche Macht praktisch, gibt es auch Begründungen für deren Ablehnung?
- Wer hat die Macht im Staat, welche Rolle haben Eliten und Volk im staatlichen Machtgefüge?
- Welche Unterschiede weisen kollektivistische und freiheitsbetonende Philosophien auf, wo liegen die Grenzen staatlicher Macht?

Nach einer kurzen, einleitenden Betrachtung dieser Grundsatzfragen aus einer vielstimmigen westlichen Perspektive werden aktuelle gesellschaftliche Polarisierungen und der Einfluss mächtiger Organisationen und einflussreicher Individuen auf die globale Politik beschrieben. Die Betrachtung soll helfen, die geoökonomischen Dynamiken von Macht und Einfluss in den Staaten und um die Staaten herum zu verstehen, wobei der Schwerpunkt weiterhin bei den Staaten des Westens liegt.

3.1 Legitimation staatlicher Macht

Absolutistische Legitimation

Europäische Staaten entstanden nicht durch freiwillige Übereinkünfte, sondern durch die Machtaneignung von Herrschern. Bis zur Aufklärung wurden diese Staaten meistens, wie das Frankreich Ludwigs XIV., absolutistisch regiert. Der berühmteste Ausspruch des „Sonnenkönigs“ lautete *„L'État, c'est moi“*. Staat und Herrscher waren eins. Der Absolutismus stützte sich auf die Vorstellung des „Gottesgnadentums“, demzufolge die Autorität eines Königs oder Herrschers direkt von Gott verliehen wird.[22] Diese mittelalterliche und frühneuzeitliche Herrschaftsbegründung postulierte, dass der Monarch von Gott als irdischer Stellvertreter auserwählt wäre und seine Macht daher nicht von weltlicher Zustimmung abhinge. In vielen europäischen Staaten wurden die neuen Monarchen von kirchlichen Würdenträgern gekrönt, um die enge Verbindung von weltlicher und geistlicher Herrschaft zu betonen. So lange diese von Herrschern und Kirche als „natürlich" bezeichnete Ordnung allgemein anerkannt wurde, konnten Staaten ihr ganzes geoökonomisches Gewicht in die außenpolitische Waagschale werfen.

Die Idee des Gottesgnadentums wurde aber von Intellektuellen und kritischen Untertanen immer wieder in Zweifel gezogen und verlor mit der Aufklärung und der Säkularisierung in westlichen Gesellschaften an Einfluss. Innere Konflikte wie die Rebellion der englischen Barone, die 1285 zur Magna Charta führte, die Französische Revolution von 1789 und die Freiheitsbewegungen von 1848 haben sukzessive in vielen westlichen Staaten eine breitere Machtverteilung bewirkt. Mancherorts sind ehemalige Untertanen zu „Bürgern" freiheitlicher Gesellschaften geworden, deren Grundrechte formell durch eine Verfassung geschützt werden. Deswegen sind moderne, demokratische Gesellschaften noch nicht egalitär. Für Herrscher und Eliten westlicher Staaten haben die Veränderungen aber dazu geführt, dass die Bevölkerung stärker in Entscheidungsprozesse eingebunden werden musste. Ein Obrigkeitsverweis auf Pflicht und Gehorsam reicht nicht mehr aus, um die Unterstützung der eigenen Bürger bei äußeren ökonomischen und militärischen Konflikten zu sichern.

Auch die Kirche hat erheblich an Bindungskraft und Einfluss auf die Bevölkerung verloren. Gleichzeitig hat die Verdrängung des christlichen Glaubens aber auch zur Fragmentierung der westlichen Zivilisation beigetragen, insbesondere in Westeuropa. Deren Folgen für die geoökomische Position des Westens werden am Ende des Kapitels betrachtet. Vorher betrachten wir aber die philosophischen Grundlagen, die zur Veränderung der Gesellschaft beigetragen haben.

---

22 Auch die Oligarchien der Staatsstaaten in Italien und Deutschland stützten sich auf die Idee einer göttlichen Ordnung. Einige römische Patrizierfamilien führten ihre Abstammung sogar auf Gottheiten zurück.

Philosophen als Befürworter und Kritiker staatlicher Macht

Einflussreiche Philosophen der westlichen Geistesgeschichte waren sich uneinig, über wieviel Macht der Staat gegenüber seinen Bürgern verfügen sollte und wie die Macht im Staate organisiert und verteilt sein sollte. Nachfolgend werden einige Thesen ausgewählter Befürworter und Kritiker staatlicher Macht und elitärer Herrschaft dargestellt. Intellektuelle Ahnen von zwei bis heute sehr präsenten und teilweise konträren Denkschulen sind die antiken Philosophen Platon und Aristoteles. Ihre Gedanken wurden in der Renaissance und in der Neuzeit unter anderem von Thomas Hobbes, John Locke, Niccolo Machiavelli und Georg Wilhelm Hegel in unterschiedliche Richtungen weiterentwickelt.

Befürworter starker Staaten

Der griechische Philosoph *Platon* beschreibt den idealen Staat als eine gerechte Ordnung, die in Klassen unterteilt ist. Die Menschen kämen aus Eigeninteresse zusammen, um von den Vorteilen einer arbeitsteiligen Gesellschaft zu profitieren. Platon propagiert in seinem Werk „Der Staat“ eine Staatsführung durch weise Philosophen-Könige, die durch ihre Einsicht in das Gute eine gerechte Ordnung schaffen. Platons Staatsmodell ist hierarchisch und zielt auf Stabilität und moralische Vollkommenheit ab, oft zu Lasten individueller Freiheiten. Platons Staatsmodell in „Der Staat“ ist im Kern gleichzeitig elitistisch und kollektivistisch. Es ist elitistisch, da die Philosophen-Könige, eine kleine, durch Weisheit und Tugend ausgezeichnete Gruppe, die Macht besitzen und über die anderen Klassen (Wächter, Erzeuger) herrschen. Diese Hierarchie basiert auf der Annahme, dass nur wenige Menschen die Fähigkeit zur wahren Einsicht haben. Das System ist kollektivistisch, weil das Gemeinwohl über individuelle Interessen gestellt wird. Platon fordert, dass persönliche Wünsche, wie Privatbesitz oder Familienstrukturen, zugunsten der staatlichen Harmonie und Gerechtigkeit eingeschränkt werden, insbesondere für die Herrscher und Wächter.

Die platonische Philosophie hat die Welt geprägt. Unter anderem findet sie bei *Immanuel Kants* Widerhall, der vom Individuum Tugend und Pflichterfüllung verlangt. Andere Befürworter eines starken Staates wie *Thomas Hobbes* argumentieren, dass der Staat durch einen impliziten Gesellschaftsvertrag entsteht, um den Menschen aus dem anarchischen Naturzustand zu befreien, in dem das Leben „einsam, armselig, widerwärtig, brutal und kurz“

ist. Hobbes hielt das staatliche Gewaltmonopol für unbedingt notwendig, um Sicherheit und Ordnung zu gewährleisten. Auch *Jean-Jacques Rousseau* argumentiert in seinem Werk *„Du contrat social“*, dass der Staat durch den Gesellschaftsvertrag den „allgemeinen Willen“ verkörpert, der das Gemeinwohl repräsentiert.

Ein weiterer wirkmächtiger Philosoph war *Georg Wilhelm Hegel*. Hegels Staatskonzeption zeigt Parallelen zu Platons Fokus auf das Gemeinwohl. Hegels erkennt den Staat als Verwirklichung der sittlichen Idee und Freiheit. Der Staat sei die *„göttliche Idee, wie sie auf Erden vorhanden ist“*. Die Gruppe habe stets Vorrang vor dem Individuum. In seinen Grundlinien der Philosophie des Rechts (§ 258) schreibt Hegel:

> „Die einzelne Person ist allerdings ein Untergeordnetes, das dem sittlichen Ganzen sich weihen muss. Wenn der Staat daher das Leben fordert, so muß das Individuum es geben.“

Preußische Monarchisten sahen in Hegels Vorstellung von einem starken Staat ein Modell für ihre Ordnung. Auch *Karl Marx* übernahm in seinem dialektischen Materialismus wesentliche Elemente der hegelschen Philosophie.

Niccolò Machiavellis Buch *„Der Fürst“* bietet eine pragmatische, machtorientierte Sicht auf Herrschaft, die sich mehr auf die Person des Herrschers konzentriert als auf ein abstraktes Staatswesen. Machiavelli hält die Masse für wankelmütig und von Leidenschaften geleitet, weshalb eine starke Führung notwendig sei. Daher müsse ein Herrscher klug, entschlossen und vor allem auch rücksichtslos agieren, um Stabilität zu sichern. Nach Machiavellis Philosophie müssen Herrscher nicht so tugendhaft sein wie in Platons idealistischem Philosophen-Regime. Machiavelli betont die Wichtigkeit einer überlegenen Führung, die Chaos verhindert und stellt die Institution Staat über die individuellen Interessen seiner Angehörigen. Machiavellis Rechtfertigung autoritärer Methoden für das Staatswohl macht seine Philosophie für rücksichtslose Herrscher und Eliten attraktiv, da er ihnen große Handlungsspielräume nach innen und nach außen lässt.

Auch *Friedrich Nietzsches* Philosophie rechtfertigt die Macht von Herrschern über das Volk. In seinen Werken *„Also sprach Zarathustra“* und *„Jenseits von Gut und Böse“*, entwickelte er die Idee des „Übermenschen“. Darunter ist ein Individuum zu verstehen, das durch Willenskraft und Kreativität über die Masse hinauswächst. Nietzsche verachtet egalitäre Werte und die „Herdenmoral“, die er als Ausdruck von Schwäche sieht. Für ihn sind außergewöhnliche Persönlichkeiten, die ihre eigenen Werte schaffen, dazu bestimmt, zu führen. Nietzsches Betonung individueller Größe und die Ablehnung demokratischer Gleichmacherei sprechen Verfechter einer Elitenherrschaft an. Anders als Platon, der die Elite durch philosophische Weisheit definiert, sieht Nietzsche die Elite in charismatischen, schöpferischen Individuen, die die Gesellschaft transformieren. Seine Kritik an Mitleid und Konformismus dient autoritären Machthabern oft als Rechtfertigung, die Masse zu dominieren, auch wenn Nietzsche das nicht explizit propagiert hat. Allerdings ist Nietzsches Elitismus weniger staatlich organisiert als bei Platon oder Hegel. Nietzsche geht von kultureller und individueller Größe aus, was eine abstrakte Anwendung seiner Philosophie auf politische Systeme erschwert. Nietzsche lässt seinen Zarathustra die Staaten sogar als die kältesten aller kalten Ungeheuer bezeichnen.

Der politische Philosoph *Leo Strauss* forderte explizit eine Rückbesinnung auf Platon und das „Streben nach dem Guten“. Strauss, der als Jude in den 1930er Jahren Deutschland frühzeitig verlassen hat, kritisierte den modernen westlichen Relativismus als Verlust ewiger Weisheit. Seine Philosophie ist autoritär und machiavellistisch inspiriert, da er eine natürliche Hierarchie zwischen philosophischen Eliten und einer für ihn „irrationalen“ Masse annahm. Letztere müsse auch durch edle Lügen und Täuschung gesteuert werden, um Stabilität zu sichern. Moderne westliche Werte wie individuelle Autonomie, offene Debatte, Freiheit und Demokratie hielt er für schwach. Sie müssten zugunsten einer Elitenherrschaft zurückstehen. Strauss Lehren inspirierten den Interventionismus der neokonservativen US-Politiker nach dem 11. September 2001, unter anderem den Einmarsch in Irak.

Kritiker staatlicher Macht

Das platonische und machiavellistische Staats- und Machtverständnis stieß aber auch auf Zweifel und Widerspruch. Andere bedeutende Philosophen und politische Denker haben machtbetonte, kollektivistische und elitäre Herrschaftsmodelle kritischer betrachtet und priorisieren individuelle Freiheit. Einige Intellektuelle lehnen Staaten sogar gänzlich ab. Schon *Aristoteles* grenzt sich in seiner „Politik“ von Platons Staatsmodell ab. Er kritisierte Platons Idee der Gemeinschaft von Besitz und Familien als unpraktisch und entfremdend, da sie natürliche Bindungen und individuelle Motivationen zerstöre. Aristoteles hatte mehr Respekt vor individuellen Freiheiten und brachte einer elitegeführten, kollektivistischen Kontrolle Misstrauen entgegen. Der Mensch solle seinen Verstand benutzen und zur Erfüllung seines Glückes auf der Erde arbeiten.

Die Schriften Aristoteles waren lange in Vergessenheit geraten, wurden aber in der Renaissance wiederentdeckt. So gründete *John Locke* seine individualistische Politikphilosophie auch auf Aristoteles. Der Brite betrachtet in „Two Treatises of Government" den Staat als Ergebnis eines Gesellschaftsvertrags, der die natürlichen Rechte wie Leben, Freiheit und Eigentum schützen soll. Das Gewaltmonopol diene allein der Sicherung dieser Rechte, nicht deren Ausbeutung. John Lockes Werk verbreitete den Gedanken der Freiheit in der westlichen Welt und inspirierte die Väter der Verfassung der Vereinigten Staaten. Die Prinzipien der individuellen Freiheit trugen auch längere Zeit zur Strahlkraft des Westens in anderen Teilen der Welt bei.

Ein wesentlicher Grund für Staatsskepsis ist die Gefahr des Machtmissbrauchs. Für *Charles-Louis de Montesquieu* ist das Gewaltmonopol nur legitim, solange es durch „Checks and balances" kontrolliert wird. Er hebt in *„De l'esprit des lois"* hervor, dass die Macht des Staates durch die Gewaltentrennung von Legislative, Exekutive und Judikative eingeschränkt werden muss, um Missbrauch zu verhindern. *Thomas Jefferson*, einer der „Gründerväter" der Vereinigten Staaten von Amerika und Mitautor der Unabhängigkeitserklärung, betonte die Bedeutung individueller Freiheit und die Notwendigkeit einer begrenzten Regierungsmacht. Die Legitimität des Staates erwachse aus der Zustimmung seiner Bürger und seiner Fähigkeit, die Rechte der Bürger zu schützen. Jefferson kritisierte britische Tyrannei in der Unabhängigkeitserklärung und warnte frühzeitig vor Machtkonzentration und Willkür. Insbesondere erkannte er die Gefahr, dass Eliten die Regierung korrumpieren und den Staat als Ausbeutungsinstrument nutzen könnten. Er befürwortet eine „Regierung, die am wenigsten regiert" und hoffte, dass Gewaltenteilung, Föderalismus und demokratische Mechanismen die Ausbeutung begrenzen könnten.

Der russische Anarchist *Michail Bakunin* war noch radikaler und sah den Staat nur als ein Werkzeug der herrschenden Klasse, um die Unterdrückung und Ausbeutung der Massen aufrechtzuerhalten. Das Gewaltmonopol des Staates betrachtete er als künstlich und illegitim, da es die Freiheit des Individuums unterdrückt und die Interessen der Eliten schützt, zu denen er die Bourgeoisie und Bürokratie zählte. Konsequenterweise forderte Bakunin eine Abschaffung des Staates zugunsten einer freien, föderalen Gesellschaft ohne hierarchische Machtstrukturen.

Auch die in Europa kaum bekannte russisch-amerikanische Objektivistin *Ayn Rand* hat mehr als 100 Jahre später übermäßige staatliche Eingriffe, Steuern oder Regulierungen als Werkzeuge von Eliten beschrieben, die produktive Individuen ausbeuten. Sie hielt den Staat als Institution allenfalls für legitim, wenn er individuelle Eigentums und Freiheitsrechte schützt. *Hans-Hermann Hoppe*, ein Verfechter privatrechtlicher Systeme, hält den Staat per se für ein Instrument mafiöser Ausbeutung. Er bezeichnet den Staat, insbesondere in Demokratien, als nichts anderes als ein Instrument von Eliten, sich Reichtum und Macht durch Steuern und Regulierungen anzueignen. Das staatliche Gewaltmonopol sei demzufolge künstlich und ausbeuterisch und sollte durch private Sicherheits- und Rechtsdienstleistungen ersetzt werden.

Philosoph	Lebensdaten	Haltung zu Staat	Kernidee	Geoökonomische Implikationen
Platon	ca. 428–348 v. Chr.	Befürworter (elitär/ kollektivistisch)	Philosophen-Könige für Gerechtigkeit	Stabile Hierarchien für wirtschaftliche Ordnung (z. B. Arbeitsteilung)
Aristoteles	384–322 v. Chr.	Kritiker (moderat)	Individuelle Freiheit vs. Entfremdung	Ausgeglichene Polis fördert Innovation
Machiavelli	1469–1527	Befürworter (pragmatisch)	Rücksichtsloser Fürst schafft Stabilität	Eliten nutzen Macht für Expansion (z. B. Renaissance-Staaten)
Hobbes	1588–1679	Befürworter (stark)	Gesellschaftsvertrag gegen Anarchie	Gewaltmonopol schützt Handel/Sicherheit
Locke	1632–1704	Kritiker (individualistisch)	Schutz natürlicher Rechte	Recht und Eigentum als Basis für Kapitalismus (US-Verfassung)
Montesquieu	1689–1755	Kritiker (balanciert)	Checks and Balances	Verhinderung von Machtmissbrauch: US-Verfassung als Modell
Hegel	1770–1831	Befürworter (kollektivistisch)	Staat als „sittliche Idee"	Kollektiv über Individuum: Preußen als Modell für starken Staat
Bakunin	1814–1876	Radikaler Kritiker	Abschaffung des Staates	Anarchie vs. Ausbeutung durch Eliten – utopisch, aber inspirierend für Anti-Kolonialismus

Tab. 8: Einfluss von westlichen Philosophen auf Staatsverständnis und Geoökonomie

> Die Sichtweisen großer Denker auf **Staat und Macht** unterscheiden sich grundlegend. Sie reichen von unbeschränkter Herrschaft des staatlichen Kollektivs über das Individuum bis zur kompletten Ablehnung staatlicher Macht. Anarchistische und privatrechtliche Gesellschaften konnten sich in der Geschichte allerdings nirgendwo fest etablieren. Aber auch in der Welt der real existierenden Staaten gibt es erhebliche Unterschiede zwischen den historisch und global dominierenden autoritären Systemen und einigen freiheitlicher verfassten Gesellschaften. Diese philosophischen Grundlagen machen deutlich, dass staatliche Macht selten ein monolithisches Gebilde ist, sondern von der Spannung zwischen kollektiven Ansprüchen und individuellen Freiheiten geprägt wird. Diese Dynamik, wird in der Realität durch die divergierenden Interessen von Eliten und Völkern weiter verschärft wird. Im Folgenden untersuchen wir diese Unterscheidung genauer, um zu verstehen, wie sie geoökonomische Entscheidungen beeinflusst.

3.2 Eliten und Völker

Im zweiten Kapitel wurde implizit unterstellt, dass es eine Art einheitliches Staatsinteresse gibt, das den Willen aller seiner Bürger repräsentiert. Dabei handelt es sich aber um eine stark vereinfachende Annahme, die unter den zitierten Philosophen umstritten und im post-absolutistischen Zeitalter nicht mehr ohne weiteres aufrecht zu erhalten ist. Die individuellen Interessen von Herrschern, der Eliten und einfachen Bevölkerung sind nicht zwangsläufig identisch. Naturgemäß versuchen unterschiedliche Gruppen einer Gesellschaft über Wahlen und Abstimmungen, aber auch über außerparlamentarische Aktionen ihre mitunter divergierenden politischen und wirtschaftlichen Interessen durchzusetzen. Die Untersuchung staatlichen Handels kann deswegen nicht die Frage ausblenden, von welchen Personen und Institutionen staatliche Entscheidungen beeinflusst werden und welche Interessen diese Gruppen verfolgen. Ein erster Schritt für die Bewertung der „Machtfrage" im Staat liegt in der Unterscheidung von Eliten und Völkern.

> **Völker**
> Das „Volk" bezeichnet die Gesamtheit der Menschen einer Gesellschaft, die durch eine gemeinsame Kultur, Sprache, Geschichte oder Identität verbunden sind. Der Volksbegriff umfasst die breite Bevölkerungs-

> masse eines Staates, oft im Kontrast zur „Elite", die sich aus einer kleinen, privilegierten Gruppe zusammensetzt. Das Volk repräsentiert die Mehrheit, die ein normales Leben führt, während sich die Elite durch Macht, Status oder Expertise abhebt. Unter einem Volk kann positiv eine größere Gemeinschaft mit gemeinsamen Werten, Interessen und einem besonderen innerem Zusammenhalt verstanden werden.

Gelegentlich wird der Begriff aber auch abschätzig oder manipulativ verwendet. Da viele westliche Staaten durch Einwanderung geprägt sind, wird in der politischen Debatte immer häufiger der Begriff „Bevölkerung" verwendet, der auch zugewanderte Menschen mit anderem ethnischen Hintergrund einschließt. Die Abgrenzung des Volkes oder der Bevölkerung von der Elite betont aber unabhängig von der Terminologie soziale, wirtschaftliche und kulturelle Unterschiede zwischen Masse und Führungsschicht.

> **Eliten**
> Wer aber sind die Eliten? Der Begriff „Elite" bezeichnet eine kleine, herausgehobene Personengruppe, die aufgrund besonderer Fähigkeiten, Leistungen, Positionen, wirtschaftlicher Ressourcen oder ihrer Herkunft über eine überdurchschnittliche Macht, Einfluss oder Prestige in einer Gesellschaft verfügt. Angehörige der Eliten betätigen sich häufig in Politik, Wirtschaft, Wissenschaft und Kultur. Aufgrund ihrer außergewöhnlichen Bildung und Kompetenzen sowie durch ihren Zugang zu Netzwerken und Ressourcen unterscheiden sie sich wahrnehmbar von der breiten Masse.

In aristokratischen Gesellschaften war die Zugehörigkeit zur Elite primär an die Herkunft gebunden. Die Angehörigen der Aristokratie haben häufig militärische oder diplomatische Karrieren verfolgt, weil frühere Konflikte mit militärischen und politischen Methoden ausgetragen worden sind und sich auf diesen prestigeträchtigen Gebieten herausragende Gestaltungs- und Verdienstmöglichkeiten eröffnet haben.

In modernen Gesellschaften, unabhängig davon, ob sie demokratisch oder autoritär verfasst sind, sind meritokratische Aspekte wie Leistung und Bildung oft wichtiger. Das bedeutet aber nicht, dass die Herkunft kein wesentlicher Erklärungsfaktor bei der Bestimmung der sozialen Position eines Menschen wäre. Eine soziologische Untersuchung von Gregory Clark in mehreren Ländern zeigt, dass Personen mit privilegiertem Familienhintergrund bis heute selbst in vermeintlich besonders egalitären Gesellschaften wie China, Japan und Schweden überdurchschnittlich häufig prestigeträchtige Berufe ergreifen und hervorgehobene Positionen bekleiden (Clark, 2014). Besonderes Prestige vermitteln spezialisierte, akademische Berufe in der Medizin, der Forschung oder auf dem Gebiet der Rechtswissenschaften, aber auch der Kulturbetrieb. Gesellschaftliches Ansehen vermitteln auch die Führungspositionen in Staaten, Banken, Unternehmen und großen Organisationen, die gleichzeitig von noch größerer geoökonomischer Relevanz sind. Eine eigene Liga bilden die Superreichen, die allein aufgrund ihrer finanziellen Möglichkeiten unmittelbar Einfluss auf wichtige Entscheidungen nehmen und ihr Vermögen vererben können.

> Die Eliten bestimmen systemunabhängig meistens das Geschehen in einer bestehenden **gesellschaftlichen Ordnung**. Im Regelfall richtet sich ihr Interesse deswegen auf eine Erhaltung des Status Quo. Ihre Angehörigen waren aber auch führend an disruptiven Ereignissen beteiligt, die zu einschneidenden historischen Veränderungen führten. Die Ursache lag häufig in äußerer Einflussnahme oder in internen Macht- und Verteilungskämpfen innerhalb der Eliten, wie das Beispiel der Französischen Revolution illustriert.

Die Rolle der Eliten bei historischen Umbrüchen

Oft wird zwar angenommen, dass Revolutionen und gesellschaftliche Umwälzungen „von unten“ kommen. Abrupte Machtverschiebungen innerhalb von Staaten sind aber überwiegend nicht das Ergebnis eine Aufstandes der Massen, sondern von Verteilungskonflikten innerhalb der Elite. Ein Beispiel ist die Französische Revolution von 1789. Als symbolisches Ereignis ist zwar der berühmte „Sturm auf die Bastille“ im kollektiven Gedächtnis geblieben, bei dem Angehörige der Pariser Unterschicht ein berüchtigtes Gefängnis gestürmt haben. Aber der Bastille-Mob hat den Umsturz weder geplant noch angeführt. Die Generalstände, dominiert von gebildeten Bürgern, initiierten den Umsturz. Die wirtschaftlich prosperierende Bourgeoisie, forderte politische Mitsprache, Intellektuelle wie Rousseau und Voltaire lieferten mit Werken zur Gleichheit und Freiheit den ideologischen Überbau. Liberale Adlige wie der Marquis de Lafayette oder der Comte de Mirabeau unterstützen die Veränderungen. Viele Aristokraten wollten die Macht der Krone begrenzen, nicht zuletzt, um ihren eigenen Einfluss auszuweiten. Die Eliten hatten Zugang zu Druckpressen und Salons, um ihre Ideen zu verbreiten, was die Revolution erst ermöglichte und später auch deren Radikalisierung antrieb. Die Finanzkrise des Ancien Régime, die durch Kriege und Missernten verschärft wurde und eine Hungersnot auslöste, erleichterte dabei die Mobilisierung der Massen. Thomas Jefferson, damals US-Botschafter in Paris, berichtet zudem davon, dass die liberalen Reformkräfte heimliche Unterstützung aus England hatten, das den Rivalen Frankreich geopolitisch schwächen wollte.

Auch die revolutionären „Völkerfrühling"-Bewegungen von 1848 in Europa (Frankreich, Deutschland, Österreich) wurden von Liberalen und Intellektuellen aus großbürgerlichen Milieus und dem Adel geprägt.[23] Sie forderten Demokratie, Pressefreiheit und nationale Einheit, und wandten sich gegen die absolutistischen Monarchien. In Frankreich erzwang die Bourgeoisie die Abdankung von König Louis-Philippe und die Ausrufung der Zweiten Republik. In Deutschland misslang der Versuch einer nationalen Einigung als liberale, konstitutionelle Monarchie nach britischem Vorbild.

Der russische Umsturz im Jahr 1917 wurde in der ersten Phase der „Februarrevolution" von Offizieren und Adeligen geprägt, die das Vertrauen in Zar Nikolaus II. verloren hatten. Selbst Lenin, Trotzki und andere Anführer der anschließenden radikalisierten „Oktoberrevolution" stammten aus der Mittelschicht. Sie nutzten Slogans wie *„Frieden, Land, Brot"* zur Mobilisierung einfacher Soldaten und Arbeiter und versprachen eine Beendigung des Krieges. Die Eliten kontrollierten dabei stets Ideologie und Parteistrukturen, um die Massen zu lenken.

In Großbritannien waren Veränderungen von Reformen statt von Revolutionen geprägt. Die „Glorious Revolution" von 1688 war in Wirklichkeit eine unblutige Machtverschiebung, die das Parlament stärkte und die Rechte der Monarchie begrenzte. Auch auf der Insel trieben Teile der Elite graduell Veränderungen voran, vor allem Unternehmer und Finanzmagnaten, deren Familien während der industriellen Revolution durch Handel und Industrie zu Reichtum gelangt sind.

---

23 Der Parlamentspräsident Heinrich von Gagern war ein Sohn des liberalen Staatsmanns Hans Christoph Freiherr von Gagern, sein geadelter Nachfolger Eduard von Simson war Richter und Hochschullehrer aus wohlhabender zum Protestantismus konvertierter jüdischer Kaufmannsfamilie. Die ebenfalls 1848 einflussreichen Universitätsprofessoren Friedrich Dahlmann und Johann Droysen stammten aus etablierten Gelehrtenfamilien. Unter den führenden Persönlichkeiten stammte nur der Arbeiterführer Robert Blum aus ärmlichen Verhältnissen.

Überall in Europa waren es Angehörige der Elite, die Krisen ausnutzten, um Macht zu restrukturieren. Die Massen lieferten allenfalls die Muskelkraft, doch ohne zu gestalten. Die Beispiele zeigen, dass historische Umbrüche selten „von unten" starteten, sondern durch privilegierte Gruppen gesteuert wurden.

Freiheit, Mitsprache und Machtbegrenzung

Die meisten westlichen Staaten haben sich in den letzten 250 Jahren durch Reformen und Umstürze zu Demokratien entwickelt, deren Bevölkerungen ein hohes Maß an Freiheit und politischer Teilhabe über errungen haben. Zum Beispiel gilt in der Bundesrepublik Deutschland gemäß Grundgesetz, Artikel 20, Absatz 2, Satz 1:

> „Alle Staatsgewalt geht vom Volke aus. Sie wird vom Volke in Wahlen und Abstimmungen und durch besondere Organe der Gesetzgebung, der vollziehenden Gewalt und der Rechtsprechung ausgeübt."

Die Wahlsysteme westlicher Demokratien unterscheiden sich allerdings teilweise gravierend. Auch der Schutz von Minderheiten vor einer Willkürherrschaft der Mehrheit durch eine verfassungsmäßige Garantie individueller Freiheits- und Eigentumsrechte und durch eine institutionalisierte Gewaltenteilung ist unterschiedlich ausgeprägt. Für Angehörige der Eliten ist zudem die Versuchung immer wieder groß, die Mitsprache der Bevölkerung zu reduzieren und politische Ämter zum persönlichen Vorteil auszunutzen.[24] Außerdem kann es innerhalb der Elite immer zu Verteilungskonflikten kommen, wie die historischen Beispiele gezeigt haben. Eine interessante Frage ist, ob die Elite oder Teile der Elite auch in der Gegenwart Konflikte und Umbrüche befeuern. Bevor dieser Frage nachgegangen werden kann, ist diese gesellschaftliche Gruppe zunächst noch genauer zu beschreiben.

---

24 Ökonomisch handelt es sich dabei um einen klassischen Prinzipal-Agent-Konflikt. Dieser beschreibt die Interessenkonflikte zwischen einem Auftraggeber („Prinzipal", in der repräsentativen Demokratie der Bürger) und einem Beauftragten („Agenten", z. B. ein gewählter Abgeordneter), der im Auftrag des Prinzipals handelt. Der Agent könnte sein eigene Interessen über die des Prinzipals stellen und sich eigennützig verhalten oder Informationsvorteile ausnutzen. Zu den Problemlösungen zählen Anreize, Kontrollen und Verträge, die aber bei kommerziellen Beziehungen einfacher zu institutionalisieren sind als im Bereich der Politik.

Betrachten wir zunächst die Eliten. Inhaber von Staatsämtern sind in ihrer funktionellen Macht nicht weiter erklärungsbedürftig. Bei der globalen Führungsschicht handelt es aber um eine größere Personengruppe. Ihre Angehörigen repräsentieren ein breites Spektrum von Führungspositionen. Ihr Reichtum, ihre persönlicher Vernetzung oder andere Eigenschaften geben ihnen Zugang zu Informationen oder Entscheidungsprozessen.

Um diesen Personenkreis abzugrenzen, werfen wir einen Blick auf verschiedene Organisationen und privaten Unternehmen, die ihren Entscheidungsträgern als „Funktionseliten“ Macht und Einfluss verleihen. Im Vordergrund stehen dabei Institutionen, die nicht nur in einzelnen Staaten, sondern auch international relevant sind.

3.3 Funktionseliten in globalen Organisationen und Unternehmen

Das völkerrechtliche Prinzip staatlicher Souveränität schließt nicht aus, dass nationalstaatliche Entscheidungskompetenzen an internationale Organisationen übertragen werden. Große Unternehmen und andere globale Institutionen können zudem durch Lobbying offen oder verdeckt auf nationalstaatlliche Entscheidungsfindungsprozesse Einfluss nehmen.

> Als Mitgestalter, die neben den souveränen Staaten agieren, kann, ohne Anspruch auf Vollständigkeit, einer Vielzahl **supranationaler und nichtstaatlicher Akteure** identifiziert werden, die durch wirtschaftliche, finanzielle, soziale und ideologische Einflusskanäle die globale Ordnung mitprägen. Zu diesen Akteuren zählen multilaterale Organisationen, globale Unternehmen und Finanzkonzerne sowie sogenannte Nichtregierungsorganisationen (englisch: Non-Government Organisations, kurz „NGOs“).

Diese Körperschaften verfügen aufgrund ihrer wirtschaftlichen Macht und globalen Verbindungen über ein eigenes geoökonomisches Gewicht. Die Führungskräfte dieser Institutionen sitzen häufig neben den Regierungschefs in offiziellen und informellen Gremien und können dadurch auch persönlich Einfluss auf wichtige Entscheidungen nehmen. Sie zählen entsprechend auch individuell zu einer globalen Elite. Nachfolgend werden kurz ausgewählte relevante Institutionen beschrieben.

Supranationale Organisationen

Multilaterale Organisationen wie die Welthandelsorganisation (WTO), die Weltgesundheitsorganisation (WHO) und die Vereinten Nationen (UN), aber auch das private World Economic Forum (WEF) spielen eine zentrale Rolle in der Weltpolitik, indem sie Plattformen für internationale Zusammenarbeit, Normenbildung und Krisenbewältigung bieten.

- **Vereinte Nationen (UN):** Die UN und ihre Unterorganisationen wie UNICEF oder die UNESCO fördern globale Normen zu Menschenrechten, Umweltschutz und Friedenssicherung. Der UN-Sicherheitsrat, dominiert von den fünf ständigen Mitgliedern (USA, Russland, China, Großbritannien, Frankreich), hat erheblichen Einfluss auf internationale Sicherheitsfragen. Dennoch ist die UN oft durch politische Blockaden eingeschränkt. Die Organisation hat auch eine „Agenda 2030" verfasst, die 17 Ziele für nachhaltige Entwicklung definiert, die bis 2030 erreicht werden sollen. Kerninhalte sind nachhaltige Entwicklung, soziale Gerechtigkeit, ökologische Nachhaltigkeit und globale Partnerschaften. Die Mitgliedsstaaten sollen den UN ihre Fortschritte in jährlichen „Reviews" dokumentieren.
- **Internationaler Währungsfonds (IWF):** Der IWF beeinflusst die Weltpolitik durch seine Finanzhilfeprogramme, die oft an strenge wirtschaftspolitische Auflagen gekoppelt sind. Länder in wirtschaftlichen Krisen, insbesondere in der Dritten Welt, müssen häufig Strukturreformen wie Privatisierungen oder Haushaltskürzungen umsetzen, um IWF-Kredite zu erhalten. Diese Auflagen können die nationale Politik tiefgreifend verändern und werden oft als Verlust an Souveränität empfunden. Der IWF ist zudem von westlichen Staaten, insbesondere den USA, dominiert, da Stimmrechte an Kapitalanteilen gekoppelt sind. Aus diesem Grund haben, wie im Kapitel 2.9 beschrieben, die BRICS-Staaten die NDB gegründet.
- **Welthandelsorganisation (WTO):** Die WTO reguliert den globalen Handel und setzt Standards für Handelsabkommen. Sie beeinflusst die Weltpolitik, indem sie Freihandelszonen fördert und Handelsstreitigkeiten schlichtet. Ihre Entscheidungen können nationale Wirtschaftspolitiken einschränken, etwa durch die Durchsetzung von geistigem Eigentum oder die Reduzierung von Handelsschranken. Kritiker werfen der WTO vor, die Interessen großer Staaten und multinationaler Kon-

zerne über die Bedürfnisse kleinerer und weniger entwickelter Länder zu stellen. Die WTO wird in Kapitel 4.1 noch eingehender betrachtet.

- **Weltgesundheitsorganisation (WHO):** Die WHO prägt die globale Gesundheitspolitik, etwa durch Aufklärung in Gesundheitsfragen, die Koordination von Impfkampagnen oder die Reaktion auf Epidemien wie COVID-19. Ihre Empfehlungen und Finanzierungsprogramme unterstützen und beeinflussen nationale Gesundheitssysteme, besonders in Entwicklungsländern. Aktuell wird von den Mitgliedsstaaten ein Abkommen ratifiziert, das der WHO weitreichende Kompetenzen bei der Pandemiebekämpfung einräumen wird. Das führt auch zu Kritik, weil die WHO von Beiträgen privater Spender abhängig ist, da die Pflichtbeiträge der Mitgliedstaaten nur etwa 20 % des WHO-Budgets abdecken. Diverse private Organisationen wie die Bill-und Melinda-Gates Fundation (BMGF), die Bloomberg Family Foundation, der Wellcome Trust und die Rockefeller Foundation leisten sehr große finanzielle Beiträge. Kritiker bemängeln, dass die starke finanzielle Abhängigkeit von privaten Spendern die wissenschaftliche Unvoreingenommenheit der kompromittieren. Die WHO fördere oft spezifische Projekte wie Impfprogramme oder Malaria-Bekämpfung, die von den Spendern priorisiert werden. Einige der Spenderorganisationen seien Interessenkonflikten ausgesetzt, unter anderem durch ihre Verbindungen zur Pharmaindustrie.
- **World Economic Forum (WEF):** Das WEF in Davos ist eine jährliche Konferenz in der Schweiz, die Führungskräfte aus Wirtschaft, Politik und Gesellschaft zusammenbringt. Das WEF wurde von Klaus Schwab 1971 gegründet und bis April 2025 geführt.[25] Das elitäre Forum beschreibt sich als Plattform für den Dialog über globale Herausforderungen wie Klimawandel, Wirtschaftspolitik und Technologie. Jährlich kommen tausende Top-Entscheider zu dem Davoser Treffen, darunter Milliardäre, CEOs, Staatschefs und Experten, um globale Themen zu diskutieren und Einfluss auf die öffentliche Debatte und auf andere Entscheidungsträger zu nehmen, insbesondere in der Politik. Anders als z. B. IWF oder WHO ist das Davoser Forum eine rein private Initiative. Die WEF-Organisation ist als Stiftung strukturiert, mit einem

---

25 Nach Klaus Schwabs nicht ganz freiwilligen Rücktritt haben im August 2025 die beiden Milliardäre Larry Fink (BlackRock) und André Hoffmann (Hoffmann-LaRoche) als Co-Chairmen interimistisch die Führung des WEF übernommen.

> Managing Board, das strategische Entscheidungen trifft und regionale sowie thematische Initiativen koordiniert. Das WEF ist seit 2015 als internationale, gemeinnützige Organisation anerkannt, vergleichbar mit dem Internationalen Roten Kreuz, was Steuervorteile und diplomatische Privilegien mit sich bringt.

Die exemplarisch genannten multilateralen Organisationen setzen internationale Standards und wollen die globale Kooperation fördern. Der Einfluss der Organisationen und ihrer Führungskräfte basiert überwiegend auf der Übertragung von Entscheidungskompetenzen durch die Regierungen ihrer Mitgliedsstaaten, wovon die Bürger der Staaten aber meistens gar nichts wissen. Die internationalen Organisationen sind zudem oft von Machtungleichgewichten und finanziellen Einflüssen privater Geldgeber geprägt.

Gelegentlich wird internationalen Organisationen wie der UN und der WHO sogar vorgeworfen, die nationale Souveränität bewusst zu untergraben und globale Machtsstrukturen aufzubauen. Ein derartiges Bestreben wäre auch grundsätzlich nicht verwunderlich, da jede Organisation ein natürliches Interesse daran hat, ihren Einfluss auszuweiten. Es ist aber für die breite Öffentlichkeit eine wesentliche Frage, ob diesbezüglich Transparenz besteht.

Eine vom ehemaligen griechischen Finanzminister Yanis Varoufakis (2017) kolportierte Aussage von Larry Summers[26] illustriert die Macht globaler Elitennetzwerke:

> „Es gibt zwei Arten von Politikern, Insider und Outsider. Die Outsider legen Wert darauf, dass sie ihre Version der Wahrheit frei aussprechen können. Der Preis dafür ist, dass sie von den Insidern ignoriert werden, die die wichtigen Entscheidungen treffen. Die Insider wiederum folgen einer heiligen Regel: Sag nie etwas gegen andere Insider und sprich nie mit Outsidern über das, was Insider sagen und tun."

Derartige Absprachen und Kodizes wird es zu allen Zeiten gegeben haben. Die Anekdote, sofern Varoufakis sie richtig wiedergegeben hat, illustriert aber die gewachsene Bedeutung internationaler Netzwerke im Zeitalter der Globalisierung. Sie könnte eine Erklärung dafür sein, dass die Regierung eines kleinen eher kleinen Staates wie Griechenland in der Finanzkrise eine

---

26 Lawrence („Larry") Summers war unter anderem stellvertretender US-Finanzminister, Chefvolkswirt des IWF und Präsident der Harvard-Universität.

zentrale geoökomische Entscheidung, nämlich den damals angestrebten Austritt aus der Währungsunion, nicht mehr souverän treffen konnte.

Internationale Wirtschaftsunternehmen und Finanzkonzerne

> **Globale Unternehmen** und **Finanzkonzerne** üben durch ihre wirtschaftliche Macht, Marktbeherrschung und politisches Lobbying ebenfalls erheblichen Einfluss auf die nationale und globale Politik aus.

So wurden in einer Studie der amerikanischen Universität Princeton US-Kongressentscheidungen über einen langen Zeitraum analysiert. Das Ergebnis war, dass eine hohe Korrelation der Gesetzesänderungen mit den Wünschen der Wirtschaft bestand, aber nur eine geringe Übereinstimmung mit den in Meinungsumfragen artikulierten Präferenzen der Wähler (Gilens und Page, 2014). Nachfolgend wird grob der Einfluss von Unternehmen auf staatliche Entscheidungen anhand von drei besonders einflussreichen Branchen erläutert:

- **Finanzkonzerne**: Banken wie JPMorgan Chase und Goldman Sachs sowie sehr große Vermögensverwalter wie BlackRock, Fidelity und Vanguard beeinflussen die Weltpolitik durch ihre Kontrolle über Kapitalflüsse und Investitionen. BlackRock verwaltet Vermögen in Billionenhöhe und hat Anteile an nahezu allen großen börsennotierten Unternehmen, was dem Megafonds Einfluss auf Vorstandsposten, Unternehmensstrategien und indirekt auf politische Entscheidungen gibt. Finanzkonzerne können durch Investitionsentscheidungen Druck auf Regierungen ausüben, etwa durch die Vergabe oder den Entzug von Krediten. Nur wenige Finanzinstitutionen dominieren die globale Wirtschaft, vor allem über Stimmrechte an Unternehmen. Sehr aufschlussreich ist eine Studie der ETH Zürich aus dem Jahr 2011 zur Eigentümerstruktur von mehr als 46.000 börsennotierten globalen Konzernen. Die Studie kommt zu dem Ergebnis, dass nur 147 Institutionen direkt oder indirekt fast 40 Prozent des Börsenwertes aller transnationalen Konzerne kontrollieren (Vitali, Glattfelder und Battiston, 2011). Finanzkonzerne haben auch Einfluss auf Zentralbanken, Börsenplätze, alternative Handelsplattformen und private Unternehmen, die sie mit Fremd-

und Eigenkapital finanzieren. Damit nehmen sie eine herausragende Stellung im wirtschaftlichen Machtgefüge ein.

- **Technologieunternehmen**: Unternehmen wie Apple, Google, Amazon, Microsoft und Meta haben durch ihre Kontrolle über digitale Infrastrukturen, Daten und Plattformen enormen Einfluss. Sie gestalten die Informationsverbreitung, beeinflussen Wahlen durch Algorithmen und setzen Standards für Datenschutz und Cybersicherheit. Diese Konzerne lobbyieren aktiv bei Regierungen, um Gesetze in ihrem Sinne zu formen, etwa bei Datenschutz, Kartellrecht, Steuerregelungen oder Regulierungen der Künstlichen Intelligenz. Der Börsenwert der Technologieunternehmen übersteigt oft das BIP kleinerer Staaten, was ihnen große Verhandlungsmacht gegenüber Regierungen gibt. Die Konzerne verfügen zudem dank ihrer Daten über einen Einblick in die Konsumpräferenzen, politischen Ansichten, und persönlichen Verhältnisse sowohl von einfachen Bürgern wie auch von Spitzenpolitikern. Dadurch haben sie wiederum einen hohen strategischen Wert für die Regierungen ihrer Heimatländer, weil sie technologische Standards setzen und helfen können, konkurrierende Staaten und deren Unternehmen auszuspionieren. Edward Snowden hat schon 2013 enthüllt, dass US-amerikanische Techkonzerne wie Google und Facebook aktiv mit der Regierung zusammenarbeiten, um Konkurrenten und Verbündete zu schwächen. Es ist zu vermuten, dass chinesische und russischen Technologiekonzernen eine ähnliche Nähe zu den Regierungen ihrer Heimatstaaten haben. Den Techkonzernen und ihren Großaktionären ist eine Macht zugewachsen, die Kritiker wie Varoufakis (2024) und Zuboff (2018) als Vorboten einer gefährlichen techno-feudalistischen Weltordnung anprangern.
- **Pharmaindustrie**: Die Gesundheitssystem der meisten Staaten sind in hohem Maße reguliert, unter anderem durch Gesundheitsempfehlungen, verpflichtenden Krankenversicherungen und zentral ausgehandelte Preise für Medikamente und Impfstoffe. Unternehmen wie Pfizer, Moderna oder Novartis beeinflussen globale Gesundheitspolitik, etwa durch die Entwicklung und den Vertrieb von Impfstoffen und Medikamenten. Sie haben eine hohen Anreiz, durch Lobbying bei Politikern und Bürokraten Preise und Absatzmengen für ihre Produkte zu steigern. Während der Covid-Krise haben die EU und viele Einzelstaaten zu sehr hohen Preisen in großen Mengen Impfstoffe eingekauft und hohen Druck, in Einzelfällen bis hin zu Impfpflichten, auf die Bevölkerung ausgeübt, diese auch zu verwenden.

> Die **Macht dieser Konzerne** liegt in ihrer wirtschaftlichen Stärke, ihrem Zugang zu politischen Entscheidungsträgern und in ihrer Fähigkeit, globale Märkte zu steuern. Dabei ist zu beachten, dass viele Großunternehmen und deren Eigentümer nicht mehr an nationale Grenzen gebunden sind, sondern ihre Aktivitäten frei an andere Standorte verlagern können, wenn ihnen die Bedingungen dort attraktiver erscheinen. Die Eigentümer repräsentieren aufgrund ihres Reichtums den inneren Kern der globalen westlichen Elite, die Funktionseliten, also zum Beispiel Vorstände und spezialisierte Berater zählen zum erweiterten Kreis.

Nichtregierungsorganisationen

> Eine weitere Einflussgruppe auf nationaler und globaler Ebene sind die sogenanngten **Nichtregierungsorganisationen**. Vereinigungen wie Amnesty International, Greenpeace, Oxfam oder Médecins Sans Frontières beeinflussen die Weltpolitik durch Lobbying, Öffentlichkeitsarbeit und Projekte.

Organisationen wie Amnesty International und Greenpeace setzen wichtige Themen wie Menschenrechte oder Umweltschutz auf die globale Agenda. Durch Kampagnen, Berichte und Protestaktionen zwingen sie Regierungen und Unternehmen, sich mit diesen Themen auseinanderzusetzen. Greenpeace hat beispielsweise durch Aktionen gegen Ölkonzerne die Umweltpolitik vieler Staaten beeinflusst. Auch Organisationen wie Oxfam oder Médecins Sans Frontières leisten Hilfe in Krisengebieten und beeinflussen dadurch humanitäre Politik.

Den NGOs wird aufgrund ihrer humanitären Aktivitäten häufig pauschal moralische Autorität zugesprochen. Viele ihrer zahlreichen aktiven und passiven Unterstützer engagieren sich aus idealistischen Motiven. Aber auch NGOs sind nicht immer frei von Interessenkonflikten und versteckter Einflussnahme. Viele NGOs arbeiten diskret mit multilateralen Organisationen, Regierungen und Oppositionsparteien zusammen, um ihre Ziele zu erreichen. Die meisten NGOs sind auf private Großspenden oder staatliche Mittel angewiesen, was ihre Unabhängigkeit und Handlungsfähigkeit begrenzen kann.

Private Spender der NGOs sind häufig dieselben Millardäre, die auch für politische Parteien und Kandidaten Geld geben. Bundeskanzler Friedrich Merz kritisierte als Kandidat im Wahlkampf 2024/25 die staatliche Finanzierung einiger NGOs. Sie nutzten Steuergelder, um parteipolitische Einflussnahme zu betreiben, was gegen das Gemeinnützigkeitsrecht verstoße. Merz sieht in derartigen NGOs eine „Schattenstruktur", die mit staatlichen Mitteln indirekt Politik macht, unter anderem über globale Plattformen wie WHO und WEF, in deren Gremien NGO-Vorstände regelmäßig prominent vertreten sind. Kritiker bemängeln auch Nepotismus, da einflussreiche NGO-Positionen oft mit Personen besetzt werden, die enge Verbindungen zu politischen Parteien haben, und umgekehrt NGO-Mitarbeiter gezielt in Ministerien platziert werden.[27]

Auswirkungen auf die Geoökonomie

Aus der kurzen Zusammenfassung wird bereits deutlich, dass Funktionseliten, multilaterale Organisationen, globale Unternehmen und NGOs die Weltpolitik durch

- wirtschaftliche Macht,
- Normenbildung,
- Lobbying und
- Öffentlichkeitsarbeit

massiv beeinflussen. Während multilaterale Organisationen globale Standards jenseits direkter Mitwirkungsmöglichkeiten der Bürger setzen, beeinflussen Unternehmen und Finanzkonzerne durch ihre Marktmacht politische Entscheidungen. Reiche Einzelpersonen und NGOs bringen zwar idealistiche Perspektiven ein, verfolgen aber gleichzeitig auch wirtschafliche Eigeninteressen und sind nicht demokratisch legitimiert. Ihr Einfluss auf politische Entscheidungen kann sich positiv auswirken, ist aber umstritten,

27 Beispielsweise war Jennifer Morgan 2022-25 Staatssekretärin im Bundesaußenministerium, mit Zuständigkeit für Klimafragen. Jennifer Morgan war von 2016-2022 Greenpeace-Chefin. Patrick Graichen war von Dezember 2021 bis Mai 2023 beamteter Staatssekretär im Bundesministerium für Wirtschaft und Klimaschutz. Von 2014 bis 2021 war er Direktor der Denkfabrik und Lobbyorganisation Agora Energiewende. Patrick Graichen verlor im Zuge der sogenannten „Trauzeugenaffäre" sein Amt nach Vorwürfen der Vetternwirtschaft und wurde von Minister Robert Habeck in den einstweiligen Ruhestand versetzt.

da er gezielt nationale Souveränität und demokratische Prozesse sabotieren kann.

> Das **geoökonomische Gleichgewicht** wird entsprechend nicht nur von den Staaten bestimmt, sondern auch von einem Geflecht von einflussreichen Partikularinteressen mitbeeinflusst. Das Führungspersonal mächtiger supranationaler Institutionen zählt zur globalen Funktionselite. Eine spannende Frage ist, welche Werte und politischen Vorstellungen diese Eliten (überwiegend) grenzüberschreitend teilen, welche nationalen Unterschiede noch existieren und inwieweit sich Elitenziele im Konflikt mit den Präferenzen der übrigen Bevölkerung befinden.

3.4 Club der Milliardäre

Vermögenskonzentration

> Eine Art Elite in der Elite bilden die **Milliardäre**. Laut Forbes World's Billionaires List vom April 2025 besteht der exklusivste Zirkel der globalen Machtpyramide aus weltweit 3.028 Milliardären. Das aggregierte Vermögen der reichsten 20 US-Amerikaner ist laut Forbes-Liste zwischen 2005 und 2024 von in Summe 318 Mrd. US$ auf insgesamt 2.700 Mrd. US$ gestiegen, was einem prozentualen Anstieg um 749 % entspricht. Das US-Medianvermögen ist im selben Zeitraum um nur etwa 62,7% gestiegen. Das nominale BIP ist laut Statista in dem betreffenden Zeitraum von 13,04 Billionen US$ auf 29,18 Billionen US$ gewachsen, was einem Anstieg von 124 % entspricht. Der reale BIP-Zuwachs betrug sogar nur 46 %. Da im selben Zeitraum die Bevölkerung von 295,5 Mio. auf 341,8 Mio. Menschen, also um 15,67% gewachsen ist, lag der BIP-Zuwachs pro Kopf sogar nur bei 26,2%. Dies zeigt, dass der Reichtum der Superreichen um ein Vielfaches schneller gewachsen ist als die durchschnittlichen Vermögen der Bürger und als die Gesamtwirtschaft.

Das Privatvermögen einzelner Millardäre übertrifft das BIP und auch den Wert der Ressourcen ganzer Staaten. Die Tagesschau berichtete online am 2.10.2025 mit Verweis auf Forbes (forbes.com), dass Elon Musk als erster Mensch ein Vermögen von 500 Milliarden US$ akkumuliert hat. In einem Wirtschaftsvergleich des IWF (per 2023) liegt Malaysia mit einem BIP von nur 399.7 Mrd. US$ auf Platz 37. Das BIP bildet zwar keinen Nettovermögenswert ab, aber eine Staatsverschuldung in selber Höhe wäre aus ökonomischer Sicht problematisch. Entsprechend wird aus der Relation deutlich, wie groß die Macht reicher Einzelpersonen im Verhältnis zu den Staaten geworden ist. Sie haben den Status von Oligarchen erreicht.

Eine wichtige Quelle vieler großere Vermögen ist Erfindungsreichtum und harte Arbeit. Das rapide wachsende Wohlstandsgefälle deutet aber darauf hin, dass es noch weitere Gründe gibt. Die Hauptursache für diese asymmetrische Entwicklung liegt im zentralbankgesteuerten Fiatgeldsystem[28], das zur Vermögenspreis-Inflation beiträgt, die vor allem den wohlhabenden Eigentümern von Aktien, Immobilien und anderen Sachwerten zugute kommt. (Ragotzky, 2018). Einige sehr vermögende Personen profitieren außerdem von den Steuerprivilegien der Capital Gains-Besteuerung und Off-Shore Steuerkonstrukten.[29] Dieser Aspekt ist im Rahmen der Diskussion der „Panama Papers" auch einer breiten Öffentlichkeit bekannt geworden, unter anderem in einem Bericht der Süddeutschen Zeitung vom 3. April 2016. Auch der informelle Einfluss einiger Milliardäre auf staatliche Ausgaben für Produkte und Dienstleistungen eigener Unternehmen und Unternehmensbeteilungen mag hilfreich für deren überproportionale Vermögenszuwächse sein.

Politische Großspender

Reiche Einzelpersonen, von denen sich einige als altruistische „Philanthropen" bezeichnen, nutzen ihr Vermögen, ihre Netzwerke und ihre öffentliche Präsenz, um die globale Politik maßgeblich zu beeinflussen. Ihr Einfluss

---

28 Der Begriff „Fiatgeld" leitet sich aus dem lateinischen Wort fiat („es werde"), weil Papiergeld – wie auch elektronisches Geld – keinen intrinsischen Wert hat. Fiatgeld wird nicht durch freiwillige Übereinkunft, sondern durch autoritären Zwang zum „gesetzlichen Zahlungsmittel", z. B., indem es den Bürgern zur Begleichung von Steuerschulden vorgeschrieben wird.

29 *„Capital Gains"* sind Vermögenszuwächse, zum Beispiel druch Wertsteigerungen von Unternehmensbeteilgungen. Diese Gewinne machen den allergrößten Teil des Einkommens von Milliardären aus und müssen in der Regel erst zum Zeitpunkt des Anteilsverkaufs versteuert werden, den der Inhaber frei bestimmen kann. Durch Verlagerung der Vermögenswerte in *„Off-Shore"*-Regionen mit niedrigen Steuersätzen kann die Besteuerung faktisch oft auf null gedrückt werden.

resultiert unter anderem aus ihren großzügigen Wahlkampfspenden, insbesondere in den USA, wo die Höhe der Spenden aufgrund höchstrichterlicher Entscheidungen de facto nicht mehr begrenzt ist.[30] Das Volumen der Wahlkampfspenden ist seitdem explosionsartig angestiegen.

Die Daten der Federal Election Commission (FEC) und von Open Secrets sagen aus, dass Kamala Harris etwa 1,04 Mrd. US$ Spendengelder einsammelte, Donald Trump 940 Mio. US$ und Joe Biden weitere 516,8 Mio. US$, die dann von Harris übernommen wurden. Die bedeutendsten Einzelspender für Harris waren Reid Hoffman (8,6 Mio) und Michael Bloomberg (19 Mio. US$), für Trump waren es unter anderem der Bankerbe Timothy Mellon (125-172 Mio. US$.), Miriam Adelson (ca. 100 Mio. US$) und Elon Musk (ca. 76 Millionen US$). Die Abgrenzungen der FEC sind unübersichtlich, insbesondere wegen der Super-PACS, die nicht genau Auskunft geben, wer die Geldgeber waren. Möglicherweise sind die Spendensummen sogar noch höher. So oder so legen die gewaltigen Beträge aber den Verdacht nahe, dass sich die Spender mit dem Geld auch Einfluss auf politische Entscheidungen erkaufen wollen. Nachfolgend werden kurz die Aktivitäten der vier willkürlich ausgewählten Großspendern Elon Musk, Bill Gates, George Soros und Timothy Mellon (jeweils zwei pro Lager) beschrieben, um die Existenz von politischen Agenden und wirtschaftlichen Interessen der aktiven Milliardäre zu illustrieren:

- **Elon Musk:** Als CEO von Tesla, SpaceX und Eigentümer von X übt Musk Einfluss auf Technologiepolitik, Weltraumforschung und öffentliche Debatten aus. Seine Übernahme von X hat die Dynamik sozialer Medien verändert, da er die Plattform als Sprachrohr für seine Ansichten nutzt. Zeitweilig verfügte Musk über eine große Nähe zu US-Präsident Trump, dessen Wahlkampf er mit hohen Geldbeträgen unterstützt hat. Gleichzeitig profitieren einige seiner Unternehmen von staatlichen Aufträgen. Als

30 Der Supreme Court der Vereinigten Staaten hat im Urteil McCutcheon v. Federal Election Commission am 2. April 2014 die allgemeine Obergrenze von 123.200 US$ für Wahlkampfspenden an Kandidaten, Parteien und politische Organisationen aufgehoben. Jegliches Limit wurde als Verletzung der Meinungsfreiheit gemäß dem Ersten Verfassungszusatz für ungültig erklärt. Bereits vier Jahre zuvor hatte der Supreme Court im Urteil Citizens United v. FEC die Obergrenzen für Spenden von Unternehmen, Verbänden und Gewerkschaften aufgehoben. Durch die Urteile wurden Super-„PAC"s (Political Action Committees) ermöglicht, die unbegrenzte Summen sammeln dürfen, solange dies nicht direkt mit Kandidaten koordiniert wird.

Leiter des DOGE-Projekts war er für kurze Zeit aktiv in die Vorbereitung politischer Entscheidungen involviert, obwohl er kein US-Bürger ist.

- **Bill Gates:** Durch die Bill & Melinda Gates Foundation (BMGF) beeinflusst Gates die globale Gesundheits- und Bildungspolitik. Die Stiftung finanziert Impfkampagnen, Forschung und Entwicklungsprojekte, was ihr Einfluss auf die WHO und nationale Gesundheitssysteme gibt. Kritiker werfen ihm vor, durch seine Philanthropie politische Prioritäten zu setzen, die nicht demokratisch legitimiert sind. Die bis heute von Gates kontrollierte BMGF verwaltet einen Großteil des Gates-Vermögens und investierte einen wesentlichen Teil in Pharmaunternehmen. Die Stiftung erwarb u. a. im September 2019 für 55 Millionen US$ Anteile an BioNTech zu einem Preis von 18,10 US$ pro Aktie, bevor das Unternehmen an die Börse ging. Nach dem Einstieg hat Bill Gates intensiv in Politik und Öffentlichkeit für m-RNA-Impfungen geworben, unter anderem in einem langen Tagesthemen-Interview. Laut Berichten verkaufte die BMGF im dritten Quartal 2021 etwa 86 % ihrer BioNTech-Anteile als die Aktie auf einem Höchststand war. Schätzungen zufolge könnte die BMGF einen Gewinn von etwa 500 Millionen US$ erzielt und damit den Kapitaleinsatz fast verzehnfacht haben.
- **George Soros:** Über seine Open Society Foundations fördert Soros nach eigener Aussage Demokratie, Menschenrechte und liberale Werte weltweit. Seine Finanzierung von überwiegend linksgerichteten politischen Bewegungen macht ihn zu einem einflussreichen globalem Akteur, dessen Wirken jedoch in vielen Staaten als Einmischung und Bedrohung wahrgenommen wird. Ihm wird vor allem in autoritär regierten Ländern vorgeworfen, sich in die Angelegenheiten souveränder Staaten einzumischen. Unter anderem war George Soros aktiv in den Maidan-Umsturz in der Ukraine involviert. Seine Open Society Foundations unterstützen zudem radikale NGOs wie Black Lives Matter, was konservative Kritiker als Förderung polarisierender sozialer Bewegungen und Einmischung in die Innenpolitik werten.
- **Timothy Mellon:** Beim Rekordspender Timothy Mellon gibt es weniger konkrete Anhaltspunkte, was ihn zu hohen Zuwendungen an Donald Trumps Wahlkampf motiviert hat. Als Erbe der Mellon-Bankiersfamilie verfügt Mellon über ein geschätztes Vermögen von etwa 14 Milliarden US$. Seine zurückgezogene Lebensweise in Wyoming und sein Desinteresse an öffentlicher Aufmerksamkeit deuten darauf hin, dass seine Spenden nicht auf persönliche Anerkennung abzielen,

sondern auf die Förderung einer politischen Vision. In einem seltenen Interview mit Bloomberg im Jahr 2020 hat er seine Bewunderung für Trump geäußert, insbesondere für dessen Handelspolitik und die Korrektur des Handelsungleichgewichts mit China. Er unterstützte schon vorher der letzten Präsidenschaftswahl konservative Anliegen wie den Bau einer Grenzmauer zu Mexiko und Verschärfungen von Einwanderungsgesetzen.

Die vier exemplarisch als Großspender beschriebenen Personen stehen nur für eine große Zahl politisch engagierter Milliardäre. Unabhängig von der politischen Positionierung der Spender wird aus den wenigen Beispielen deutlich, dass diese Personen ihr Vermögen auch tatsächlich nutzen, um ihre politische Agenden voranzutreiben. In einigen Fällen vermischen sich zudem politische und private wirtschaftliche Interessen, weil sie sich das Spendengeld über anschließende staatliche Subventionen ihrer Unternehmen mit Zinsen zurückholen. Der Einfluss der Spender auf die Politik ist problematisch, da er nicht demokratisch legitimiert ist ein und bestehende gesellschaftliche Spaltungen vertieft.

> Die **marktwirtschaftliche Ordnung** wird durch die Kombination von Milliardärsprivilegien und gleichzeitige bedingungsloser Alimentation einiger arbeitsunwilliger Transferempfänger[31] – vor allem zulasten der produktiven Mittelschicht – in eine Art Zangengriff genommen. Falls der langjährige Trend zur Vermögenskonzentration sich fortsetzen sollte, wird er unweigerlich zu neo-feudalen Strukturen führen, bei denen sämtliche Vermögensgegenstände wie in der Endphase eines Monopoly-Spiels einigen Privilegierten gehören und alle anderen als eigentumslose Mieter und Almosenempfänger kein selbstbestimmtes Leben mehr führen können.[32] In Kombination mit der fortschreitenden Präsenz der Überwachungstechnologie zeichnet sich für Pessimisten eine Art digitaler Gulag für die menschliche Zivilisation ab.

---

31 Dabei soll nicht angezweifelt werden, dass ein großere Teil der Bürgergeldempfänger arbeiten möchte, aber eben bei weitem nicht alle.

32 Der globale Gini-Koeffizient, der die Verteilung der Vermögen misst, ist von 2000 bis 2024 von ca. 0,75 auf ca. 0,89 angestiegen, wobei ein Wert von 0 maximale Gleichheit und ein Wert von 1maximale Ungleichheit anzeigt. Bei einem Koeffizienten von 1 würde einem Menschen alles gehören. In einem derartigen Extremszenario hätten sich auch die geoökomischen Konflikte erledigt. Wahrscheinlicher wäre aber die Etablierung mehrerer oligarchisch strukturierte Machtzentren, die untereinander ihre Territorien abstecken.

Derartige Szenarien sind nicht unabwendlich. Das ökonomische Gefälle zwischen den Milliardären und der übrigen Bevölkerung zählt aber dennoch zu den größten Herausforderungen für die Staaten des Westens. Und es ist nicht die einzige.

3.5 Zerrissener Westen

> Der ehemalige Verfassungsrichter Udo di Fabio beschreibt den Westen als Verbindung von **persönlicher Freiheit** und **demokratischer Selbstbestimmung**. Er stehe *„für Menschenrechte, Meinungsfreiheit und für Marktwirtschaft, die auf Vertragsfreiheit und Privateigentum beruht“* (di Fabio, 2015). Dabei handelt es sich um eine moderne Beschreibung der normativen, ideellen Basis der europäischen und US-amerikanischen globalen Expansion.

Die westliche geopolitische und geoökonomische Dominanz der vergangenen 500 Jahre basierte machtpolitisch ganz wesentlich auf zwei konkreten Stärken. Zum einen wiesen die expansiven Staaten des Westens ein hohes Maß an *innerer Geschlossenheit* auf, die unter anderem durch die christliche Religion, gemeinsame Werte und ein klassenübergreifendes nationales Sendungsbewusstsein gekennzeichnet war. Zum anderen haben die westlichen Nationen trotz aller Rivalitäten gegenüber den übrigen Völkern *äußeren Zusammenhalt* bewiesen, wenn diese sich der Fremdherrschaft widersetzt haben. Der Zusammenhalt vereinfachte die in der Einleitung zitierte, von Huntington formulierte *„Anwendung organisierter Gewalt“* gegen Dritte. Ein historisches Beispiel ist die Niederschlagung des chinesischen Boxeraufstands zwischen 1899 und 1901. Die „Boxer“, eine antiimperialistische und antichristliche Bewegung, griffen mit anfänglicher Unterstützung der Qing-Dynastie, Ausländer und chinesische Christen an. Eine internationale Allianz aus acht westlichen Mächten, neben Großbritannien auch Deutschland, Japan und die Vereinigten Staaten, entsandte Truppen, um den Aufstand gewaltsam niederzuschlagen.[33]

Die innere Geschlossenheit des Westens weist heute aber diverse Bruchlinien auf, die den Zusammenhalt beeinträchtigen:

---

33 Aktuellere Beispiele (teilweise völkerrechtswidriger) organisierter Gewaltanwendung sind die koordinierten militärischen Interventionen in Irak, Serbien, Afghanistan und Libyen.

- Eliten versus allgemeine Bevölkerung
- Global versus national
- Progressiv versus konservativ
- Vereinigte Staaten versus Europa

Einigkeit besteht nicht einmal innerhalb einzelner Staaten, schon gar nicht innerhalb der vielbeschworenen westlichen Wertegemeinschaft. Die westliche Zerrissenheit wird nachfolgend noch etwas genauer analysiert, weil sie aktuell gravierende geoökonomische Auswirkungen hat.

Oben und unten, links und rechts

Einem alten Bonmot zufolge gibt es kein „links" und kein „rechts", sondern nur „oben" und „unten". In den großen westlichen Staaten ist eine seit Jahren wachsende Kluft zwischen den Eliten und der allgemeinen Bevölkerung festzustellen, kulturell, monetär und sogar räumlich. Viele Angehörige der Eliten ziehen sich am selbstgewählten Wohnort in abgeschotteten Enklaven zurück, wo sie mit der normalen Bevölkerung wenig Berührung haben. In der modernen, globalisierten Welt haben die Eliten zudem den Vorteil, von nationalen Grenzen weitgehend unabhängig zu sein. Ein großes Privatvermögen, eine international einsetzbare Berufsausbildung, Sprachkenntnisse und persönliche Netzwerke erleichtern bei Bedarf das Verlassen der angestammten Heimat. Sehr reiche Personen profitieren steuerlich bei Wohnsitzwechsel und grenzüberschreitenden Kapitalverschiebungen in Niedrigsteuerländer.

> Viele Angehörige der Elite wissen mit traditionellen Gemeinschaften, lokalen Bindungen, nationale Identitäten und demokratischen Prinzipien nur noch wenig anzufangen. Kritische Beobachter argumentieren, dass die westliche Demokratie durch eine abgehobene, kosmopolitische Elite untergraben wird, die sich von den Werten und Interessen der breiten Bevölkerung immer mehr entfremdet hat (Lasch, 1995). Deren Interesse gilt großen globalen Themen, wie der wirtschaftlichen und politischen Globalisierung, geopolitischen Konflikten, Migrationsbewegungen und der Klimapolitik. Häufig sind sie der Meinung, dass globale Probleme nur von globalen Gremien gelöst werden können, deren Einfluss Macht deswegen gestärkt werden muss.

Global, national, lokal

Einige einflussreiche Persönlichkeiten haben sich öffentlich mit der Frage einer Überlegenheit oder sogar Unabwendbarkeit eines Weltstaates auseinandergesetzt. Der bedeutender deutschstämmige Bankier James P. Warburg sagte am 17. Februar 1950 vor dem US-Senatsausschuss:

> „We shall have world government whether we like it or not. The only question is whether World government will be achieved by conquest or consent".

Der noch bekanntere US-Bankier David Rockefeller schrieb 2002 in seinen Memoiren:

> „But, the world is now more sophisticated and prepared to march towards a world government. The supranational sovereignty of an intellectual elite and world bankers is surely preferable to the national auto-determination practiced in past centuries."

Rockefeller äußerte aber gleichzeitig eine Präferenz für einen kooperativen Ansatz anstelle einer Weltregierung. Auch Bill Gates äußerte verschiedentlich Sympathien für eine Weltregierung, z.B im TED-Talk 2020 zu globaler Kooperation.

Die Zitate belegen eine gewisse Präferenz einiger sehr einflussreicher Mitglieder der Elite für einen globalen Ordnungsrahmen, der die Souveränität der Nationalstaaten einschränken würde. Sie beweisen deswegen nicht, dass die Protogonisten heimlich an einer Weltrevolution von oben arbeiten. Über internationale Organisationen wie die UN, die WHO und das WEF initiieren Teile der globalen Elite aber fundamentale gesellschaftlichen Veränderungen, die von wachsenden Anteilen der westlichen Bevölkerungen nicht akzeptiert werden.

Sein und Bewusstsein

Viele Angehörige der westlichen Arbeiter- und Mittelschicht sehen im Gegenteil ihre Lebensgrundlagen bedroht, weil die Elite eine kulturelle und wirtschaftliche Globalisierung fördert. David Skelton bezeichnet die Einstellung der britischen Elite gegenüber Werten und Anliegen der Arbeiterklasse, wie faire Bezahlung, Lebenshaltungskosten, Wohnen und öffentliche Dienstleistungen als arrogant. Die arbeitende Bevölkerung, darunter ein wachsender Teil der Mittelschicht, fühlt sich durch die Auswirkungen der Globalisierung wirtschaftlich und kulturell benachteiligt (Skelton, 2023). Auch die von vielen Eliteangehörigen befürwortete „Identitätspolitik" stößt auf Widerstand. Identitätspolitiker erheben Forderungen nach besonderem Schutz und aktiver Unterstützung von vermeintlich aufgrund ihrer Identität (Abstammung, Geschlecht oder Sexualität) benachteiligten Bevölkerungsgruppen, zum Beispiel durch deren Bevorzugung bei der Studienplatzvergabe sowie bei Einstellungen und Beförderungen in Unternehmen und Behörden. Die breite Bevölkerung hält Identitätsfragen dagegen für überbewertet und die abgeleiteten Forderungen für unberechtigt oder den eigenen Interessen abträglich.

Viele Geringverdiener lehnen zudem die Einwanderung aus ärmeren Weltregionen ab, weil sie Konkurrenz um Arbeitsplätze, Wohnungen und Sozialleistungen befürchten. Die Eliten profitieren dagegen von billigen Arbeitskräften im Haushalt und Wohngeldbeziehern als Mieter ihrer Eigentumswohnungen. Schon Karl Marx betonte, dass das Sein das Bewusstsein bestimme.

Der angestammten breiten Bevölkerung sind in der demokratischen Debatte ihre traditionellen Interessenvertreter abhandengekommen. Die sozialen Interessen der angestammten ärmeren Bevölkerung spielen in den Programmen vieler nach eigenem Verständnis progressiver Parteien allenfalls noch eine untergeordnete Rolle. Die klassisch-linke Politikerin tituliert die modernen Linken im gleichnamigen Buch als „Die Selbstgerechten" (Wagenknecht, 2021) und fordert eine Wiederbesinnung linker Parteien auf soziale Verteilungsfragen. Deren Stammwähler wenden sich auf einmal populistischen, eher rechtsgerichteten Parteien zu, während US-Demokraten, die deutschen Grünen, die britische Labour Party und französische Sozialisten von einem Großteil der Funktionseliten mit überdurchschnittlichem Einkommen unterstützt werden.

Wahlverhalten

Aus Kontroversen über die Identitätspolitik resultieren häufig emotional, bisweilen aggressiven geführte innergesellschaftlichen Debatten, oft entlang von sozialen Schichten und Altersgruppen. In der jüngeren Generation ist zudem eine politische Trennlinie entlang der nach Geschlechter festzustellen. Viele junge Frauen haben progressive Einstellungen, viele junge Männer werden dagegen konservativer. Die Unterschiede wirken sich auf das politische Wahlverhalten, aber auch auf die Partnerwahl aus.

Laut sozialer Studien, unter anderem des Pew Research Centers, ist dabei der ideologische Graben in den USA noch breiter als in Großbritannien, Frankreich oder Deutschland (Silver, 2022).

Antielitäre, populistische Bewegungen haben Donald Trump zu zwei Präsidentschaften verholfen, den Brexit beflügelt und den Aufstieg konservativer und rechter Parteien in Europa begünstigt. Ähnlich orientierte Parteien haben auch in mehreren EU-Ländern, zumindest temporär, Regierungsverantwortung erlangt, unter anderem in Schweden, den Niederlanden, Italien, Polen, der Slowakei und Ungarn.

Mars und Venus

Auch auf zwischenstaatlicher Ebene bildet der Westen schon länger keine geschlossene Einheit mehr. Bereits nach dem 11. September 2001 wurden erstmals grundlegende politische Differenzen zwischen den Vereinigten Staaten und Europa erkennbar, als führende europäische Politiker wie Jacques Chirac und Gerhard Schröder sich nicht an dem –fälschlicherweise mit der Existenz irakischer Massenvernichtungswaffen begründeten – zweiten Irakkrieg beteiligen wollten. Der prominente neokonservative Politikwissenschaftler Robert Kagan kommentierte das europäische Zögern mit den *Worten „Americans are from Mars, Europeans are from Venus“*. Die Vereinigten Staaten wären demzufolge – auch militärisch – handlungsstarke Marsianer, die Europäer dagegen eher verweichlicht und nicht mehr bereit, westliche Interessen auch mit robusten Methoden durchzusetzen (Kagan, 2002).

In den folgenden Jahrzehnten war das transatlantische Verhältnis immer wieder auch von Meinungsverschiedenheiten über Handelsbeziehungen, Wirtschaftssanktionen und militärische Interventionen geprägt. Demokratische Präsidenten wie Barack Obama und Joseph Biden pflegten oft im direkten Dialog eine freundlichere Rhetorik als ihre republikanischen Kollegen. Sie waren aber bei der Durchsetzung ihrer Politik auch gegenüber den europäischen Partnern nicht weniger konsequent (v. Dohnanyi, 2022). Barack Obama gestand im CNN-Interview mit Christiane Anampour vom 23. Juni 2023, dass er „den Europäern den Arm umdrehen musste“, damit diese nach dem Krimanschluss 2014 Sanktionen gegen Russland verhängten. Die Biden-Regierung engagierte sich vier Jahre lang mit allen Mitteln für die Verhinderung der Ostseepipeline Northstream 2.[34] Wie Donald Trump drängten auch Obama und Biden die Europäer zur Ausweitung ihrer Verteidigungshaushalte. Durch ihren politischen Druck haben sie US-Rüstungskonzernen gewaltige Umsätze verschafft.

Die erneute Wahl des auf die „MAGA-Bewegung" (für „Make America Great Again") gestützten Donald Trump zum US-Präsidenten im Jahr 2024 markiert dennoch einen gravierenden politischen Einschnitt. Unter Präsident Trump wurde eine radikale innenpolitische Kehrtwende eingeleitet, mit drastischer Einwanderungsbegrenzung und Abschiebung illegaler Migranten, der Streichung staatlicher Zuwendungen für NGOs, flankiert von einem angekündigtem Rückzug aus diversen internationalen Abkommen und Organisationen wie der Weltklimakonferenz und der Weltgesundheitsorganisation.

Die populistische MAGA-Bewegung von Donald Trump wäre chancenlos gewesen, wenn sie nicht – wie oben dokumentiert – auch von zahlreichen Milliardären unterstützt worden wäre. Da die MAGA-Bewegung dezidiert nationalistisch auftritt, stellt sich die Frage, ob es im Westen neben dem „Oben-unten-Konflikt" auch einen Dissens zwischen nationalen und global orientierten Eliten gibt. Die hohen Spendenaufkommen für beide Lager illustrieren nicht nur eine Spaltung der Eliten der Vereinigten Staaten. Meinungsverschiedenheiten bestehen zudem zwischen der Trump-Regierung und der politischen Elite Europas.

---

34 Die Biden-Administration versuchte zunächst durch politischen Druck, gerichtliche Klagen und Sanktionen gegen beteiligte Unternehmen die Fertigstellung der Ostsee-Gaspipeline zu verhindern. Nach Ausbruch des Ukraine-Kriegs wurde die Pipeline dann von Unbekannten gesprengt. Der berühmte Investigativ-Journalist und Pulitzer-Preisträger Seymour Hersh behauptet im Februar 2023 in einem langen Artikel, die Vereinigten Staaten hätten die Nord-Stream-Pipelines sabotiert, um Russlands geoökonomischen Einfluss auf Europa zu beenden. Hersh bezieht sich unter anderem auf einer anonymen Geheimdienstquelle, der zufolge US-Navy-Taucher während einer NATO-Übung im Juni 2022 Sprengladungen an den Pipelines platziert haben sollen. Im September habe eine norwegische P-8-Maschine die Sprengsätze dann ferngesteuert gezündet. Präsident Biden soll die Operation genehmigt haben. Es gibt auch andere Versionen, so haben verschiedenen Zeitungen (New York Times, WELT, DIE ZEIT) ein ukrainisches Militärkommando beschuldigt. Für die Hersh-Version spricht, dass Präsident Biden am 7.2.2022 beim Besuch des deutschen Kanzlers Olaf Scholz vor laufender Kamera gesagt hat, dass die Vereinigten Staaten die Pipeline beenden würden, falls Russland in die Ukraine einmarschieren würde, was wenige Tage später auch passiert ist.

Die erneute Wahl Donald Trumps im Jahr 2024 war aus Sicht der transatlantisch orientierten europäischen Politik ein Rückschlag, weil sein Wahlkampf unter dem Motto America First stand und europäische Befindlichkeiten für ihn irrelevant sind. Mit Trumps Amtsantritt wurden die transatlantischen Differenzen nicht nur vergrößert, sondern auch für eine breite Öffentlichkeit unübersehbar. Viele europäische Spitzenpolitiker sind Donald Trump in herzlicher Abneigung verbunden und kritisierten ihn bereits vor seinem oft unerwarteten zweiten Wahlsieg mit deutlichen Worten. Guy Verhofstadt, ehemaliger belgischer Premierminister und EU-Parlamentarier, bezeichnete Trump als einen „autoritären Populisten". Manfred Weber (CSU) warnte, dass Trumps „faschistoide Rhetorik" westliche Werte bedrohe. Der polnische Ministerpräsident Donald Tusk bezeichnete Trumps Politik als gefährlich undemokratisch, da er die Existenzberechtigung der NATO infrage stelle und sogenannte Autokraten hofiere. Auch die grüne Ex-Außenministerin Annalena Baerbock sprach von einem autoritären Kurs Trumps, der Europa destabilisiere. In der linksorientierten französische Zeitung Le Monde wurde Trumps Politikstil als „proto-faschistisch" beschrieben, weil er Angst schüre und Institutionen angreife. Nur wenige europäische Regulierungspolitiker wie der Ungar Viktor Orban und die Italienerin Georgia Meloni unterhalten gute Beziehungen zur Trump-Regierung.

Umgekehrt bringt die aktuelle US-Regierung der EU wenig Respekt entgegen und kritisiert deren politische Repräsentanten massiv. Bereits in einem Fernsehinterview mit CBS im Jahr 2018 bezeichnete US-Präsident Trump die EU als einen Handelsfeind der US, der schlimmer als China sei. Donald Trump nannte die EU zudem als einen Schmarotzer, der von der US-Sicherheitsunterstützung profitiere, ohne eigene angemessene NATO-Beiträge zu leisten. Zudem bezeichnete er die damalige Bundeskanzlerin Angela Merkel als unhöflich und warf ihr vor, Deutschland durch ihre Migrationspolitik zu zerstören. Auf dem Weltwirtschaftsforum in Davos 2020 beklagte Trump erneut, dass sich die EU in Handelsfragen unfair verhalte. Vor der UN-Versammlung übte er am 23.09.2025 vernichtende Kritik an der Migrations- und Energiepolitik der europäischen Staaten.

US-Vizepräsident J.D. Vance kritisierte mit harten Worten das Demokratieverständnis der EU und vieler nationaler europäischer Regierungen. Auf der Münchner Sicherheitskonferenz am 14.2.2025 warf Vance anwesenden Regierungsvertretern vor, Demokratie und Meinungsfreiheit einzuschränken, etwa durch Zensur in sozialen Netzwerken und die Verhaftung von Meinungsdissidenten. Er kritisierte zudem politische Interventionen der

EU, wie die Einflussnahme auf die Annullierung der rumänischen Präsidentschaftswahl 2024. Ähnlich wie Trump bezeichnete der Vizepräsident die Massenmigration als Europas größtes Problem. Mit Verweis auf einen aktuellen islamistischen Anschlag in München forderte er einen Kurswechsel, analog zur immigrationspolitischen Kehrtwende in den USA. Vance kritisierte zudem die Ausgrenzung populistischer Parteien als undemokratisch. Donald Trump brüstete sich entsprechend einige Monate später, dass er EU-Kommissionspräsidentin von der Leyen bei den Zollverhandlungen in Turnberry, Schottland, vernichtet habe, da sie all seinen Forderungen nachgeben musste. Präsident Trump verachtet die europäischen Führer als schwach und unfähig, ihre Interessen gegen ihn durchzusetzen

Führende EU-Politiker geben sich sicher, dass nach der zweiten Amtszeit Trumps wieder alles wie früher wird. Aber der nächste US-Präsident könnte auch J.D. Vance heißen. Und für einen erfolgreichen Präsidentschaftskandidaten der Demokraten hätten nationale US-Interessen genauso Vorrang vor der in vielen Festtagsreden beschworenen transatlantische Wertegemeinschaft. Die Zusammenarbeit könnte auch künftig von unterschiedlichen Meinungen, Interessen und Prioritäten belastet bleiben.

Bruchlinie	Beschreibung	Geoökonomischer Einfluss
Eliten vs. Bevölkerung	Kosmopoliten vs. Lokale	• Freihandel vs. Protektionismus • Migrationspolitik (Arbeitsplätze) • Klima-/Energiepolitik
Global vs. National	Globale Ordnung vs. Subsidiarität	• Kompetenzverlagerung (EU/UN/WHO) • Einheitswährung • Nationalismus (Brexit)
Progressiv vs. Konservativ	Identitätspolitik vs. Tradition	• Migrationskonflikte (Demographie, Kultur, Sprache) • Minderheitenförderung • Regulierung und Besteuerung • Westliche Werte (z. B. Meinungsfreiheit)
USA vs. Europa	Mars vs. Venus	• Sanktionsdruck und Zollpolitik • Autarkie vs. Abhängigkeit (Energie, Technologie) • Militärausgaben • Dollarsystem, US-Finanzdominanz

Tab. 9: Bruchlinien in der westlichen Zivilisation und geoökonomische Konsequenzen

3.6 Perspektiven westlicher Nationalstaaten

> **Welche Folgen haben die beschriebenen Konfliktlinien für die Staaten des Westens?**
> In der Globalisierungsdebatte wird oft auf das Trilemma hingewiesen, dass Demokratie, wirtschaftliche Globalisierung und nationale Selbstbestimmung nicht zugleich verwirklicht werden können. Es besteht aber kein Konsens darüber, bei welchem der drei Ziele im Zweifelsfall Abstriche gemacht werden sollten. Aus Sicht großer Teile der Elite ist die wirtschaftliche Globalisierung am wenigsten verzichtbar, weil sie ihre Macht und Einkommen vergrößert. Viele Bürger westlicher Nationen legen mehr Wert auf Demokratie und Nationalstaat, fühlen sich aber ohnmächtig gegenüber wesentlichen politischen und wirtschaftlichen Entwicklungen. Internationalen Organisationen, Finanzsektor, großen Unternehmen und Milliardären schränken die souveränen Handlungsspielräume der Nationalstaaten ein. Politiker sind oft gezwungen, den Wünschen ihrer Geldgeber eine höhere Priorität einzuräumen als den Bedürfnissen ihrer Wähler.

Aufgrund der Machtverhältnisse hat aber auch das westlichen Freiheitsversprechen aus Sicht mancher europäischen Bürger an Glaubwürdigkeit verloren. Westliche, demokratische Staaten nehmen Ausnahmesituationen wie terroristische Anschläge, die Covid-Epidemie, den Klimawandel und außenpolitische Krisen immer häufiger zum Anlass, Grundrechte wie die Meinungs- und Versammlungsfreiheit und das Recht auf körperliche Unversehrtheit temporär oder dauerhaft zu beschränken. Die abnehmende Identifikation vieler Europäer (gerade in Deutschland) mit dem eigenen Staat wird durch hohe Auswanderungszahlen von Leistungsträgern dokumentiert.

Aufgrund der bereits eingetretenen machtpolitischen und demographischen Veränderungen stellen einige Beobachter sogar die grundsätzliche Frage, ob es sich bei den westlichen Staaten überhaupt noch um klassische Nationalstaaten handelt. Der französische Historiker Emmanuel Todd konstatiert in seinem Bestseller *„Der Westen im Niedergang“*, dass die westlichen Staaten über keine gemeinsame Kultur mehr verfügen, die alle Bevölkerungsgruppen einschließt. Dazu tragen auch Geburtenmangel und Zuwanderung bei. Die lange Zeit homogenen europäischen Länder hätten dagegen ihre verbindende und prägende nationale Identität verloren, unter anderem wegen der vielen

Einwanderer, die seit dem Zweiten Weltkrieg nach Europa migriert sind. In den Vereinigten Staaten, bei denen es sich seit jeher um eine heterogene Einwanderungsgesellschaft gehandelt habe, sei das weniger relevant.

Darüber hinaus fehle es den westlichen Nationen an einer starken Mittelschicht, die in einem funktionierenden Nationalstaat das Gravitationszentrum zwischen Elite und Masse darstelle und diesen wirtschaftlich trage. (Todd, 2024). Die Mittelschicht leidet unter realen Kaufkraftverlusten, ausgelöst durch stetig steigende Besteuerung und wahrnehmbare Inflation[35] bei geringen Lohnzuwächsen. Gleichzeitig wachsen die Vermögen der Reichen stetig. Die Gewissheit, dass es den eigenen Kindern einmal besser geht, ist großen Teilen der Mittelklasse abhandengekommen, wodurch auch die Identifikation mit dem eigenen Staat erodiert, der sich zudem optisch sehr verändert hat. Nationale Symbole werden immer weiter zurückgedrängt, die Kirchen haben ohnehin an gesellschaftlicher Relevanz verloren.

Der Abgesang auf die westlichen Nationalstaaten mag verfrüht erscheinen. Nichtsdestotrotz wirkt sich die wesentlich heterogenere Zusammensetzung der Bevölkerungen und das Erodieren gemeinsamer religiöser und nationaler Ideale auf die Geschlossenheit der jeweiligen Gesellschaft aus. Und eine uneinige Gesellschaft hat es schwerer, sich im Außenverhältnis, also im geoökonomischen Konkurrenzkampf mit anderen Staaten und Kulturräumen durchzusetzen. Die Antagonismen in der Bevölkerung der meisten westlichen Staaten führen zu gewaltigen innenpolitischen Spannungen, aber auch zu einer Schwächung der westlichen Position gegenüber dem Rest der Welt. Eine Folge der inneren Spaltung westlicher Gesellschaften und der Konkurrenz nationaler und globaler Institutionen ist, dass weder innerhalb der Eliten noch in der Bevölkerung ein Konsens in geopolitischen und geoökonomischen Fragen mehr besteht.

> Der skizzierte **gesellschaftliche Wandel** und der interne Zwist haben grundlegende Auswirkungen auf das Verhältnis des Westens zur

---

35 Die offiziellen Inflationsstatistiken weisen nur moderate Preisanstiege (von 0-4%) aus, sind aber durch regelmäßige Veränderungen am Warenkorb, Ausklammerung der Vermögenspreisinflation und die Anwendung des hedonischen Prinzips (Erfassung von Qualitätssteigerungen technischer Güter als Preissenkung) verfälscht. Der Chapwood-Index (chapwoodindex.com) misst den Preisanstieg in US-Großstädten für den Warenkorb von 150 essentiellen Verbrauchsgüter der arbeitenden Mittelschicht. Der Preisanstieg liegt konstant zwischen ca. 8-12% p.a. und damit weit über dem offiziellen CPI-Index (Consumer Price Index).

Außenwelt, insbesondere zu den BRICS-Staaten. Westliche Belehrungen über Freiheit und Menschenrechte werden von autokratischen Herrschern anderer Staaten immer häufiger als heuchlerisch abgetan, nachdem sich europäische und amerikanische Politiker gegenseitig als undemokratisch bezeichnen. Der Westen bildet keine politische oder wirtschaftliche Einheit mehr gegenüber dem Rest der Welt.

Aber auch die kulturelle Kluft gegenüber den nicht-westlichen Gesellschaften vertieft sich aufgrund der gesellschaftlichen Umbrüche der letzten Jahre. Da außerhalb des Westens, in Asien, Afrika und Südamerika nach wie vor konservative Werte wie Familie und Religion dominieren, wird der linksliberale politische Trend im Westen dort oft mit Skepsis und Spott begleitet. In vielen Staaten des globalen Südens werden die westlichen Gesellschaften nicht mehr wie früher bewundert oder beneidet, sondern wegen ihrer vermeintlichen Dekadenz regelrecht verachtet. Dadurch verlieren die westlichen Staaten einen großen Teil ihrer ehemaligen Soft Power im Rest der Welt. Vermeintlich „starke" Führer wie Donald Trump werden in Ländern wie Russland oder China noch respektiert, europäische Spitzenpolitiker werden dagegen in Peking oft nicht einmal mehr protokollgerecht empfangen.

Als nächstes wird untersucht werden, welche geoökonomischen Optionen den westlichen und nicht-westlichen Staaten und ihren Führern zur Verfügung stehen, unabhängig von der Frage, über welche innere Einheit und Durchsetzungsstärke sie noch verfügen. Am Beispiel der (Frei-)Handelspolitik lässt sich auch festmachen, dass gesellschaftliche Konflikte bereits zu politischen Kursveränderungen beigetragen haben.

4 Wichtige geoökonomische Machthebel

4.1 Freihandelstheorie

Ideenwettstreit

Im zweiten Kapitel wurden die Handelspolitik bereits als geoökonomischer Machthebel erwähnt, der historisch von Staaten im Konflikt mit rivalisierenden und unterworfenen Nationen eingesetzt wurde. Für ein ganzheitliches Verständnis der Handelspolitik und anderer geoökonomischer Hebel ist es aber hilfreich nachzuzeichnen, wie sich das komplexe Welthandelssystem herausgebildet hat. Es hat sich aus einer abstrakten ökonomischen Debatte ein komplexes Institutionengefüge entwickelt. Der Ideenwettstreit war zunächst von dem ideelen Konflikt zwischen Freihandelskonzepten und dem Merkantilismus geprägt, später spielten auch marxistische Theorien eine Rolle.

> Der Gegensatz zwischen Freihandel und Merkantilismus prägt bereits seit Jahrhunderten die wirtschaftspolitischen Debatten und Regime. Beide Systeme repräsentieren konträre Ansätze zur Gestaltung von Handel und Wirtschaft, die durch ihre historischen Kontexte und die Theorien von Denkern wie Adam Smith, David Ricardo, Jean-Baptiste Colbert und Friedrich List geformt wurden. Die ideengeschichtlichen Grundlagen, historischen Entwicklungen und zentralen Argumente beider Ansätze werden nachfolgend zusammengefasst. Dabei wird schnell deutlich werden, dass die Kontroversen bis heute in den Handelsstreitigkeiten zwischen den Staaten nachhallen, nicht zuletzt in der Wirtschafts- und Außenpolitik des US-Präsidenten Donald Trump.

Merkantilismus

> Beim **Merkantilismus**, der die Wirtschaftspolitik der absolutistischen Staaten Europas vom 16. bis 18. Jahrhundert dominiert hat, handelt es sich weniger um eine kohärente Theorie als um eine Praxis, die auf eine Maximierung von Reichtum und Macht des Staates abzielte. Da Reichtum primär durch die Anhäufung von Edelmetallen definiert wurde,

strebten merkantilistische Staaten vorrangig eine positive Handelsbilanz an. Der langjährige französische Finanzminister Jean-Baptiste Colbert (1619–1683) verkörperte den Merkantilismus in seiner praktischen Umsetzung (Malettke, 2008). Der Minister des Sonnenkönigs Ludwig XIV. betrachtete den Außenhandel als Nullsummenspiel, bei dem der Gewinn eines Landes zwangsläufig zum äquivalenten Verlust eines anderen führte.

Colberts Politik zielte daher darauf ab, die französische Wirtschaft durch staatliche Intervention zu stärken:

- **Exportförderung**: Mit Subventionen und Privilegien wurden französische Manufakturen gefördert, um Exportgüter zu produzieren.
- **Importbeschränkungen**: Colbert führte hohe Zölle und Handelsbarrieren, ausländische Konkurrenten den Absatz ihrer Produkte in Frankreich zu erschweren.
- **Staatskontrolle**: Mit der Gründung staatlicher Monopole und maßnahmen zur Wirtschaftsregulierung sollten Produktionsmengen und -qualität gesichert werden.
- **Kolonialexpansion**: Der Erwerb von wurde forciert, um Zugang zu Rohstoffen zu sichern und Absatzmärkte für französische Produkte zu schaffen.

Durch Colberts Politik wurde die staatliche Macht gestärkt, da seine Maßnahmem zur Bündelung nationale Ressourcen und zur Kontrolle des Handels beitrugen. Allerdings bemängeln Kritiker, dass die merkantilistische Politik die wirtschaftliche Flexibilität Frankreichs einschränkte und ineffiziente Monopole förderte. Das Thema Merkantilismus ist besonders aktuell, weil einige der vor Jahrhunderten im Merkantilismus praktizierten Schutzmaßnahmen zugusten der heimischen Wirtschaft auch heutzutage im geoökonomischen Wettstreit praktiziert werden. Deswegen ist Merkantilismus aber keinesfalls mit Geoökonomie gleichzusetzen. Es gibt lediglich einige Überschneidungen.

Freihandelstheorie

Die **Freihandelstheorie** entstand im 18. und 19. Jahrhundert als Gegenbewegung zum Merkantilismus. Sie basierte auf Ideen der Aufklärung und der klassischen Ökonomie. Wesentliches Dogma der Freihandelstheorie ist, dass ein freier, unregulierter Handel zwischen Nationen den Wohlstand aller Beteiligten maximiert, weil er eine effiziente Arbeitsteilung und Ressourcennutzung ermöglicht.

Die Grundlagen der Freihandelstheorie formulierte des Glasgower Ökonomen Adam Smith (1723–1790), in seinem Werk *Der Wohlstand der Nationen* (1776):

- **Unsichtbare Hand**: Smith argumentierte, dass individuelle, von Eigeninteresse geleitete wirtschaftliche Entscheidungen durch Marktwettbewerb zu einem gesellschaftlichen Nutzen führen, staatliche Eingriffe wie Zölle oder Monopole diesen Effekt aber konterkarierten.
- **Absoluter Vorteil**: Der liberale Ökonom empfahl, dass Länder sich auf die Produktion von Gütern spezialisieren sollten, bei denen sie besonders effizient sind, und diese frei handeln. Die Spezialisierung fördere die Arbeitsteilung und steigere den globalen Wohlstand.
- **Kritik an Handelsbilanzfixierung**: Smith bestritt, dass die Anhäufung von Gold und Silber ein geeigneter Indikator für Wohlstand sei. Er erachtete die Produktivität der Wirtschaft als sehr viel wichtiger.

Die Ideen des Schotten waren im 18. Jahrhundert revolutionär, da sie die Rolle des Staates in der Wirtschaft stark begrenzten und den Markt als zentralen Motor des Wohlstands etablierten.

David Ricardos komparativer Vorteil

Der Londoner Börsenhändler David Ricardo (1772–1823) verfasste im Jahr 1817 sein Werk *Principles of Political Economy and Taxation*, in dem er Smith Freihandelstheorie um die Theorie des komparativen Vorteils erweiterte. Der ökonomisch gebildete Finanzmann entwickelte ein Modell, das zeigte, dass selbst ein Land, das in allen Bereichen weniger effizient ist als ein konkurrierender Staat, vom Freihandel profitieren kann. Dafür muss es sich auf die Produktion eines Gutes spezialisieren, bei dessen Herstellung es relativ am wenigsten ineffizient ist. Durch den Austausch ihrer jeweils am effizientesten produzierten Güter können beide Länder mehr konsumieren, als wenn sie alle Waren selbst herstellen würden. Im 19. Jahrhundert entstand vor allem in Großbritannien eine starke Freihandelsbewegung, die gestützt auf Ricardos Modell für den Abbau jeglicher

Handelsbarrieren plädierte. Ihre Befürworter setzten 1846 die Abschaffung der protektionistischen Corn Laws durch, mit denen bis dahin britische Grundbesitzer vor ausländischer Konkurrenz geschützt und die Autarkie der hemischen Landwirtschaft gesichert werden sollten. Als Argument für die Abschaffung wurde auch angeführt, dass die damals führende Industrienation Großbritannien sich besser auf die Herstellung höherwertiger Güter fokussieren sollte (Schonhardt-Bailey, 1996). Diverse Studien haben sich mit dem Zusammenhang zwischen Freihandel und wirtschaftlichem Wachstum beschäftigt. So kategorisierten Sachs und Warner (1995) Länder nach ihrem Grad der Handelsliberalisierung, um den Freihandelseffekt für Volkswirtschaften zu analysisieren. Ihre Studie belegt empirisch für den Zeitraum von 1960-1990, dass Länder, die Freihandel praktizieren, im Durchschnitt ein deutlich höheres Pro-Kopf-BIP-Wachstum aufweisen als protektionistische Länder. Das Corn-Law Beispiel zeigt aber auch, dass es trotz insgesamt wohlstandssteigernder Effekte innerhalb einer Volkswirtschaft stets Gewinner und Verlierer des Freihandels gibt.

Die Freihandelskritik von Friedrich List

In der jüngeren US-Vergangenheit hat die Liberalisierung des Handels mit China zu regionalen Nachteilen geführt. Mit Chinas Eintritt in die Welthandelsorganisation (WTO) im Jahr 2001 kam es zum sogenannten „China Shock“, der erheblichen Arbeitsplatzverluste in der verarbeitenden Industrie mit sich brachte, insbesondere im geographischen „Rust Belt“ (Dorn und Hanson, 2016), in dem mehrere politisch umkämpte „Swing States“ liegen. Auch die industriell weniger weit entwickelten Nationen befürworten den Freihandel nicht immer uneingeschränkt. Sie sind oft mit der ihnen zugedachten Rolle eines Zulieferes von Rohstoffen und Vorprodukten nicht einverstanden.

> Der schwäbische Ökonom Friedrich List (1789–1846) formulierte als erster Kritik am britisch dominierten Außenhandelssystem und entwickelte in seinem Werk *Das nationale System der politischen Ökonomie* (1841) eine Alternative zum Freihandel, die Elemente des Merkantilismus aufgriff, aber an die Industriegesellschaft anpasste. Friedrich List kritisierte, dass Großbritannien die Freihandelstheorie von Smith erst propagierte, nachdem es durch Protektionismus selbst wirtschaftlich dominant wurde, um danach andere Nationen in ihrer Entwicklung

zu behindern (Zitat vom Autor verkürzt): *„Jede Nation, die durch Schutzpflichten und Schifffahrtsbeschränkungen ihre Produktionskraft und ihre Schifffahrt so weit entwickelt hat, dass keine andere Nation mit ihr freie Konkurrenz halten kann, kann nichts Besseres tun, als diese Leitern ihrer Größe wegzuwerfen, anderen Nationen die Vorteile des freien Handels zu predigen und in reumütigem Ton zu erklären, dass sie bisher auf den Pfaden des Irrtums gewandelt ist und es nun zum ersten Mal gelungen ist, die Wahrheit zu entdecken."* Er entwickelte als Antwort eine modifizierte Form des Merkantilismus, die auf eine langfristige industrielle Entwicklung der Aufsteigernationen abzielte, um deren nationale Unabhängigkeit und Wettbewerbsfähigkeit zu sichern. Sein neomerkantilistischer Ansatz basiert auf drei Aspekten:

- **Kritik am uneingeschränkten Freihandel**: Friedrich List sah ein Riccardianisches Freihandelsystem primär als vorteilhaft für bereits industrialisierte Länder wie Großbritannien an, die auf dieser Basis die globalen Märkte dominieren konnten, während aufstrebende Länder wie Deutschland in wirtschaftlicher Abhängigkeit verharrten.
- **Schutz junger Industrien**: Der schwäbische Ökonom forderte, dass weniger entwickelten Länder ihre aufstrebenden Industrien bis zur Erreichung globaler Wettbewerbsfähigkeit durch Zölle vor ausländischer Konkurrenz schützen müssten.
- **Nationale Wirtschaftsentwicklung**: Der Listsche Neomerkantilismus setzt, im Gegensatz zum edelmetallfixierten traditionellen Merkantilismus, auf die Entwicklung der „Produktivkräfte" wie Infrastruktur, Bildung und Technologie als Schlüssel zur Steigerung des Wohlstands.

Friedrich List lebte auch lange Zeit in den USA, wo seine Ideen die Wirtschaftspolitik ebenso beeinflusst haben wie in seiner deutschen Heimat und auch in Japan. Alle drei damaligen „Newcomer-Staaten" setzten im 19. Jahrhundert auf Protektionismus, um erfolgreich die eigene Industrialisierung zu fördern.

Aktuelle Debatten

Die intellektuelle und politische Debatte zwischen Freihandelsbefürwortern und Protektionisten erstreckt sich bis in die Handelskonflikte und Globalisierungsdebatten der Gegenwart. Auf Betreiben der USA, aber auch vieler europäischer Staaten wurden nach dem zweiten Weltkrieg zunächst der Freihandel durch internationale Institutionen wie die WTO gefördert. Die Freihandelsidee war auch ein wichtiger Motor der Europäischen Union, die gerade in ihrer frühen Entwicklungsphase den Abbau von Handelsbarrieren zwischen den Mitgliedstaaten als Hauptziel verfolgt hat. Anderseits hat die Volksrepublik China bei ihrer durch Dengs Reformpolitik in den 1970er Jahren ausgelöste industriellen Aufholjagd lange Zeit auf eine protektionistische Strategie Listscher Prägung gesetzt. Die US-amerikanische Politik hat wiederum seit der ersten Amtsperiode Donald Trumps angesichts langjähriger Handelsdefizite und regionaler Arbeitsplatzverluste verstärkt auf protektionistsiche Maßnahmen zurückgegriffen.

Im nächsten Abschnitt werden einige amerikanische Aktionen genauer betrachtet. Die US-Kehrtwende kann als Machtpolitik, aber im Sinne der Listschen Kritik auch als Indiz für eine grundlegende Veränderung der globalen ökonomischen Rangordnung verstanden werden. Interessant wäre es, die Handelspolitik der Staaten mit den divergierenden Interessen der dort ansässigen großen Unternehmen und deren Eigentümer abzugleichen. Vermutlich ist die Hypothese nicht abwegig, dass Unternehmen eher für protektionistische Kandidaten spenden, wenn sie ausländische Konkurrenz fürchten und eher Freihandelsvertreter unterstützen, wenn sie auf den Zugang zu ausländischen Märkten angewiesen sind.

4.2 Handelsabkommen und Zölle

GATT und WTO

Das gegenwärtige Welthandelssystem ist ein komplexes Geflecht aus internationalen Handelsbeziehungen, Institutionen und Verträgen. Die aktuelle Welthandelsordnung basiert auf Ricardos Prinzipien der Liberalisierung, der multilateralen Kooperation und der regionalen und globale Integration von Märkten. In den letzten Jahren haben geopolitischen Spannungen, Protektionismus und technologische Umbrüche das liberale Welthandelssystem aber auf die Probe gestellt.

> Grundlage des moderne Welthandelssystem ist das „Allgemeine Zoll- und Handelsabkommen“ (GATT), das 1947 von anfänglich 23 Staaten (Industrie- und Entwicklungsländer) verabschiedet. Das GATT wurde als Teil der Nachkriegsordnung etabliert, um den internationalen Handel

> insbesondere durch den Abbau von Zöllen und Handelshemmnissen zu liberalisieren und wirtschaftliche Konflikte zu vermeiden. Im Jahr 1995 wurde GATT durch die Welthandelsorganisation (Word Trade Organisation, „WTO“) mit zunächst 128 Mitgliedern abgelöst.
> Die WTO übernahm die bestehenden GATT-Regeln und erweiterte sie durch ein verbindlicheres Streitbeilegungsverfahren und eine stärkere institutionelle Struktur. Außerdem erweiterte die WTO den Handelsfokus auf neue Bereiche wie digitale Dienstleistungen und Umweltstandards.

Die WTO ist die zentrale Institution des Welthandelssystems und bietet eine Plattform für Verhandlungen, Streitbeilegung und die Überwachung von Handelsregeln. Ihre Grundprinzipien umfassen die Nichtdiskriminierung ausländischer Produkte, Transparenz über nationale Gesetze und Vorschriften, den Freihandel und den fairen Wettbewerb durch Verbot von Dumping und Subventionen. Das WTO-System wird durch regionale Handelsabkommen wie die EU, die nordamerikanische USMCA, die pazifische CPTPP und die afrikanische AfCFTA ergänzt und vertieft. Laut WTO-Zahlen betrug das globale Handelsvolumen für Waren und Dienstleistungen im Jahr 2023 etwa 31 Billionen US$, wobei der Warenhandel mit ca. 24 Billionen US$ den globalen Austausch dominierte. Der Handel mit Dienstleistungen wächst dafür aufgrund digitaler Innovationen schneller als der Warenhandel.

Der Chinafaktor im Welthandel

Ein großer „Game changer“ für die Weltwirtschaft war Chinas WTO-Beitritt im Jahr 2001. Die reduzierten Zölle und der erleichterte Marktzugang lösten einen chinesischen Exportboom aus. Das menschenreiche Niedriglohnland entwickelte sich schnell zur „Werkbank der Welt“, wodurch einerseits globale Lieferketten etabliert, andererseits aber auch globale Handelsungleichgewichte verschärft wurden. US-amerikanische Konzerne nutzten die Möglichkeit der Produktionsverlagerung zur Margenvergrößerung, was sich in steigenden Aktienkursen niederschlug, aber gleichzeitig das Handelsbilanzdefizit der Vereinigten Staaten auf 1.150 Mrd. US$ (2023) anschwellen ließ. Der amerikanische Staat profitierte davon, dass China einen großen Teil der Handelsüberschüsse in US-Staatsanleihen investierte, wodurch das große Haushaltsdefizit zu großen Teilen finanziert wurde. Die europäische, insbesondere die deutsche Wirtschaft konnten viele Jahre von der wachsenden chinesischen Nachfrage nach hochwertigen Konsum- und Investitionsgütern profitieren. Die niedrigen Produktionskosten wirkten sich zudem weltweit inflationsdämpfend aus, allerdings um den Preis umfangreicher industrieller Arbeitsplatzverluste im Westen, insbesondere in den USA. Der spätere US-Präsident Donald Trump thematisierte im Wahlkampf erstmals die Folgen für die US-Arbeiterschaft sowie die wachsende Abhängigkeit von China und begann eine Debatte über eine Rückverlagerung der Industrieproduktion und Handelsdiversifizierung.

	Land	*Exporte*	*Importe*	*Überschuss/Defizit*
1	China	3.380,0	2.557,0	823,0
2	Deutschland	1.690,0	1.460,0	230,0
3	Niederlande	783,0	715,0	68,0
4	Italien	626,0	590,0	36,0
5	Südkorea	632,0	642,0	- 10,0
6	Frankreich	617,0	670,0	- 53,0
7	Japan	717,0	793,0	- 76,0
8	Großbritannien	531,0	693,0	- 162,0
9	Indien	437,0	676,0	- 239,0
10	Vereinigte Staaten	2.020,0	3.170,0	- 1.150,0

Tab. 10: Außenhandelsalden wichtiger Exportnationen (2023)[36]

Die WTO-Daten bestätigen, dass die USA der größte Nettoimporteur von Waren und Dienstleistungen sind. Ob dieser Tatbestand für die USA und ihre Bürger nachteilig ist, ist allerdings fraglich. Die USA gleichen ihre permanenten Handelsdefizite seit dem Nixon-Schock nicht mehr mit Gold oder anderen realen Gütern aus, sondern bezahlen mit Treasury Bills, die bisher nie zurückgezahlt, sondern stets nur mit Zins und Zinseszins als Auslandsverschuldung akkumuliert wurden. Bisher konnte das Land auf diese Weise sein Zwillingsdefizit bei Außenhandel und Staatsverschuldung bequem und unbegrenzt auf Pump finanzieren. Ob die anderen Staaten für

36 Daten der WTO (2023).

ihre Arbeit und ihre Bodenschätze jemals eine reale Gegenleistung erhalten werden, ist durchaus fraglich.

Donald Trump und Peter Navarro

> Trotz der objektiven Vorteile der Dauerdefizite für die Vereinigten Staaten hat der Harvard-Ökonom Peter Navarro Donald Trump maßgeblich von einer protektionistischen Kehrtwende in der Handelspolitik überzeugt. Der Regierungsberater ist ein überzeugter Kritiker des Freihandels und Befürworter einer aktiven Zollpolitik. Navarros Argumentation basiert unter anderem auf folgenden Dogmen (Navarro und Autry, 2011):

- **Erforderlicher Schutz der heimischen Industrie:** Hohe Zölle sollen gezielt ausländische Produkte teurer zu machen und dadurch US-Firmen wettbewerbsfähiger zu machen. Dies soll Arbeitsplätze schaffen und Produktion und Know-how zurück in die USA holen.
- **Beitrag zum Staatshaushalt:** Zolleinnahmen können Steuersenkungen finanzieren. Dadurch soll die Wirtschaft angekurbelt werden, ohne Inflation zu verursachen.
- **Geoökonomische Hebelwirkung:** Zölle sind ein mögliches Druckmittel, um andere Länder zu Zugeständnissen zu zwingen, etwa bei nichttarifären Handelsbarrieren oder geopolitischen Konflikten.

Donald Trump setzte bereits in seiner ersten Amtszeit (2017–2021) mit der sogenannten „America First"-Strategie eine protektionistische Kehrtwende in der US-Handelspolitik durch. Der neugewählte Präsident beendete aus Überzeugung die jahrzehntelangen US-Unterstützung für Freihandel und multilaterale Abkommen. Er führte hohe Zölle ein, insbesondere gegen China, um Handelsdefizite zu reduzieren und die heimische Industrie zu schützen. Der Handelskrieg mit China eskalierte durch gegenseitige Zölle und Sanktionen, wodurch auch globale Lieferketten gestört wurden. Internationale COVID-19-Maßnahmen haben 2020 und 2021 zusätzliche Schwächen der globalen Lieferketten offengelegt, etwa bei Halbleitern oder Medizinprodukten. Durch die globale Lieferkrise wurde der Druck erhöht, einheimische Fertigungskapazitäten auszuweiten.

Die USA zogen sich zudem aus dem TTIP-Projekt (mit der EU) und der TPP (Transpazifische Partnerschaft) zurück und verhandelten auch das NAFTA-Abkommen zum USMCA neu, um amerikanische Interessen zu stärken. Präsident Trump blockierte auch die Berufung von WTO-Schiedsrichtern, wodurch der Streitbeilegungsmechanismus der WTO gelähmt wurde. Seine Politik setzte von Anfang an auf bilaterale staatliche Verhandlungen anstatt auf multilaterale Abkommen. Auch unter dem demokratischen Präsidenten Biden wurde der protektionistische Kurs fortgesetzt, etwa durch den Inflation Reduction Act und eine dezidierte „Buy American"-Politiken sowie durch Subventionen für heimische Technologie. Die US-Kehrtwende prägt weiterhin globale Handelsdynamiken.

Die USA haben in den letzten Jahren zudem mehrfach WTO-Entscheidungen ignoriert oder umgangen. Die WTO hat unter anderem einseitige US-Zölle auf Stahl und Aluminium (2018), unter Berufung auf die nationale Sicherheit als regelwidrig einstuft. Die USA ignorierten diese Urteile und bezeichnen die WTO-Regeln als nicht bindend. Trumps Wirtschaftsberater Larry Kudlow erklärte 2018, das multilaterale Organisationen wie die WTO nicht die US-Politik bestimmten dürfen. Diese Haltung setzte sich unter Biden fort, da auch der Inflation Reduction Act gegen WTO-Regeln verstößt. Die wichtigste Handelsnation blockiert zudem seit 2016 die Neubesetzung von Richtern im WTO-Berufungsgremium, wodurch dieses seit Dezember 2019 handlungsunfähig ist, da die Mindestzahl von drei Richtern fehlt. Dadurch können Entscheidungen der ersten Instanz nicht angefochten werden und WTO-Kontroversen der USA z. B. zu Zöllen auf Stahl und Aluminium, mit China, Norwegen, der Schweiz und der Türkei nicht entschieden werden. Die Berufungen verschwinden in einem „juristischen schwarzen Loch", die Position der WTO wurde erheblich geschwächt.

Zollkrieg der Vereinigten Staaten

Der protektionistische Kurs der USA hat sich mit Beginn von Donald Trumps zweiter Amtszeit am 20. Januar 2025 noch einmal verstärkt und dabei mehr als zuvor auch westliche „Verbündete" ins Visier genommen. Peter Navarro erarbeitete als Senior Counselor for Trade and Manufacturing zahlreiche zollpolitische Verordnungen. Er konnte sich regierungsintern gegen Freihandelsbefürworter wie Elon Musk durchsetzen, der Zölle als schädlich für US-Unternehmen ansieht. Erklärte Ziele der neuen Handelspolitik sind die Stärkung der heimischen Industrie, die Reduzierung des Handelsdefizits und Schaffung von Arbeitsplätzen. Präsident Trump verfügte kurz nach Amtsantritt hohe Importzölle, darunter einen Basissatz von 10 % auf alle Importe sowie Zölle von bis zu 145 % auf chinesische Waren, um Produktion in die USA zu verlagern und Einnahmen für Steuersenkungen zu generieren. Zudem werden Sonderzölle auf Stahl, Aluminium und Autos erhoben. Laut der Financial Times vom 16. Juli 2025 lagen die US-Zolleinnahmen im zweiten Quartal 2025 mit 64 Milliarden US$, fast 50 Milliarden über dem Vorjahrsniveau. Finanzminister Scott Bessent erhofft sich bis Ende 2025 sogar Zolleinnahmen von bis zu 300 Milliarden US$.

Bilaterale Verhandlungen führten bereits zu Abkommen mit Vietnam, Großbritannien und der EU, während China mit Gegenzöllen reagierte. Das EU-Zollabkommen, das Kommissionspräsidentin Ursula von der Leyen im Juli 2025 mit Donald Trump in Schottland verhandelte, wird allerdings allgemein als Demütigung Europas gewertet, da die EU einseitig hohe Zugeständnisse machte. Die EU akzeptierte 15-prozentige US-Zölle auf EU-Waren, während US-Exporte weitgehend zollfrei bleiben. Kritiker wie der BDI sowie Politiker fast aller Parteien erwarten eine massive Schwächung der EU-Unternehmen, weil diese als Folge des Abkommens mit erheblichen Margenverlusten und Umsatzrückgängen zu rechnen haben. Die EU verpflichtete sich auch noch zu Energieeinkäufen von Flüssiggas im geschätzten Volumen von mindestens 800-900 Mrd US$ zu überhöhten Preisen und zu zusätzlichen Investitionen in den USA im Volumen von mehr als 500 Mrd. US$. Der bekannte Ivy League-Ökonom Jeffrey Sachs bezeichnete das Handelsabkommen in Interviews als eine Vereinbarung der USA mit einer gedemütigten Vasallenregion und sinngemäß als Bankrotterklärung der europäischen Politik.

Donald Trumps Versuche, Zölle auch als politisches Druckmittel gegen Russlands Handelspartner, wie Indien, einzusetzen, um geopolitische Zugeständnisse im Ukraine-Konflikt zu erzwingen, blieben dagegen bisher erfolglos. Der US-Präsident verhängte ab 1. August 25-prozentige Zölle auf indische Waren und drohte mit weiteren „Strafen", da Indien russische Energie und Militärausrüstung kauft. Trotz einer 10-Tage-Frist für höhere Zölle (bis zu 100 %) blieben konkrete geopolitische Zugeständnisse Indiens aus. In den Folgemonaten zeigte Indien auf der SCO-Konferenz den Schulterschluss mit China und Russland. In der Presse wurden sogar Gerüchte kolportiert, dass der indische Premierminister Modi sich geweigert habe, Anrufe von US-Präsident Trump entgegenzunehmen.

Aus nationaler US-Sicht kann Donald Trumps machiavellistische Handelspolitik dennoch aufgrund der Zolleinnahmen, der Auslandsinvestitionen und der Arbeitsplatzverlagerungen als Teilerfolg gewertet werden. Der Präsident hat das wirtschaftliche Gewicht seines Landes teilweise sehr geschickt genutzt, um amerikanische Positionen durchzusetzen. Dafür wurde er von den US-Bürgern gewählt. Trump hat es zudem vermocht, die EU in eine demütigende Abhängigkeitsposition von den Vereinigten Staaten zu bringen und das US-Gespenst einer deutsch-russischen eurasischen Allianz zumindest für sehr lange zu bannen, wenn auch um den Preis einer Stärkung der BRICS-Kooperation.

Aus globaler volkswirtschaftlicher Sicht ist der unilaterale US-Kurs trotzdem problematisch, da die Zölle Preise erhöhen und Arbeitsplätze in importabhängigen Sektoren gefährden. Ökonomen warnen auch vor Handelskriegen und Inflation. Die US-Politik gefährdet zudem mit einem eher erratischen Vorgehen das regelbasierte Handelssystem und fördert globale Unsicherheit. Das Welthandelssystem steht damit an einem Scheideweg. Es ist noch nicht absehbar, ob sich protektionistische Tendenzen global verstärken werden, was zu einer geoökonomischen Blockbildung im Sinne eines „Decoupling“ führen könnte.

4.3 Nahrungsmittel und Rohstoffe

Malthusianische Prognosen

Bis in die jüngste Vergangenheit war die Versorgung mit Nahrung und Energie die wichtigste Überlebensfrage der Menschen. Die Bedeutung von Nahrung und Energie war so groß, dass der ehemalige US-Außenminister Henry Kissinger einmal sagte,

> „Wer das Öl kontrolliert, der beherrscht die Staaten; wer die Nahrungsmittel kontrolliert, der beherrscht die Völker“.

Ohne Nahrung und Energie können die einfachsten menschlichen Grundbedürfnisse nicht befriedigt werden. Vorhandene oder drohende Versorgungsengpässe beherrschten nicht nur die Alltagssorgen der Menschen, sondern auch viele intellektuelle Gedankenspiele. Öl und Nahrung sind offensichtliche geoökonomische Machtinstrumente.

> Der Ökonom Thomas Malthus prognostizierte in seinem berühmten *Essay on the Principle of Population* aus dem Jahr 1798 permanente Hungerkatastrophen und Kriege, weil er ein Bevölkerungswachstum in geometrischer Progression bei einem gleichzeitigen Agrarproduktionswachstum in lediglich arithmetischer Progression konstatierte und diese Gesetzmäßigkeit auch für die Zukunft als gegeben ansah. Zu Malthus' Zeit waren Hungersnöte auch für Europäer regelmäßige Erfahrungen, seither ist die landwirtschaftliche Produktivität aber schneller gewachsen als die Bevölkerung und Hunger kein Thema mehr. Trotzdem haben Malthus' düstere Prognosen bis heute sehr großen Einfluss auf viele Intellektuelle und Politiker.

In der modernen Zeit findet sein Gedankengut Widerhall in Debatten über Umweltkrisen, Klimawandel und globale Ungleichheit. Neomalthusianische Ansätze, wie sie etwa vom Club of Rome seit der Veröffentlichung von *Die Grenzen des Wachstums* (1972) vertreten werden, warnen vor Überbevölkerung und Ressourcenverknappung in einer endlichen Welt. Ähnliche Thesen werden auch regelmäßig beim Davoser Weltwirtschaftsforum diskutiert. Bewahrheitet haben sich die Kassandrarufe in den letzten 50 Jahren allerdings nicht. Dennoch bleiben Nahrungsmittel und Rohstoffe sehr wichtige geoökonomische Machtfaktoren, da sie zur Erfüllung ganz elementarer menschlicher Bedürfnisse benötigt werden.

Nahrungsmittelknappheit

Trotz der sehr viel besseren Versorgungslage gibt es bis heute Länder mit gefährdeter Nahrungsmittelversorgung. Vor allem in Afrika kommt es tatsächlich bis heute wegen der Bevölkerungsexplosion und Bürgerkriegen noch gelegentlich zu Hungerkatastrophen. Diese befinden sich vor allem in Afrika südlich der Sahara, Südasien und teils im Nahen Osten. Der Welthunger-Index 2024 stuft die Hungerlage in Somalia, Jemen, Madagaskar, Südsudan, Tschad und Burundi als sehr ernst ein. Weitere Länder wie Nigeria (Nordosten, Boko Haram), die Demokratische Republik Kongo (Nord-Kivu), Äthiopien, Zentralafrikanische Republik, Haiti, Sudan, Mali, Namibia, Malawi, Sambia, Simbabwe, Kenia, Syrien, Libanon und Guatemala sind nicht zuletzt aufgrund von Konflikten ebenfalls gefährdet. Kriege wie in Sudan, Südsudan, Jemen oder Gaza zerstören landwirtschaftliche Infrastruktur, unterbrechen Lieferketten und vertreiben Menschen, die dadurch ihre Anbauflächen verlieren. Der Ukraine-Krieg hat zudem die Getreideexporte Russlands und der Ukraine eingeschränkt. Das treibt Preise für Grundnahrungsmittel wie Weizen, Mais und Sonnenblumenöl in die Höhe, besonders in importabhängigen Ländern Afrikas und des Nahen Ostens. Aber nicht nur Afrika ist auf Nahrungsimporte angewiesen. Auch Asien, insbesondere Südostasien, produziert nicht genug Nahrung für die Versorgung der eigenen Bevölkerung.

Lieferketten und Blockaden

Abgesehen von Kriegen können auch Lieferkettenprobleme wie zur Coronazeit die Nahrungsmittelversorgung stören. Zudem verringern intensive Landwirtschaft und Monokulturen die Bodenfruchtbarkeit. In tropischen Regionen Afrikas und Südamerikas führt der Landnutzungswandel zu Umweltschäden, die die Nahrungsmittelproduktion langfristig gefährden. Klimatische Veränderungen wirken sich ebenfalls auf die landwirtschaftliche Produktion aus. Die Fragilität des Versorgungssystems kann Staaten bei geopolitischen Auseinandersetzungen in Versuchung führen, die Nahrungsmittelversorgung als Machthebel einzusetzen. Für dieses Vorgehen gibt es auch einige prominente historische Beispiele, unter anderem aus den beiden Weltkriegen, der Kubakrise und im Irakkrieg. Sie bestätigen die in der Einleitung zitierten Aussagen von Egon Bahr und Lord Palmerston, dass in der internationalen Politik überall Interessen dominieren, unabhängig von der Verbreitung von demokratischen Werten:

- **Britische Seeblockade gegen Deutschland (1914–1919):** Die britische Regierung verhängte während des Ersten Weltkriegs eine Seeblockade durch die Royal Navy, um die Versorgung des Kriegsgegners mit Nahrungsmitteln und Rohstoffen zu unterbinden (Hull, 2014). Mit der Maßnahme sollte die deutsche Kriegswirtschaft sabotiert und der Widerstandswille der Bevölkerung gebrochen werden. Die Blockade löste den „Kohlrübenwinter“ von 1916/17 aus, eine Hungersnot, bei der schätzungsweise 700.000 Zivilisten starben (Vincent, 1985). Damals war Deutschland noch stark von Lebensmittelimporten abhängig. Die Seeblockade, die auch neutrale Handelsschiffe betraf, verschärfte die Versorgungslage der Bevölkerung erheblich.
- **Belagerung von Leningrad (1941–1944):** die deutsche Wehrmacht blockierte Leningrad (St. Petersburg) während des Zweiten Weltkriegs

für 872 Tage, um die Sowjetunion zur Kapitulation zu zwingen. Die Blockade unterbrach die Nahrungsmittel- und Brennstoffzufuhr. Wegen der ausgelösten, katastrophalen Hungersnot starben über eine Million Menschen, viele von ihnen an Hunger oder Kälte (Reid, 2011). Die Blockade war eine bewusste Strategie der Nationalsozialisten, um die Moral der russischen Bevölkerung zu brechen, blieb wegen deren Widerstandskraft aber erfolglos (Walzer, 1977).

- **Blockade während der Kubakrise (1962):** Die USA verhängten im Rahmen der Kubakrise eine als „Quarantäne" bezeichnete Seeblockade gegen Kuba. Offizielles Ziel war es, die Lieferung sowjetischer Waffen zu verhindern. Obwohl die Aktion primär auf militärische Güter abzielte, wirkte sich die Blockade auch auf Nahrungsmittel- und Treibstofflieferungen aus. Die Krise wurde diplomatisch gelöst, bevor eine Hungersnot eintrat. Die Blockade belegt aber, wie Nahrungsmittelversorgung als Druckmittel genutzt wird (Henkin, 1979).
- **Irak-Sanktionen (1990–2003):** Nach Saddam Husseins Kuwaitinvasion verhängten die Vereinten Nationen umfassende Sanktionen gegen den Irak, die den Import von Nahrungsmitteln und Medikamenten stark einschränkten. Die Iraksanktionen waren völkerrechtlich formal durch die UN-Resolutionen gedeckt. Es wurde aber vielfach kritisiert, dass die Umsetzung bürokratisch war und die USA sowie Großbritannien oft Lieferungen blockierten, indem sie Güter willkürlich als potenziell militärisch nutzbar einstuften. Dies führte zu Verzögerungen und verschärfte die Krise (Gordon, 2010). UNICEF schätzte 1999, dass etwa 500.000 Kinder an den Folgen von Mangelernährung und fehlender medizinischer Versorgung starben. Einige Kritiker warfen die Frage auf, ob solche Auswirkungen gegen das humanitäre Völkerrecht verstoßen, insbesondere gegen das Prinzip der Verhältnismäßigkeit und die Pflicht, Zivilisten zu schützen (Rousseau, 2020). Die verstorbene Ex-Außenministerin Madeleine Albright war anderer Meinung. Sie antwortete 1996 realpolitisch und überaus ehrlich auf die Frage der CBS- Journalistin Lesley Stahl, ob der Tod von einer halben Million irakischen Kindern durch die Sanktionen den Preis wert sei: *„I think this is a very hard choice, but the price—we think the price is worth it."*

Nahrungsexporteure

Auch in der Gegenwart wird die Nahrungsmittelversorgung als geoökonomisches Druckmittel genutzt. Zu den Hauptexporteuren gehören Länder wie die USA, Brasilien, Argentinien, Australien und Kanada, aber auch die EU (insbesondere Frankreich und Deutschland), die großen Mengen an Getreide, Fleisch, Milchprodukten und Soja liefern. Auf Nahrungsmittelimporte sind vor allem Länder im Nahen Osten (z. B. Saudi-Arabien), Nordafrika, Ostasien (u. a. Japan) und viele afrikanische Staaten südlich der Sahara angewiesen, was an den begrenzten landwirtschaftlichen Flächen, Klimabedingungen und der hohen Bevölkerungsdichte liegt. Dicht besiedelte Länder wie Singapur oder kleine Inselstaaten importieren fast ihren gesamten Nahrungsmittelbedarf.

Energieversorgung

Ähnlich wie die Nahrung zählt stellt auch die Energieversorgung einen kritischen Faktor für jede Volkswirtschaft dar. Alle europäischen, nordamerikanischen und asiatischen Industriestaaten hängen vom verlässlichen und bezahlbaren Zugang zu Energie ab, da dieser Industrie, Verkehr, Haushalte und technologische Innovationen antreibt. Die Abhängigkeit von spezifischen Energiequellen, deren Kosten und Herkunft prägen die wirtschaftliche Stabilität, Wettbewerbsfähigkeit und geopolitische Strategien der Länder. Die westlichen Industrieländer sind dabei, mit Ausnahme der USA, aber nicht die größten Energieverbraucher, wie das nachstehende Diagramm zeigt:

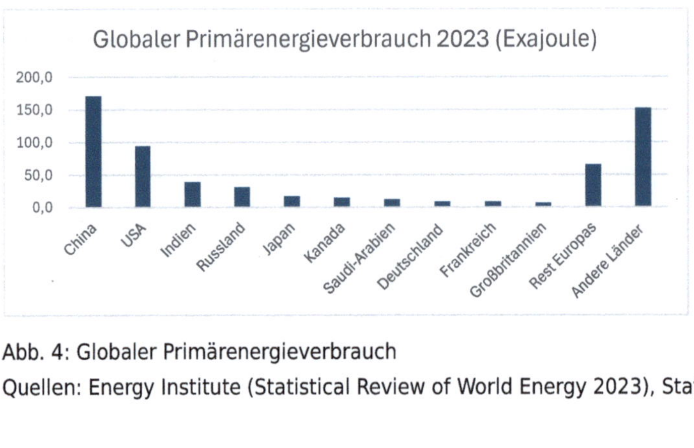

Abb. 4: Globaler Primärenergieverbrauch
Quellen: Energy Institute (Statistical Review of World Energy 2023), Statista (2024)

Energieträger im Vergleich

Die Übersicht über die Beiträge einzelner Energieträger zur Deckung des globalen Energieverbrauchs zeigt, dass fossile Energiequellen nach wie vor dominant sind. Erdöl (31,7%), Kohle (26 %) und Gas (23 %) haben im Jahr 2023 mit mehr als 80 % den globalen Energiemarkt dominiert. Im Vergleich verfügen Wasserkraft (6,6%), Kernenergie (4 %) Windenergie (3,5%) und Solarenergie (2,4%) noch über sehr viel Aufholpotenzial. Gerade unter geoökonomischen Aspekten ist die anhaltende Bedeutung der fossilen Energieträger für die globale Wirtschaft auffällig.

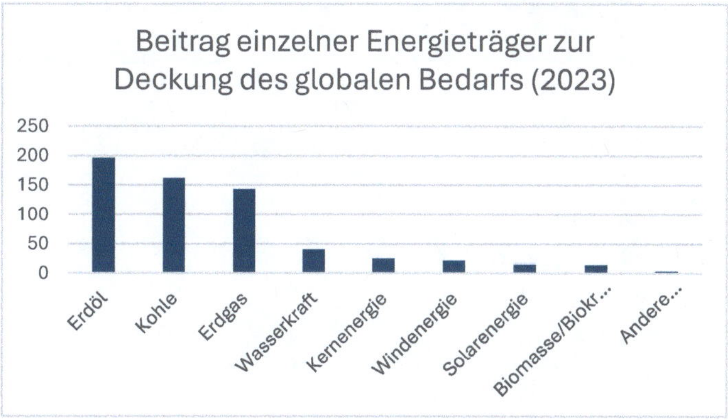

Abb. 5: Beitrag einzelner Energieträger zur Deckung des globalen Bedarfs
Quellen: Energy Institute (Statistical Review of World Energy 2023), Statista (2024)

Globaler Ressourcenverteilung

> Aus der Übersicht über die globalen Rohstoffvorkommen wird deutlich, wie asymmetrisch der Ressourcenreichtum der Welt verteilt ist. Russland als größter Flächenstaat der Welt verfügt in Summe über die wertvollsten geschätzten Vorkommen und profitiert von einer breiten Diversifikation unter Einschluss aller fossilen Energieträger, Uran, Seltenen Erden und Gold. Die USA stehen vor allem aufgrund ihrer umfangreichen Gas- und Kohlevorkommen auf Platz 2, verfügen aber auch über substanzielle eigene Erdölreserven und Goldminen. China ist zwar massiv von Öl- und Gasimporten abhängig, nutzt aber seine

enormen Kohlereserven (mit wenig Rücksicht auf die Umwelt) für die Elektrifizierung seiner Volkswirtschaft (insbesondere durch Förderung der Elektromobilität) und dominiert zudem den Weltmarkt für Seltene Erden. Die Staaten des Nahen Ostens, insbesondere Saudi-Arabien und Iran, aber auch Venezuela und Brasilien, verfügen über umfangreiche Öl- und Gasreserven. Unter anderem während der OPEC-Krisen wurde die Rohstoffmacht auch schon genutzt, um geoökonomischen Druck auszuüben.

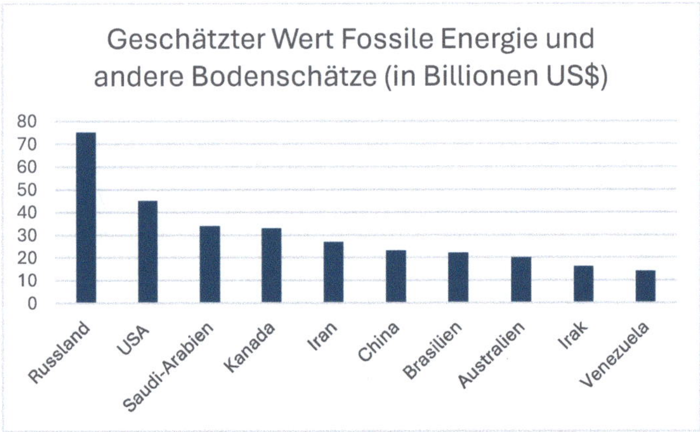

Abb. 6: Geschätzter Wert – Fossile Energie und andere Bodenschätze
Quellen: Visual Capitalist, Statista (2021)

In einer kumulativen Betrachtung wird deutlich, dass die BRICS-Staaten über wesentlich mehr Rohstoffe verfügen als die westlichen Nationen. Das Diagramm dokumentiert dabei ganz besonders die geoökonomische Verwundbarkeit Europas, das in der globalen Ressourcenstatistik nicht einmal unter den Top 10 auftaucht. Nur das bevölkerungsarme Norwegen verdankt seinen relativen Reichtum den Öl- und Gasvorkommen der Nordsee, die aber bei weitem nicht ausreichen, ganz Europa zu versorgen. Die Bürger Norwegens haben sich zweimal in Volksabstimmungen gegen einen EU-Beitritt entschieden, weil sie ihren Reichtum nicht mit anderen Ländern teilen wollten.

Energieverbrauch der Staaten

Hinsichtlich des Energiemixes gibt es große Unterschiede zwischen den Weltregionen und den einzelnen Staaten. Die energiepolitischen Strategien der Industriestaaten waren in den letzten Jahren vermehrt von Umweltüberlegungen geprägt, allerdings mit deutlichen Unterschieden zwischen den einzelnen Nationen. Aus geoökonomischer Sicht ist auch die Strategie der Energielieferanten von wesentlicher Bedeutung. Bei fossilen Brennstoffen sind das vor allem die OPEC-Länder sowie Russland und Iran mit ihren Öl- und Gasvorkommen. Aber auch andere Energiequelle wie Kohle, Kernenergie und in zunehmen Maße auch Solar- Wind- und andere alternative Energiequellen sind wichtige Faktoren. Die letztgenannten alternativen Energiequellen ergänzen vor allem der Stromproduktion. Sie sind aber wetterbedingt volatil und bis heute aufgrund fehlender Speichertechnologie nicht grundlastfähig, Die Lage einiger ausgewählter Energieverbraucherstaaten stellt sich grob zusammengefasst folgendermaßen dar:

- Die **Vereinigten Staaten** sind der zweitgrößte Energieverbraucher weltweit (15,7% der globalen Primärenergie 2016). Erdgas (30,1%) und Erdöl (36,3%) dominieren den Energiemix, gefolgt von Kohle (15,8%), Kernenergie (10,1%) und erneuerbaren Energien (7,2%, vor allem Biomasse und Wasserkraft). Vor allem Datenzentren und KI, aber auch eine Reindustrialisierungspolitik treiben den heimischen Strombedarf. Die Vereinigten Staaten sind mittlerweile trotzdem weitgehend energieautark, da sie über bedeutende heimische Kohle-, Gas- und Ölvorkommen (z. B. Schiefergas) verfügen. Das Land importiert aber weiterhin ergänzend Öl aus Kanada, Mexiko und Saudi-Arabien. Hohe Importpreise belasten die Industrie, weshalb die US-Energiepolitik auf eine diversifizierte eigene Produktion setzt, Das beinhaltet auch den Solar- und Windkraftausbau. Die zweite Trump-Administration setzt aber wieder verstärkt auf die umstrittene Förderung von Fracking-Gas sowie den Abbau von Kohle. Dadurch wird die Abhängigkeit von Importen reduziert. Gas wird mittlerweile sogar exportiert, insbesondere nach Europa, als Ersatz für die boykottierten russischen Lieferungen. Aufgrund der neuen US-Politik werden zahlreiche Arbeitsplätze im Energiesektor geschaffen.
- **China** ist der weltweit größte Energieverbraucher (21,5% der globalen Primärenergie 2016) und stark von Kohle abhängig (64,8% 2016), gefolgt von Öl (18,4%) und Gas (5,8%). Der Ausbau alternativer Energien (9 %,

vor allem Wasserkraft, Solar und Wind) ist massiv, mit 1,4 TW installierter Kapazität 2023 (49,9% der Stromerzeugung). China importiert über 80 % seines Öls, hauptsächlich aus Saudi-Arabien, Russland und Angola, wobei die Straße von Malakka ein kritischer Transportweg ist. Die im September 2025 komplettierte Siberia-2-Pipeline wird zusätzliche 50 Mrd. Kubikmeter russisches Gas zu sehr günstigen Konditionen nach China pumpen. Chinas Dominanz in der Produktion kritischer Rohstoffe (z. B. Lithium, Kobalt) stärkt seine Position in der globalen Energiepolitik.

- **Deutschlands** Anteil am globale Energiebrauch liegt bei 1,4%, mit sinkender Tendenz. Das Land deckt 72 % seines Energiebedarfs durch Importe, bis zum Ausbruch des Ukrainekrieges vor allem aus Russland (31,5% des Öls 2019) sowie aus Norwegen, Großbritannien und den USA. Erdöl (33 %) und Erdgas (24 %) sind die wichtigsten Energieträger, während alternative Energien 2024 etwa 50 % der reinen Stromerzeugung ausmachen (Windkraft 27 %, Solar 12 %, Biomasse 8 %), die aber nur für ca. 25 % des gesamten Primärenergiebedarfes steht. Unter der rot-grünen Regierung Schröder hat Deutschland 2002 den Ausstieg aus der Kernenergie beschlossen. Bundeskanzlerin Angela Merkel setzte erst eine Laufzeitverlängerung für die bestehenden Kernkraftwerke durch, traf aber 2011 nach der Fukushima-Flutkatastrophe die Entscheidung für einen beschleunigten Ausstieg bis 2022. Die endgültige Stilllegung aller Kernkraftwerke erfolgte am 15. April 2023. Dies führte zu einem verstärkten Ausbau alternativer Energien, aber auch zu einer erhöhten Abhängigkeit von fossilen Energieträgern wie Gas und Kohle. Die Energiekosten stiegen, da teurere Importe und die Volatilität der Gaspreise die Strompreise beeinflussten. Besonders Haushalte und Industrie spürten die gestiegenen Kosten durch die Energiewende und die EEG-Umlage. Hohe Energiepreise, verschärft durch den Ukrainekonflikt seit 2022, belasten insbesondere die energieintensive Industrie (z. B. Chemie, Stahl). Das früher günstig importierte sibirische Gas wird künftig nach Osten geleitet und der konkurrierenden chinesischen Industrie zugutekommen. Zum Ersatz wird LNG, insbesondere aus Fracking, zum mehrfachen Preis importiert. Die deutsche Energiewende zielt zudem auf CO_2-Neutralität bis 2045, erfordert aber hohe Subventionen unter anderem in Infrastruktur (z. B. Smart Grids) und Aufwendungen für Rohstoffe (z. B. Lithium aus Australien, Chile). Die Abhängigkeit

von chinesischen Vorprodukten für Batterien und Solarzellen stellt ein weiteres geoökonomisches Risiko für Deutschland dar.
- **Frankreichs** Energiemix ist anders als der deutsche bis heute stark von Kernenergie geprägt (70 % der Stromerzeugung), ergänzt durch alternative Energien und fossile Brennstoffe. Frankreich erreicht einen Selbstversorgungsgrad von etwa 50 % bei der Primärenergie, importiert aber fast 100 % seines Öls und Gases, vor allem aus Algerien, Russland und Norwegen, was hohe Kosten und geopolitische Risiken birgt. Die Kosten für Kernenergie sind stabil, aufgrund der Abhängigkeit von Uranlieferungen insbesondere aus Afrika ergeben sich aber weitere geopolitische Risiken. Alternative Energien sollen durch Subventionen wettbewerbsfähig gemacht werden.
- **Großbritanniens** Energiemix umfasst Erdgas (38 % der Stromerzeugung), alternative Energien (37 %, vor allem Windkraft) und Kernenergie (15 %). Der Primärenergieverbrauch wird zu etwa 75 % aus eigenen Quellen gedeckt, wobei Öl- und Gasvorkommen, insbesondere aus der Nordsee, noch eine wichtige Rolle spielen. Zusätzlich erforderliche Öl- und Gasimporte stammen hauptsächlich aus Norwegen, den USA und Katar, während die Abhängigkeit von russischem Gas gering ist. Hohe Gaspreise belasten Haushalte und Industrie. Hohe Investitionen in Offshore-Windparks sollen die Energiewende vorantreiben. Die Kosten für erneuerbare Energien sinken zwar, aber erforderliche hohe Infrastrukturinvestitionen (z. B. Netzanschlüsse) verteuern und verzögern den Ausbau.

Die Energieversorgung ist für alle fünf Volkswirtschaften essenziell, wobei die USA und China ökonomischen Erfordernissen Vorrang geben. Aufgrund umfangreicher heimischer Ressourcen sind sie gegenüber den drei betrachteten europäischen Staaten im Vorteil. China setzt auf eine Diversifikation seiner Öl- und Gasimporte, auch wenn die Einfuhren aus Russland in den letzten Jahren etwas ausgeweitet worden sind. Europäische Nationen, insbesondere Deutschland, aber auch Frankreich und Großbritannien boykottieren aus politischen Gründen russische Gasimporte. Diese Politik erhöht aber die Kosten und schafft neue geopolitische Risiken, aufgrund von LNG-Importabhängigkeiten von Katar und den Vereinigten Staaten.

Die EU-Energiepolitik priorisiert klimapolitische Maximalziele im Alleingang. Die Energiewende erfordert gigantische Subventionen, die die Staatshaushalte massiv belasten. Aus geoökonomischer Perspektive ist die europäische Energiepolitik hochgefährlich, weil sie die Wettbewerbsfähigkeit der eigenen Industrie zerstört, die Haushalte belastet und Abhängigkeiten verstärkt, die Europas Versorgungssicherheit gefährden. Der besonders radikale deutsche Sonderweg eines gleichzeitigen Kernenergie- und Kohleausstiegs gleicht einem geoökonomischen Vabanque-Spiel.

4.4 Demographie und Bildung

Wohlstand durch Bildung

Staaten, die nur über geringe natürliche Ressourcen wie Öl, Gas oder Agrarprodukte verfügen, müssen ihren Wohlstand umso mehr auf humanen Erfolgsfaktoren gründen. Die beiden Schlüsselelemente sind Demographie und Bildung. Der Lebensstandard wird durch Know-how, Forschung und Entwicklung sowie eine starke Arbeitsethik vieler Mitglieder einer arbeitsteiligen Ökonomie gebildet. Je mehr arbeitsfähige und produktive Menschen zu einer Volkswirtschaft beitragen und je besser diese ausgebildet sind, desto vorteilhafter sind die Voraussetzungen für Prosperität und Wachstum.

Eine hochqualifizierte Bevölkerung, gefördert durch ein starkes Bildungssystem, hat in Deutschland und anderen westlichen Ländern Innovationen und technologischen Fortschritt hervorgebracht und die Wettbewerbsfähigkeit der Unternehmen auf globalen Märkten gesichert. Gut ausgebildete Fachkräfte in Bereichen wie Ingenieurwesen, IT oder Medizin treiben die Wirtschaft voran. Zwar wird die KI auch den qualifizierten Arbeitsmarkt dramatisch verändern, aber auch in einer Welt mit KI werden die klügsten Köpfe ein zentraler Wohlstandsfaktor bleiben. Zudem hat Arbeit auch eine sozial stabilisierende Funktion, weil eine befriedigende berufliche Tätigkeit für viele Menschen auch eine wesentliche Voraussetzung ist, um ein erfülltes Leben zu führen. Betrachten wir daher nachfolgend einige wichtige Fragen und Erkenntnisse der Demographie und der Bildung.

Demographie als Wissenschaft mit geoökonomischer Relevanz

Demographie ist die Wissenschaft, die sich mit der statistischen Erfassung und Analyse von Bevölkerungsmerkmalen und der Dynamik von Bevölkerungsveränderungen befasst und deren Auswirkungen auf Gesellschaft, Wirtschaft und Politik analysiert. Gravierende Bevölkerungsveränderungen wirken sich auch geoökonomisch aus. So haben europäische Nationen, wie in Kapitel 2 beschrieben, in der Kolonialzeit ihre Geburtenüberschüsse in die damalige neue Welt exportiert. Die „Volk ohne Raum"-Ideologie war eine der Triebfedern für die Angriffskriege des nationalsozialistischen Deutschlands. Auch abrupte Bevölkerungseinbrüche, ausgelöst durch Kriege, Missernten und Epidemien, stellen Staaten vor große Herausforderungen. Als Reaktion haben unterbevölkerte Staaten oft gezielt Einwanderer angeworben. Ein bekanntes Beispiel liefert Friedrich der Große, der gut ausgebildete hugenottische Religionsflüchtlinge aus Frankreich in Preußen angesiedelt hat. Später hat Katharina die Große deutsche Siedler nach Russland gelockt. Die USA, Kanada und Australien verdanken ihren heutigen Wohlstand einer gezielten Einwanderungspolitik, die sich vorrangig an junge, gut ausgebildete Menschen gerichtet hat. George Friedman (2009) weist darauf hin, dass Bevölkerungsverlust historisch fast immer gleichbedeutend mit Machtverlust war.

> Die demographische Entwicklung im Westen ist seit den 1970er Jahren durch Alterung und in vielen Regionen sogar durch Bevölkerungsschrumpfung gekennzeichnet. Die anhaltend niedrigen Geburtenraten wurden gerade in Europa nur teilweise durch die verlängerte Lebenserwartung und eine massiv angestiegene Migration kompensiert. Die seit langem bekannten demographischen Trends haben weitreichende Auswirkungen auf das Wirtschaftswachstum und die Finanzierbarkeit des Sozialstaates (Birg, 2014). Aus der veränderten Bevölkerungsstruktur ergeben sich auch massive Herausforderungen für die Bildungssysteme der betroffenen Staaten. Dieser Aspekt ist besonders wichtig, weil die Qualifikation der Bevölkerung die Basis für die Wettbewerbsfähigkeit insbesondere der rohstoffarmen Länder ist.

Im folgenden Abschnitt werden wesentliche demographische Entwicklungen primär in Europa und den USA auf Basis empirischer Daten beleuchtet, einige der daraus resultierenden ökonomischen Herausforderungen abgeleitet und die geoökonomischen Schlüsse betrachtet, die westliche und nicht-westliche Staaten daraus gezogen haben.

Der Westen und die BRICS-Staaten im Vergleich

Die Bevölkerungszahlen des Westens und der BRICS-Staaten klaffen seit Jahrzehnten auseinander. Die Auswirkung auf die Gesamtbevölkerung der Staatengruppen ist gravierend.

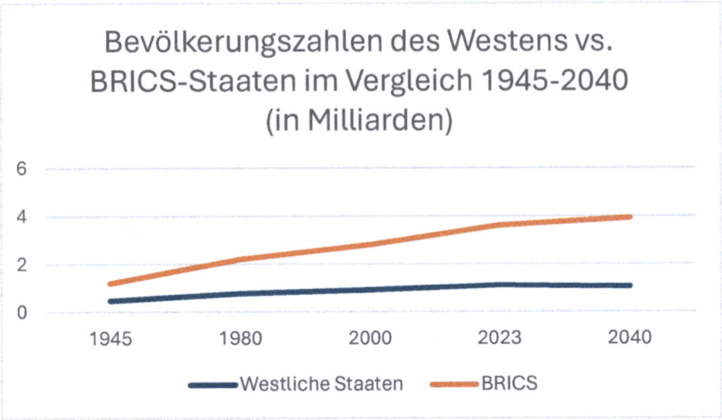

Abb. 7: Bevölkerungszahlen

Bei den Werten im Diagramm handelt es sich teilweise um gerundete Schätzungen zu ausgewählten Zeitpunkten, da keine präzisen jährlichen Daten für alle Länder über den gesamten Zeitraum verfügbar waren. Der Westen wird definiert als der NATO-Raum sowie Australien und Neuseeland, wobei neue Mitglieder ab dem Jahr ihres Beitritts eingerechnet werden. Politisch neutrale westliche (OECD-)Länder wie Österreich und die Schweiz sind nicht enthalten, fallen aber zahlenmäßig auch kaum ins Gewicht. Die BRICS-Zahlen erfassen die fünf ursprünglichen Mitglieder bis 2023, danach auch die erweiterten Mitglieder wie Indonesien und Äthiopien. Die Prognose für 2040 basiert im Wesentlichen auf UN-Prognosen, unter Annahme anhaltender Trends wie sinkenden Geburtenraten in NATO-Ländern und China und Bevölkerungswachstum in Indien und weiteren BRICS-Staaten. Trotz der nicht zu vermeidenden Unschärfe der Zahlen wird deutlich, dass die Bevölkerungszahl der BRICS-Welt der des Westens enteilt ist. Die demographische Schere wird künftig sogar noch weiter auseinandergehen.

> Die Geburtenraten liegen in fast allen OECD-Ländern weit unter dem bestandserhaltenden Niveau von ca. 2,1 Kindern pro Frau. Die demographische Entwicklung verläuft aber, mit Ausnahme von Japan und Südkorea, nirgendwo so dramatisch wie in Europa. Bereits seit den 1970er Jahren verzeichnet Europa eine kontinuierliche Alterung der Bevölkerung. Die Geburtenrate in Europa fiel von etwa 2,1 Kindern pro Frau in den 1960er Jahren auf durchschnittlich 1,5 im Jahr 2020,

> weit unter dem Erhaltungsniveau von 2,1 (Eurostat, 2021). Besonders dramatisch ist der Geburtenrückgang zuletzt in Süd- und Mittelosteuropa verlaufen, aber auch der deutsche Wert liegt noch unter dem EU-Mittelwert. Eine durchschnittliche Geburtenrate von 1,4 Kindern bedeutet, dass die Bevölkerung mit jeder Generation um ein Drittel sinkt. Die Geburtenrate in Deutschland liegt im Jahr 2024 mit 1,35 Kindern je Frau (Statistisches Bundesamt, 2025) unter dem EU-28 Mittelwert. Frauen mit deutscher Staatsangehörigkeit wiesen dabei 2024 mit durchschnittlich 1,23 Kindern eine niedrigere Geburtenrate als Frauen mit ausländischer Staatsangehörigkeit auf (1,84).

Gleichzeitig stieg die Lebenserwartung laut Eurostat in der EU von etwa 70 Jahren (1970) auf 81 Jahre (2020), was den Alterungstrend der Bevölkerung verstärkt. Als Ergebnis lag das Durchschnittsalter in der EU-28 lag im Jahr 2015 bei etwa 42 Jahren und soll nach aktuellen Prognosen bis 2030 auf ca. 45 Jahre steigen. In den 1970er Jahren lag der Altersdurchschnitt noch bei etwa 35 Jahren. Aufgrund der beschriebenen Trends schrumpft in Summe auch die Bevölkerungszahl in vielen europäischen Länder. Eurostat prognostiziert einen Rückgang der Einwohnerzahl der EU von 447 Millionen auf etwa 420 Millionen im Jahr 2050.

Besonders betroffen sind osteuropäische Länder wie Bulgarien, dessen Bevölkerung laut Eurostat-Prognosen von 7,15 Mio. im Jahr 2015 auf 5,15 Mio. (2050) schrumpfen soll, und Rumänien mit einem Rückgang von 19,5 Mio. auf 15,2 Mio. im selben Zeitraum. Diese Länder leiden nicht nur unter niedrigen Fertilitätsraten, sondern auch unter Abwanderung junger Menschen nach Westen. Südeuropäische Länder wie Portugal (Fertilitätsrate 1,31 im Jahr 2020) und Griechenland stehen aufgrund wirtschaftlicher Krisen und Jugendarbeitslosigkeit (Eurostat, 2021) ebenfalls vor besonderen demographischen Herausforderungen Deutschland konnte nur aufgrund hoher Migrationssalden (z. B. allein 1,14 Mio. im Jahr 2015) seine Einwohnerzahl stabilisieren. Die demographische Entwicklung divergiert nicht nur national, sondern auch regional. Wohlhabende Regionen wie Süddeutschland und die Schweiz profitieren aufgrund ihrer wirtschaftlichen Attraktivität von Zuwanderung und, wodurch die Alterung abgebremst wird. Strukturschwache Regionen wie Süditalien und Teile Brandenburgs und Sachsen-Anhalts leiden hingegen unter Abwanderung und besonders niedrigen Geburtenraten.

Auswirkung auf Wirtschaft und Sozialsysteme Europas

Die schrumpfende Erwerbsbevölkerung setzt die europäischen Gesellschaften unter Veränderungsdruck. Die Alterung belastet insbesondere die Rentenversicherung. In Deutschland stieg der Altenquotient, der das Verhältnis von über 65-Jährigen zu 100 Erwerbsfähigen angibt, von 16 im Jahr 1950 auf 37 im Jahr 2022 (Statistisches Bundesamt, 2023). Das umlagefinanzierte Rentensystem gerät dadurch unter Druck, so dass bereits 2020 mehr als € 100 Mio. Rentenzuschuss aus Steuermitteln geleistet werden mussten, was 23 % des Bundeshaushalts ausmacht. Auch die Gesundheits- und Pflegekosten steigen durch die ältere Bevölkerung. So betragen etwa die Krankheitskosten eines über 85-Jährigen mit EUR 19.790 p.a. mehr als das Zehnfache derjenigen eines 15-Jährigen.

Eine Erhöhung der Geburtenrate könnte die Sozialsysteme dauerhaft entlasten. Sie wirkt sich aber nur sehr langfristig stabilisierend und setzt neben monetären Anreizen auch tiefgreifenden soziologische Veränderungen voraus. Die meisten westlichen Frauen streben Erwerbstätigkeiten an , weil die Hausfrauen- und Mutterrolle soziokulturell an Ansehen verloren hat. Zudem ist die Rentenhöhe an die Erwerbsbiographie gekoppelt, wobei Erziehungsleistungen kaum berücksichtigt werden. Für die Karriere der Frau stellen Kinder aber mangels Betreuungsmöglichkeiten oft ein Hindernis dar. In den vergangenen 40 Jahren wurde die sinkende Geburtenrate daher in einigen Ländern primär über eine Ausweitung der Erwerbsbeteiligung kompensiert, die aber keine nachhaltige Lösung der Probleme bietet. In Deutschland wurden zu diesem Zweck die Ausbildungszeiten verkürzt, die Wehrpflicht abgeschafft, das Renteneintrittsalter erhöht und die Erwerbsbeteiligung der Frauen ausgeweitet. Das Potenzial dieser Maßnahmen ist aber irgendwann ausgereizt, zudem wachsen durch diese Politik auch die Ansprüche an das umlagefinanzierte Sozialsystem. Laut einer Studie der Bertelsmann Stiftung (2019) wird das Wirtschaftswachstum in rasch alternden Ländern inzwischen erheblich abgebremst (Lizarazo López und Petersen, 2019). Die Studie prognostiziert für Deutschland bis 2030 ohne hohe Zuwanderung einen Rückgang des Erwerbspersonenpotenzials um 11,2% und Fachkräftemangel. Investitionen in Automatisierung und Digitalisierung könnten demnach die Produktivität zwar steigern, jedoch nicht alle Arbeitskräftelücken schließen. Zuwanderung ist auch laut Eurostat der einzige Weg, um die negativen Folgen der Alterung abzumildern, erfordert jedoch effektive Integrationsmaßnahmen (Eurostat, 2020).

Frühere Einwanderergenerationen aus der „Gastarbeiterperiode“ der 1960er und 1970er Jahre und die in den 1990er Jahren dazugekommenen Zuwanderer vom Balkan und aus Mittelosteuropa konnten noch relativ gut in die deutsche Gesellschaft und in den Arbeitsmarkt integriert werden. Seit 2015 hat aber eine weitere, noch größere Einwanderungswelle aus überwiegend weiter entfernten Ländern Deutschland und andere europäische Staaten erreicht. Viele Daten, unter anderem die massiv wachsenden Arbeitslosenzahlen der letzten Jahre sowie Bildungsberichte, deuten darauf hin, dass die deutsche Gesellschaft mit der Integrationsherausforderung mittlerweile überfordert ist. Bundeskanzler Friedrich Merz sagte im Sommer 2025 in einem Fernseh-Interview, unter Anspielung auf seine Parteifreundin und Vorvorgängerin Angela Merkel, „wir haben es nicht geschafft“.

Auswirkung auf Wirtschaft und Sozialsysteme der Vereinigten Staaten

> In den USA ist die demographische Entwicklung bisher weniger dramatisch verlaufen. Auch jenseits des Atlantiks ist die Geburtenrate mit etwas mehr als 1,6 Kindern pro Frau (2020) zwar nicht bestandserhaltend, aber deutlich höher als in Europa. Aufgrund vieler Zuwanderer verzeichnen die USA sogar ein stetiges Bevölkerungswachstum. Allein zwischen 1970 und 2017 stieg die Einwohnerzahl von etwa 203 Millionen auf 325 Millionen (U.S. Census Bureau, 2018). Die Bevölkerungszahl der USA profitierte regional vor allem von Einwanderung aus Lateinamerika und Asien. Der Anteil der Bevölkerung mit Migrationshintergrund stieg dadurch von etwa 5 % (1970) auf über 13 % (2020).

Das Profil vieler Einwanderer ging auch in den USA zuletzt häufiger an den Anforderungen der Wirtschaft vorbei, z. B. im wachsenden anspruchsvollen Technologiesektor. Insbesondere im schlecht bezahlten Servicebereich sind Mitarbeiter mit Migrationshintergrund aber unverzichtbar. Eine gewisse Entlastung hinsichtlich des Fachkräftemangels bringt die hohe Produktivität vieler Unternehmen. Aufgrund zahlreicher technologischer Innovationen und des großen Binnenmarktes profitiert das Land von Skaleneffekten. Dennoch drohen auch den USA mittelfristig große Herausforderungen durch die Alterung, da auch dort der zunehmende Anteil älterer Menschen die

Arbeitskraftbasis relativ verringert. Das Durchschnittsalter der US-Bevölkerung erhöhte sich wegen der gestiegenen Lebenserwartung laut U.S. Census Bureau bereits von etwa 28 Jahren (1970) auf 38 Jahre (2020) (U.S. Census Bureau, 2021). Das US-Sozialsystem, das stärker auf private Vorsorge setzt, und stärkere Arbeitsanreize schafft, ist weniger massiv von der Demografie betroffen als das großzügige europäische Umverteilungssystem. Dennoch belasten Programme wie Medicare und Social Security den US-Haushalt. Das Budgetdefizit der USA, das seit den 1990er Jahren hoch ist, wird durch die steigenden Kosten für ältere Menschen zusätzlich belastet.

Demographie und Bildung

Die demographischen Fragen sind aus ökonomischer Sicht eng mit Bildungsfragen verknüpft, weil Bildung und Berufsqualifikationen für die erfolgreiche Integration der meisten Personen ins Wirtschafts- und Sozialversicherungssystem entscheidend sind. US-Daten zeigen, dass mit höherem der Bildungsstand eines Menschen auch sein Einkommen steigt (und sein Arbeitslosigkeitsrisiko sinkt).

Ausbildung	Durchschnittseinkommen in US$
Promotion	108.700
Master	81.900
Bachelor	63.200
Studium ohne Abschluss	39.700
High School	36.600
Kein Schulabschluss	26.500

Tab. 11: Ausbildung und Jahreseinkommen in den USA im Jahr 2023[37]

Das Bildungsniveau seiner Bürger wirkt sich aggregiert auf die Innovationskraft und die globale Wettbewerbsfähigkeit des jeweiligen Landes aus.

Bildung und Wissen eines Menschen sind eine Funktion seiner Begabung und seines Lernerfolgs. Die menschliche Intelligenz versetzt das Individuum also erst in die Lage, Wissen und Kompetenzen zu erwerben, auf die es

37 Daten stammen vom U.S. Census Bureau 2024

wirtschaftlichen Erfolg aufbauen kann (Lynn und Vanhanen, 2002). Eine empirische Studie des Intelligenzforschers Dieter Zimmer hat ergeben, dass die Berufsmöglichkeiten oberhalb eines IQs von 120 in entwickelten Ländern fast unbegrenzt sind. Unterhalb eines IQs von 75 gibt es dagegen kaum noch Beschäftigungschancen, mit Ausnahme von betreutem Arbeiten. Die Intelligenz der einheimischen Gesellschaft kann von der Politik allenfalls minimal beeinflusst werden. Das Bildungssystem kann aber dafür sorgen, dass das vorhandene Potenzial bestmöglich ausgeschöpft ist. Anders verhält es sich bei der Einwanderungspolitik. Hier kann die Politik gezielt versuchen, überdurchschnittlich begabte Talente anzulocken, um das durchschnittliche Begabungsniveau zu heben. Vor dem Hintergrund ist es interessant zu untersuchen, welchen Beitrag die europäische Bildungs- und Migrationspolitik in den letzten Jahren zur Wettbewerbsfähigkeit des alten Kontinents geleistet hat.

Bildungssystem im Vergleich

Internationale Bildungsvergleichsstudien konzentrieren sich auf die Messung verwertbaren Wissens und elementarer Problemlösungsfähigkeiten. Die bekannteste derartige Untersuchung ist die PISA-Studie der OECD, die alltags- und berufsrelevante Kenntnisse und Fähigkeiten Fünfzehnjähriger Schüler vergleicht. An der PISA-Methodik wird oft kritisiert, dass sie auf einem utilitaristischen Bildungsideal basiere. Sie sei einseitig auf den ökonomischen Nutzwert des Lernens anstatt auf ein höheres Bildungsideal ausgerichtet und untergrabe damit in Wirklichkeit die Leistungsorientierung (Meyerhöfer, 2007). Andere Kritiker wenden ein, dass das PISA-optimierte Bildungssystem Aspekte wie Kreativität und die Fähigkeit zum kritischen Denken vernachlässige. Die PISA-Orientierung der Bildungspolitik führe zur Priorisierung von Fähigkeiten, die künftig ohnehin maschinell ersetzt werden könnten. Die PISA-Ergebnisse liefern aber dennoch den einzigen umfassenden internationalen Vergleich zur praktischen Leistungsfähigkeit nationaler Schulsysteme.

Laut Veröffentlichung der OECD zur PISA-Studie 2022 haben deutsche Schülerinnen und Schüler in Mathematik, Lesekompetenz und Naturwissenschaften deutlich schlechtere Ergebnisse erzielt als in früheren Erhebungen und liegen nun nur noch knapp über oder im OECD-Durchschnitt. (OECD, 2023). Das Bundesministerium für Bildung und Forschung betont, dass die Leistungen in Mathematik (475 Punkte, OECD-Durchschnitt: 472 Punkte) und Lesekompetenz (480 Punkte, OECD-Durchschnitt: 476 Punkte) nahe am OECD-Durchschnitt liegen, während sie in den Naturwissenschaften (492 Punkte, OECD-Durchschnitt: 485 Punkte) leicht darüber liegen (BMBF, 2023). Nichtsdestotrotz markieren die aktuellen Ergebnisse den niedrigsten Stand seit Beginn der PISA-Erhebungen im Jahr 2000, und dokumentieren einen besorgniserregenden Abwärtstrend. Im Vergleich zu den Spitzenresultaten in Ostasien (z. B. Singapur: 575 Punkte in Mathematik, 543 Punkte in Lesekompetenz, 561 Punkte in Naturwissenschaften) sowie guten Ergebnissen in einigen europäischen Ländern wie Estland (510 Punkte in Mathematik) bleiben die Leistungen deutscher Schülerinnen und Schüler deutlich zurück (OECD, 2023). Kritiker führen den Rückgang auf unzureichende Leistungsorientierung, überfrachtete und ideologisierte Lehrpläne und besonders lange Schulschließungen während der Corona-Zeit zurück. US-amerikanische Schüler schneiden bei PISA regelmäßig noch schlechter ab. Sie belegten im letzten internationalen Vergleich einen Platz im unteren Mittelfeld, wobei ihre Ergebnisse in Mathematik (465 Punkte), Lesekompetenz (465 Punkte) und Naturwissenschaften (480 Punkte) Rückgänge im Vergleich zu früheren Erhebungen zeigen.

Vergleicht man die US-Ergebnisse mit denjenigen der EU insgesamt, schneidet die EU in allen drei Kompetenzbereichen (Mathematik, Lesekompetenz, Naturwissenschaften) etwas besser ab als die USA, wenn die Ergebnisse nach Bevölkerungszahl der EU-Länder gewichtet werden. Der EU-Vorsprung ist besonders groß in der Lesekompetenz (~12,8 Punkte) und Mathematik (~10,3 Punkte), während er in den Naturwissenschaften (~6,9 Punkte) geringer ausfällt. Länder wie Estland, Irland, Polen und Finnland tragen mit ihren überdurchschnittlichen Ergebnissen wesentlich zum höheren EU-Durchschnitt bei, wogegen Länder wie Bulgarien und Rumänien die Ergebnisse nach unten ziehen. Malta und Zypern haben als einzige EU-Staaten an PISA nicht teilgenommen, fallen aber bevölkerunsgmäßig nicht ins Gewicht. Die transatlantischen Divergenzen sind aber relativ gering im Vergleich zum PISA-Vorsprung vieler asiatische Staaten. Wenn 30 PISA-Punkte etwa einem Schuljahr entsprechen, sind die ausgewählten ostasiatischen Schüler ihren europäischen und amerikanischen Altersgenossen durchschnittlich um etwa zwei Lernjahre voraus.

Land/Region	*Mathematik*	*Lesekompetenz*	*Naturwissen-schaften*	*Bevölkerung (Mio., 2022)*
Singapur	575	543	561	5,6
B-S-J-Z (China)	547	515	543	240,0
Hongkong	540	500	520	7,3
Japan	536	516	547	125,1
Deutschland	475	480	492	83,2
Frankreich	474	474	487	67,8
Großbritannien	489	494	500	67,0
Russland	468	463	475	146,0
USA	465	465	480	335,0
OECD-Mittel	472	476	485	

Tab. 12: PISA-Resultate ausgewählter Länder und Regionen (2022)[38]:

Globaler Kampf um Talente

Ein weiteres Indiz für die Leistungsfähigkeit eines Bildungssystems ist der Bildungsgrad in der Bevölkerung, der häufig an der Akademikerquote gemessen wird. In den wichtigsten europäischen Staaten variiert diese in der aktiven Altersgruppe von 25-64 Jahren laut Statista zwischen ca. 30-40%, mit niedrigeren Werten in Deutschland (31 %). Frankreich (39 %) und Großbritannien (41 %) weisen höhere Werte auf. In den USA liegt die Quote bei 43 % und in China nur bei 15-20%, allerdings bei weniger zuverlässiger Datenbasis. Bei derartigen Statistiken ist allerdings zu beachten, dass trotz Bologna-System noch immer nicht alle Abschlüsse vergleichbar sind und eine Akademisierung der Bevölkerung auch kein Allheilmittel ist. Die von der OECD und anderen internationale Organisationen propagierte Akademisierung von Berufsausbildungen wird den Bedürfnissen der Menschen und Arbeitsmärkte nicht überall gerecht. Vor allem in Deutschland hat die berufliche Bildung historisch einen

38 OECD (2023), Bevölkerungsdaten von Eurostat (2022), U.S. Census Bureau (2022), UN Population Division (2022).

wesentlichen Anteil am wirtschaftlichen Erfolg des Landes gehabt und auch zu einer geringen Jugendarbeitslosigkeit beigetragen.

Spitzentalente werden oft auch nach dem Ansehen der Institutionen beurteilt, an denen sie ihre höheren Bildungsabschlüsse erworben haben. Entsprechend finden auch Bildungsvergleiche auf Ebene der Hochschulen statt, wenngleich die entsprechenden Vergleichsstudien nicht in vergleichbarer Weise empirisch fundiert sind. Zu den bekanntesten Universitätsrankings gehört das Academic Ranking of World Universities (ARWU), auch Shanghai Ranking genannt (Shanghai Ranking Consultancy, 2024). Die Top-10-Plätze im Shanghai Ranking 2024 werden weiterhin von US-amerikanischen Universitäten wie Harvard (Platz 1), Stanford (Platz 2) und MIT (Platz 3) sowie britischen Institutionen wie Cambridge (Platz 4) und Oxford (Platz 6) dominiert. Europa bleibt der zweitwichtigste Standort für universitäre Exzellenz, wobei die Universität Paris-Saclay (Platz 12) die beste kontinentaleuropäische Hochschule ist, gefolgt von der ETH Zürich (Platz 21). Aus Deutschland haben sich im Shanghai Ranking 2024 die Ludwig-Maximilians-Universität München (Platz 43), die Technische Universität München (Platz 47), die Universität Heidelberg (Platz 50) und die Universität Bonn (Platz 61) unter den Top 100 etabliert. Zahlreiche weitere deutsche und europäische Hochschulen folgen ab Platz 100, wobei Deutschland insgesamt 51 Universitäten in den Top 1.000 hat. Asien zeigt erhebliche Fortschritte, insbesondere durch chinesische Universitäten wie die Tsinghua-Universität (Platz 22), die erstmals die beste asiatische Hochschule ist, oder die Peking-Universität (Platz 29). Dennoch bleibt Asien insgesamt hinter den USA und Europa zurück, ist aber durch starke Investitionen in Forschung und Internationalisierung um Anschluss bemüht.

Da sich der tertiäre „Bildungsmarkt" globalisiert hat, wird der globale Talentwettbewerb auch zu einem geoökonomischen Hebel für Staaten. Dabei fällt die sehr viel bessere Position des US-amerikanischen Bildungssystems auf Hochschulebene im Vergleich zu den Schulen auf. Das Ansehen der USA profitiert von der internationalen Strahlkraft akademischer Leuchttürme wie Harvard, Stanford und dem MIT. Insbesondere die Top-Universitäten der USA nutzen ihr Ansehen und ihre weit überlegenen finanziellen Möglichkeiten, um die besten ausländische Studenten und Nachwuchswissenschaftler abzuwerben. Aus Sicht der Herkunftsländer gehen die bis dahin vorgenommenen Investitionen in Humankapital oft verloren.

Einwanderungspolitik im Vergleich

Aus einer rationalen, „egoistischen" Sicht der Staaten ist eine intelligente Steuerung des Zustroms von zentraler Bedeutung. Klassische Einwanderungsländer wie die Vereinigten Staaten, Kanada und Australien haben deswegen, abgesehen von den Biden-Jahren in den USA, ihre „aktive" Einwanderungspolitik anhand harter Kriterien (Bildung, Alter, Arbeitserfahrung, Sprachkenntnisse) betrieben. Dort erwirtschaften Einwanderer erwartungsgemäß einen überdurchschnittlichen Beitrag zum Bruttosozialprodukt. Sie erzielen bessere Schulleistungen, gründen häufiger Unternehmen und gewinnen überdurchschnittlich viele wissenschaftliche Auszeichnungen. Ein negativer ökonomischer Effekt für das Einwanderungsland ergibt sich, wenn weniger leistungsfähige oder leistungsbereite Menschen dazukommen und das Bildungssystem „herunterziehen". Europäische Staaten hingegen schaden sich durch eine überwiegend humanitär geprägte Migrationspolitik wirtschaftlich massiv, weil die Einwanderer zumindest auf mittlere Sicht die Bildungssysteme und den Wohlfahrtstaat massiv belasten.

Ein kurzer Vergleich der PISA-Ergebnisse Kanadas und Deutschlands in Mathematik zeigt, dass die Auswahl der Migranten mit dem Bildungserfolg korelliert. Beide Länder weisen mit 23 % (Kanada) 26 % (Deutschland, davon 5-7% kürzlich eingewandert) einen hohen Migrantenanteil aus. Das kanadische PISA-Ergebnis in Mathematik liegt mit 497 Punkten vor dem deutschen (475 Punkte). Einheimische Schüler unterscheiden sich dabei kaum, sie erzielen (geschätzt) durchschnittlich in Deutschland 494 und in Kanada 505 Punkte. Bei Migranten(kindern) ist die PISA-Differenz deutlich größer die Ergebnisse liegen bei 435 (Deutschland) und 490 (Kanada). Eine mögliche Erklärung könnte darin liegen, dass das kanadische Bildungssystem integrativer ist.

Zugleich verfolgt Kanada aber eine hochselektive, punktbasierte Einwanderungspolitik (Express Entry System), die Bildung, Berufserfahrung und Sprachkenntnisse priorisiert, und nimmt nur sehr wenige Flüchtlinge auf. Viele Einwanderer kommen aus Ländern mit starken Bildungssystemen, wie China (PISA-Mathematik 2022: 531 Punkte), Indien (keine PISA-Daten, aber starkes Bildungssystem in urbanen Zentren) und EU-Ländern wie Großbritannien, Frankreich mit PISA-Werten um 480–500. Kanadas selektive Einwanderungspolitik achtet auf einen höheren Bildungsstand der Eltern. Laut PISA 2022 haben 60 % der Eltern von Schülern mit Migrationshintergrund einen tertiären Abschluss, verglichen mit nur 30 % in Deutschland.

Der Schluss liegt nahe, dass diese Vorselektion auch das PISA-Ergebnis beeinflusst. Zumindest lässt sich kaum bestreiten, dass die deutschen Lehrer den schwierigeren Job als ihre kanadischen Kollegen haben.

Eine intelligent gesteuerte Einwanderungs- und Bildungspolitik ist für eine kinderarme, alternde Gesellschaft eine Maßnahme zur Selbsterhaltung. Staaten mit einer prinzipiellen Einwanderungsvermeidung wie Japan werden es schwer haben, ihre demographischen Probleme zu bewältigen. Viele europäische Länder beschreiten bei diesen strategischen Themen aber seit Jahren einen Weg, der geoökonomisch ebenfalls schwer zu erklären ist. Die willkürliche Einwanderungspolitik berücksichtigt die Bedürfnisse der Wirtschaft zu wenig und führt zu einer Überforderung der Sozial-, Bildungs- und Arbeitssysteme. Aus der Fehlsteuerung kann folgen, dass die wenigen jüngeren Mitglieder einer alternden Gesellschaft im Ergebnis nicht nur die demographischen Lasten ihrer kinderarmen Elterngeneration, sondern auch noch die Kosten einer gescheiterten Einwanderungspolitik tragen müssen. Das kann über höheren Steuern, Sozialkürzungen, mehr Staatsverschuldung oder eine Kombination aller Maßnahmen erfolgen. Von Milton Friedman stammt das geflügelte Wort, *„dass man offene Grenzen oder einen Wohlfahrtsstaat, aber niemals beides zugleich haben kann.“* Über die wahren Motive für die irrational erscheinende europäische Bevölkerungspolitik kann an dieser Stelle nur spekuliert werden. Es kommen dabei Unfähigkeit, äußerer Zwang oder bewusste Destruktion in Betracht. Im geoökonomischen Konkurrenzkampf der Staaten kann eine Anfachung von Armutsmigration tatsächlich gezielt als Instrument genutzt werden, um lästige Wettbewerber zu paralysieren oder politische Veränderungen zu erzwingen. Kelly Greenhill hat in einem preisgekrönten Buch den strategischen Einsatz von gezielt ausgelösten oder manipulierten Migrationsbewegungen als politisches Druckmittel analysiert. Sie beschreibt anhand von mehr als 50 Fallstudien seit 1951, wie Staaten oder nichtstaatliche Akteure Flüchtlingsströme nutzen, um politische, soziale oder wirtschaftliche Zugeständnisse von anderen Staaten zu erzwingen, ohne militärische Mittel einzusetzen (Greenhill, 2011).

Die demographische Fehlsteuerung und der Verfall der Bildungssysteme schwächen den Westen im globalen Talentkampf und wirken sich auf die geoökonomischen Perspektiven aus. Die konkreten Folgen werden in Kapitel 5 beleuchtet. Zuvor wird aber betrachtet, wie ob der Finanzsektor ähnlichen Veränderungen ausgesetzt ist wie das Bildungssystem.

4.5 Geld und Finanzmärkte

Bausteine des Finanzsystems

Der Finanzbereich war in der Geschichte eine Domäne des Westens, wie das historische Kapitel 2 gezeigt hat. Amsterdam, London und New York waren über Jahrhunderte die unangefochtenen Machtzentren. Zu den geoökomisch relevanten Elementen des modernen Finanzsystems zählen unter anderem die Zentralbanken und deren Währungen, der Zahlungsverkehr, das private Bankensystem, die Börsenplätze und Handelsplattformen sowie die großen Kapitalsammelstellen, deren Finanzierungs- und Investitionsentscheidungen die globalen Märkte bewegen. Aus geoökonomischer Perspektive ist es sinnvoll, zunächst einen Blick auf das staatlich dominierte Währungssystem zu werfen und danach die globale Wettbewerbssituation im privaten Bankensektor und in der Vermögensverwaltung zu betrachten.

Bretton Woods
Das heutige Weltwährungssystem wird vom US$ dominiert und aufgrund seines im zweiten Kapitel erwähnten Geburtsortes oft in seiner historischen Form als Bretton-Woods-System oder in der modernen Ära als Petrodollar-System bezeichnet. Es handelt sich um ein globales Finanzsystem, in dem der US$ die primäre Reservewährung und das wichtigste Handelsmedium darstellt. Das Dollar-Regime wurde 1944 auf der Bretton-Woods-Konferenz etabliert, mit dem US$ als zentraler Währung, die an das Gold gebunden war (1 Unze Gold entsprach anfangs 35 US$). Andere Währungen wurden zu festen Wechselkursen an den Dollar gekoppelt. Handelsüberschüsse wurden im Bretton-Woods-System mehr als ein Vierteljahrhundert lang durch Goldtransfers ausgeglichen. Dieses System sicherte Vertrauen in den Dollar, der anfänglich durch umfangreiche physische Goldreserven der Vereinigten Staaten gedeckt war, verlieh den USA aber auch enorme wirtschaftliche Macht, da sie den globalen Handel und die Finanzströme kontrollierten und den Großteil der globalen Goldreserven verwalteten.

Nixon-Schock und Petrodollar

Doch in den 1960er-Jahren führten hohe US-Ausgaben, unter anderem für den Vietnamkrieg und soziale Programme, zu einem Anstieg der Dollarzirkulation im Ausland. Gleichzeitig schrumpften die US-Goldreserven, da Länder wie Frankreich und Deutschland Dollar gegen Gold eintauschten. 1971 hielten die USA nur noch etwa 8.000 Tonnen Gold gegenüber ausstehenden Dollarverpflichtungen, was das System unhaltbar machte. US-Präsident Nixon beendete die Goldbindung des Dollars („Nixon-Schock") und machte den Dollar damit zur Fiat-Währung ohne jeglichen intrinsischen Wert. In den 1970er-Jahren erfanden die USA als Ersatz das „Petrodollar"-System. Sie schlossen Abkommen mit ölproduzierenden Ländern, insbesondere Saudi-Arabien, ihr Öl nur noch gegen USS-$ zu verkaufen und ihre Exportüberschüsse in US-Staatsanleihen anzulegen. Der Deal zwang Drittstaaten, Dollarreserven zu halten, um Öl zu kaufen, was die Nachfrage nach dem Dollar stabilisierte. Für den US-geführten Westen ist das Dollarregime aus mehreren Gründen vielleicht der wichtigste geoökonomische Machtfaktor:

- **Reservewährungsmacht:** Der US$ macht etwa 58 % der globalen Devisenreserven aus. Der Großteil des internationalen Handels, insbesondere Rohstoffe wie Öl, Gas und Metalle, wird in Dollar abgerechnet. Die anderen Zentralbanken müssen Dollar vorhalten, um ihre Währungen zu stabilisieren und Schulden zu begleichen.
- **Defizitfinanzierung:** Die FED kann als einzige Zentralbank US$ in beliebiger Menge aus dem Nichts schöpfen. Die USA können Defizite finanzieren, indem sie Dollar drucken, so lange die globale Nachfrage nach Dollar stabil bleibt. Dieses „exorbitante Privileg" führt zu einer Senkung des Dollar-Zinsniveaus und ermöglicht eine hohe Verschuldung ohne unmittelbare Krisengefahr.
- **Sanktionsmacht:** Die USA nutzen die Dollar-Dominanz, um Sanktionen durchzusetzen, indem sie Länder wie Iran und Russland vom SWIFT-System oder Dollartransaktionen ausschließt.

Die Dominanz des Dollars wird allerdings, wie bereits am Ende des zweiten Kapitels beschrieben, zunehmend hinterfragt. Die BRICS-Staaten stören sich daran, dass das System den USA unverhältnismäßige Macht gibt und Schwellenländer durch Dollar-Schwankungen und US-Zinspolitik verwundbar macht. Daher fördern die BRICS-Staaten inzwischen den Handel in lokalen Währungen, um ihre Abhängigkeit vom Dollar zu reduzieren. Die BRICS-Staaten haben auf dem Gebiet der Währungskonkurrenz und der Einrichtung internationaler Finanzinstitutionen gegenüber dem Westen einigen Boden gut gemacht.

Kryptowährungen und CBDC

Auch Kryptowährungen wie Bitcoin fordern inzwischen die Dominanz des US$ als globale Reservewährung heraus, wozu verschiedene Faktoren beitragen:

- **Bedürfnis nach Wertaufbewahrung:** Der US$ hat, wie andere Fiat-Währungen, durch die gewaltige Ausweitung der Geldmenge seit der letzten Finanzkrise und die resultierende Inflation einen massiven Vertrauensverlust erlitten. Die FED kann die Geldmenge auch künftig nach Belieben ausweiten Die maximale Menge von Bitcoins ist dagegen technisch auf 21 Millionen Einheiten begrenzt. Dadurch sind Bitcoins gegen Inflation geschützt. Investoren und Staaten, die sich gegen ein weitere reale Dollar-Abwertung absichern wollen, sehen Kryptowährungen daher als alternative Reserve an.
- **Vorteile einer dezentralen Struktur:** Bitcoin und andere Kryptowährungen operieren auf Blockchain-Technologien, die ohne zentrale Kontrolle durch Regierungen oder Banken funktionieren. Dies ermöglicht Finanztransaktionen ohne Abhängigkeit von dollarbasierten Systemen wie SWIFT, die von den USA kontrolliert werden. Länder wie Russland oder Iran nutzen Kryptowährungen, um Finanzsanktionen zu umgehen.
- **Auswirkung geopolitischer Verschiebungen:** BRICS-Staaten fördern den Handel in lokalen Währungen oder Kryptowährungen, um die Dollar-Dominanz zu schwächen. Länder wie China experimentieren auch mit eigenen digitalen Währungen (z. B. digitaler Yuan), während Bitcoin als neutrale Alternative dient.

Viele Zentralbanken, insbesondere die chinesische und die russische, haben in den letzten Jahren ihre Goldreserven aufgestockt, um das Vertrauen in ihre Institutionen zu stärken. Einige nationale Notenbanken arbeiten zudem Hochdruck an sogenannten Central Bank Digital Currencies („CBDC"s), um ihre Kontrolle über das Geldsystem zu sichern und die wachsende Popularität dezentraler Kryptowährungen wie Bitcoin einzudämmen. CBDCs sind digitale Versionen staatlicher Währungen, die von Zentralbanken emittiert und im Gegensatz zu dezentralen Kryptowährungen, zentral kontrolliert werden und an nationale Währungen wie den US$ oder Yuan gebunden sind. Mit der geplanten Einführung von CBDCs wollen Notenbanken die Kontrolle über Geldmenge, Zinspolitik und Finanzstabilität bewahren. Gelegentlich wird auch spekuliert, dass die BRICS-Staaten ihre staatlichen

Kryptowährungen mit Edelmetallen unterlegen könnten, um deren Aktivität zu steigern.

> Die EZB, aber auch die chinesische und die russische Notenbank testen CBDCs, um ihre Währungen im globalen Handel zu stärken und die Abhängigkeit ihrer Währungsräume vom US$ zu reduzieren. Als weitere Argumente für CBDC führen Notenbanken die Schaffung effizienterer Zahlungssysteme, die Senkung von Transaktionskosten und die Förderung finanzielle Inklusion an. Sie hoffen, dass staatliche Kontrolle und Vertrauen in etablierte Institutionen den CBDCs einen Vertrauensvorteil gegenüber volatilen und vermeintlich unsicheren dezentralen Kryptowährungen verschaffen. Das wird aber kein leichtes Unterfangen, weil CBDCs gleichzeitig der Regulierung und Überwachung dienen sollen. Im Gegensatz zu Kryptowährungen, die Anonymität bieten können, ermöglichen CBDCs eine vollständige Transaktionskontrolle. Dadurch können Notenbanken nicht nur Geldwäsche, Steuerhinterziehung oder Sanktionsumgehungen verhindern, sondern auch nach Belieben private Daten abgreifen, die Verwendung des Geldes durch seine Eigentümer einschränken und, z. B. in Finanzkrisen, die Guthaben unbescholtener Bürger konfiszieren.

Börsen und Banken

Die bis heute herausragende Stellung des US-Finanzmarktes tritt noch deutlicher hervor, wenn man die relative Größe der Börsenplätze und der privaten Finanzinstitutionen betrachtet.

> Die New York Stock Exchange (NYSE) und Nasdaq sind die größten Börsen weltweit. Der US-Aktienmarkt dominiert global mit einer Marktkapitalisierung der gelisteten Unternehmen von etwa € 44,4 Billionen Euro im Jahr 2025, was rund 38 % des weltweiten Aktienmarktes (€116 Billionen) entspricht. Die kumulierte Marktkapitalisierung an den europäischen Börsen, deren wichtigste Institutionen Euronext, Deutsche Börse und London Stock Exchange sind, liegt je nach Abgrenzung und Datum bei nur 12-14% des Weltmarktes. Der chinesische und der japanische Aktienmarkt kommen auf ca. 10 % bzw. 5 %. Die Dominanz der USA wird durch die Präsenz großer Technologieunternehmen (z. B. Apple, Microsoft) verstärkt, während europäische Märkte von

Unternehmen wie LVMH oder SAP angeführt werden, die erheblich geringere Börsenwerte aufweisen.

Die USA sind zudem Sitz globaler Großbanken wie JPMorgan Chase, Bank of America und Citigroup, die durch ihre Größe und globale Vernetzung den Finanzmarkt prägen. Sie profitieren von der Dollar-Dominanz und dominieren als Investmentbanken das Kapitalmarkt- und Unternehmensfusions-Geschäft (Mergers&Acquisitions). Europäische Banken wie Deutsche Bank, HSBC oder UBS sind zwar ebenfalls relevant, aber stärker auf das weniger profitable Retail- und Geschäftsbankaktivitäten fokussiert. Der europäische Bankenlandschaft ist zudem fragmentierter, da sie über viele Länder verteilt ist, und leidet unter strengeren Regulierungen (z. B. Basel III). Die großen Produktions- und Dienstleistungsunternehmen Europas sind daher oft auch auf die Unterstützung der US-Banken angewiesen.

Rang	*Bank*	*Herkunftsland*	*Marktkapitalisierung*	*Bilanzsumme*
1	JPMorgan Chase	USA	821,1	3.875,0
2	Bank of America	USA	360,3	3.180,0
3	ICBC	China	349,6	6.303,0
4	Agricultural Bank of China	China	295,8	5.364,0
5	China Construction Bank	China	281,4	5.019,0
6	Wells Fargo	USA	271,5	1.932,0
7	Bank of China	China	234,2	4.425,0
8	Morgan Stanley	USA	200,0	1.193,0
9	HSBC Holdings	Großbritannien	176,9	2.920,0
10	HDFC Bank	Indien	158,5	305,0

Tab. 13: Weltgrößte Banken nach Marktkapitalisierung (in Mrd. US$):[39]

39 Daten von Bloomberg, Statista, Geschäftsberichten der Banken, per 1.8.2025.

Die Macht der Fonds
Die US-amerikanische Kapitalsammelstellen sind im globalen Wettbewerb noch sehr viel dominanter als die Banken. Klassische Aktien- und Anleihefonds, verwaltet von Giganten wie BlackRock oder Vanguard, kontrollieren etwa 50 % des globalen Fondsmarktes. Die US-Fonds üben durch ihre Aktienanteile weltweit großem Einfluss auf börsennotierte Unternehmen aller Branchen aus. Hedgefonds sind in den USA ebenfalls stark vertreten, mit Schwergewichten wie Bridgewater (105,7 Mrd. USD, 2021) und Renaissance Technologies. Viele Hedgefonds sind zwar rechtlich an Offshore-Plätzen wie den Kaimaninseln domiziliert, aber US-Manager treffen die Entscheidungen. Auch Private Equity ist in den USA mit 4,5 Billionen US$ (von global 8,7 Billionen US$) besonders stark, angeführt von Firmen wie Apollo, Blackstone und KKR. Europäische Fonds wie Amundi (Frankreich), Allianz Global Investors und DWS (Deutschland) verwalten deutlich weniger Vermögen als die amerikanische Konkurrenz, sind aber trotzdem global bedeutend. Europäische Hedgefonds (z. B. Man Group, London) und PE-Fonds sind relevante Akteure, aber insgesamt kleiner und stärker reguliert.

Rang	*Fondsgesellschaft*	*Herkunftsland*	*Verwaltetes Vermögen*
1	BlackRock	USA	8.600
2	Vanguard Group	USA	7.250
3	Fidelity Investments	USA	3.500
4	State Street Global Advisors	USA	3.100
5	Allianz Global Investors	Deutschland	2.500
6	J.P. Morgan Asset Management	USA	2.400
7	BNY Mellon Investment Management	USA	1.900
8	PIMCO	USA	1.800
9	Amundi	Frankreich	1.700
10	Capital Group	USA	1.600

Tab. 14: Weltgrößte Fondsgesellschaften nach verwaltetem Vermögen (in Mrd. US$):[40]

40 Daten von Statista, fundresearch.de, eigene Schätzungen. PIMCO ist eine rechtlich selbständige US-Fondsgesellschaft, die allerdings eine Tochtergesellschaft der deutschen Allianz darstellt.

Die Macht dieser Finanzfonds über die Realwirtschaft ist gewaltig. Die Fondsmanager bewegen mit ihren Transaktionen die Aktienkurse. Sie beeinflussen auch maßgeblich die Ernennungen, Vertragsverlängerungen und Abberufungen von Organmitgliedern der Beteiligungsunternehmen und dadurch mittelbar deren Investitions- und Dividendenpolitik. Die globalisierte Anteilseignerstruktur an Unternehmen hat daher auch gravierende geoökonomische Konsequenzen.

Nichtwestliche Finanzinstitutionen

Die global ausgerichteten privaten Institutionen in den westlichen Staaten prägen das globale Finanzsystem. Bedeutsam sind auch noch die japanischen Institutionen. Das chinesische Finanzsystem ist im Vergleich zum westlichen noch unterentwickelt. Es stützt sich ebenfalls auf Börsen, Banken und Fonds, die aber viel umfassender staatlich kontrolliert werden. Die People's Bank of China (PBOC) bestimmt die Geldpolitik und Wechselkurse. Die Börsen von Shanghai (SSE) und Shenzhen (SZSE) sind zentrale Handelsplätze für Aktien und Anleihen. Die Börsen ermöglichen Kapitalbeschaffung für Unternehmen, Zulassung und Handel sind jedoch stark reguliert. Die chinesischen Banken zählen neben dem US-amerikanischen Konkurrenten zu den mächtigsten Institutionen weltweit und bilden das Rückgrat der Finanzwirtschaft. Die meisten großen Geldhäuser wie die Industrial and Commercial Bank of China (ICBC) sind allerdings trotz Börsennotierung staatlich dominiert. Chinesische Banken finanzieren vorrangig Infrastrukturprojekte und Staatsunternehmen, wobei die Kreditvergabe oft politisch gesteuert ist. Chinesische Investmentfonds spielen eine im globalen Wettbewerb noch untergeordnete, aber wachsende Rolle. Insbesondere Staatsfonds wie der China Investment Corporation verwalten enorme Vermögen im In- und Ausland, um strategische Interessen zu sichern. Insgesamt ist das chinesische Finanzsystem durch staatliche Eingriffe und Intransparenz geprägt.

4.6 Technologie und Innovation

Technologische Revolution

> Geographischer Ausgangspunkt der technologischen Revolution war in den 1970er Jahren das bei San Francisco (USA) gelegene Silicon Valley. In den letzten 50 Jahren haben zahlreiche Innovationsschübe durch Computer, Mikrochips, das Internet und Künstliche Intelligenz die Welt wahrscheinlich tiefgreifender verändert als alle Innovationen seit der Entdeckung des Feuers und der Erfindung des Rads. Personal Computer haben die Produktivität und Kommunikation revolutioniert. Seit den 1970er Jahren ermöglichen Mikrochips, basierend auf Moores Gesetz, exponentiell leistungsfähigere und kleinere Computer. Das Internet hat seit den 1990er Jahren dem freien Zugang zu Informationen, der globale Kommunikation, und dem E-Commerce zum Durchbruch verholfen. Seit den 2010er Jahren hat die KI durch Fortschritte in maschinellem Lernen und bei „Big Data", einen weiteren transformativen Innovationsschub gebracht. KI optimiert mit Hilfe von Sprachassistenten, autonomen Systemen und prädiktiver Analytik ganze Industriezweige, aber auch die Gesellschaft. Die technologischen Innovationen haben in Rekordzeit das etablierte geoökonomische Gefüge radikal verändert. Staaten und Konzerne, die die neuen Technologien kontrollieren, profitieren geopolitisch und wirtschaftlich. Unternehmen wie Google, Amazon und Meta haben sich zu digitalen Giganten entwickelt, die globale wirtschaftliche und soziale Strukturen prägen und nationalen Grenzen weitgehend ignorieren können.

Es erscheint vorstellbar, dass die Geschichte im digitalen Zeitalter schon bald nicht mehr die Geschichte von Staaten, sondern von Plattformen und Protokollen sein wird. Die Geschicke der Welt würden dann undemokratisch von der unsichtbaren Hand der digitalen Infrastruktur oder deren Eigentümern gelenkt. Die Übernahme von Twitter (X) durch Elon Musk für 44 Mrd US$, die Aussagen von Google- und Facebook-Vertretern zur Einflussnahme der Biden-Regierung auf Zensurmaßnahmen der beiden Konzerne, Donald Trumps Umgang mit den Tech-Milliardären und der US-Kampf um die chinesische Plattform TikTok zeigen, welche Macht die Social Media-Konzerne inzwischen verkörpern. Ein anderes Beispiel, über das die englische

Tageszeitung Daily Mail am 28.9.2025 berichtet hat, ist die Einflussnahme des britischen Ex-Premierministers Tony Blair auf die Regierung seines Nachfolgers Keir Starmer zur verpflichtenden Einführung einer digitalen Identität („ID") für Arbeitnehmer zur Bekämpfung von illegaler Migration und Sozialmissbrauch. Die Zeitung berichtet, dass Blair dem Datenbankkonzern Oracle zahlreiche Gespräche mit verschiedenen Ministerien über die Vergabe eines mit der digitalen ID-Einführung verbundenen IT-Auftrags mit einem Volumen von brit. £700 Mio. vermittelt hat. Dem Bericht zufolge soll der Oracle-Großaktionär Multimilliardär Larry Ellison, ein langjähriger enger Freund des Ex-Premiers, dem Tony Blair Institute for Global Change Zuwendungen in Höhe von brit. £257 Mio. versprochen haben.

Die technologische Revolution hat unabhängig von Dystopien bereits heute die digitale Souveränität und den Datenschutz zu zentralen Herausforderungen gemacht. Digitale Souveränität beschreibt die Fähigkeit von Staaten oder Regionen, ihre Daten, Infrastruktur und digitale Prozesse unabhängig zu kontrollieren. Die überwiegend in den USA ansässigen großen Tech-Konzerne dominieren die Datenflüsse in weiten Teilen der Welt, was Abhängigkeiten schafft. Auch wenn politische Datenschutzdebatten oft unter falschem Vorzeichen geführt und zudem von Techapologeten eher belächelt werden, stellt die massive Datensammlung durch KI, soziale Medien und IoT-Geräte eine existenzielle Herausforderung für die Freiheit des menschlichen Individuums dar (Zuboff, 2018)

Globaler Technologiewettlauf

Die globale Wettbewerbssituation im Technologiesektor ist trotz der Machtposition der Tech-Giganten durch intensiven Wettbewerb, rasante Innovationen und geopolitische Spannungen geprägt. Unternehmen aus den USA, China und Europa konkurrieren um die Technologieführerschaft in Bereichen wie Künstliche Intelligenz, Cloud Computing, Halbleiter, 5G und Software. Dieser Wettkampf wird durch hohe Investitionen, strategische Partnerschaften und regulatorische Herausforderungen angetrieben. In der westlichen Welt dominieren die US-Konzern Apple, Amazon, Alphabet (Google), Microsoft, Nvidia und Tesla den Markt. Diese sogenannten „glorreichen Sieben" profitieren von einem einzigartigen digitalen Ökosystem im Silicon Valley, das ständigen Technologietransfer aus universitärer und militärischer Forschung ermöglicht und aus der ganzen Welt kreative Köpfe anzieht. Die Vereinigten Staaten bieten zudem ein liberales regulatorisches Umfeld und den global größten Markt für Risikokapital, was Start-ups ebenso wie etablierten Unternehmen zugutekommt. Die großen Konzerne nutzen zudem gezielt ihre hohen Börsenbewertungen, um die Akquisition innovativer Newcomer mit eigenen Aktien zu finanzieren. Die hohe Börsenbewertung verdanken Microsoft (u. a. Betriebssysteme, Anwendungssoftware), Meta (Social Media) und Google (u. a. Suchmaschinen) nicht zuletzt ihren monopolartigen Stellungen in ihren Kernmärkten, mit Marktanteilen, die in vielen westlichen Ländern über 90 % liegen und Nutzern und Werbepartnern wenig Alternativen lassen.

> Marktbeobachtern zufolge werden die fünf größten Online-Medien im Jahr 2025 einen Anteil von 52,5% am gesamten deutschen Werbemarkt von ca. €30,9 Mrd. p. a. erreichen, einschließlich klassischer Werbung wie Print, TV und Radio (geschätzter Online-Anteil am Gesamtwerbemarkt per 2025 von ca. 68,8%).[41]

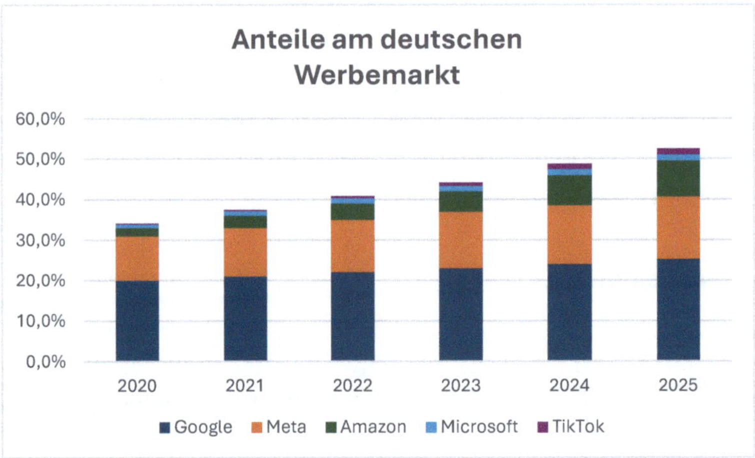

Abb. 8: Werbemarktanteile von Online-Medien

41 Bei den Daten im Diagramm handelt es sich um Schätzungen, die größtenteils auf Daten und Analysen des OMG und ergänzenden Zahlen von BVDW und Statista basieren. OMG steht für Organisation der Mediaagenturen im Gesamtverband Kommunikationsagenturen GWA e. V.

Europa, technologisch angeführt von Unternehmen aus Deutschland, den Niederlanden und Skandinavien, ist nur noch in Nischen wie Software, B2B-Hardware und Spezialmaschinenbau führend. Das mit Abstand bedeutendste europäische Technologieunternehmen ist die bereits 1972 gegründete SAP AG aus Walldorf, die an der Börse mit mehr als € 350 Mrd. (per 31.7.2025) bewertet wird. Der weltweit führende Anbieter von Unternehmenssoftware optimiert mit mehr als 100.000 Mitarbeitern Geschäftsprozesse wie Buchhaltung, Personalwesen und Logistik und ist europaweit führend auf den Gebieten Cloud und KI. Auch andere europäische Unternehmen profitieren von der Digitalisierung und Software-as-a-Service-Modellen. Der IT-Sektor kämpft aber mit Fachkräftemangel, hohen Energiekosten, Chip-Mangel und fragmentierten Märkten. Gerade die geringe(re) Größe der nationalen Heimatmärkte erschwert europäischen Wachstumsunternehmen eine schnelle Skalierung. Das führt häufig dazu, dass europäische Unternehmen frühzeitig von ihrer US-amerikanischen Konkurrenz gekauft werden. Europa fehlen im Ergebnis vergleichbare einheimische Technologiegiganten, weshalb Staaten und Unternehmen immer stärker von US-Technologie abhängig werden.

> US-Technologieunternehmen wie Microsoft, Google, Nvidia und Palantir dominieren die gesamte digitale Infrastruktur der westlichen Welt. Microsoft und Google kontrollieren dabei wesentliche Cloud-Dienste und Softwarelösungen, die für Unternehmen, Behörden und Forschung unverzichtbar sind. Nvidia dominiert den Markt bei KI-Hardware wie GPUs, die für maschinelles Lernen entscheidend sind. Palantir als führender Anbieter fortschrittlicher und hochsensibler Datenanalyse für Sicherheits- und Regierungsanwendungen zählt mittlerweile zahlreiche europäische Regierungen zu seinen Kunden. Die US-Firmen setzen globale Standards, kontrollieren Datenflüsse und haben Einfluss auf geopolitische Entscheidungen. Europas Bemühungen, digitale Souveränität durch Projekte wie GAIA-X zu erreichen, sind noch nicht weit gediehen, falls sie überhaupt ernst gemeint sind.

Name	*Land*	*Aktivitäten*	*Börsenwert*
Apple	USA	Hardware, Software, Elektronik, Cloud	3.700
NVIDIA	USA	Halbleiter, KI, Grafikprozessoren	3.100
Microsoft	USA	Software, Cloud-Dienste, Betriebssysteme, KI	3.000
Alphabet	USA	Suchmaschine, Cloud-Dienste, Werbung, KI	2.000
Amazon	USA	E-Commerce, Cloud-Computing, KI, Streaming	1.900
Meta	USA	Soziale Medien, Virtual Reality, KI	1.270
Tesla	USA	Elektrofahrzeuge, Batterietechnologie, KI	1.000
TSMC	Taiwan	Halbleiterfertigung	950
Broadcom	USA	Halbleiter, Netzwerktechnologie	650
Tencent	China	Soziale Medien, Gaming, FinTech, Cloud	590
Samsung	Südkorea	Hardware, Elektronik, Halbleiter	400
Alibaba	China	E-Commerce, Cloud-Computing, Fintech	282

Tab. 15: Weltgrößte Technologieunternehmen nach Marktkapitalisierung (in Mrd. US$):[42]

Anders als die EU und einzelne europäischen Staaten hat China in den letzten Jahrzehnten gezielt eigene Technologieunternehmen gefördert, um technologische Unabhängigkeit zu erreichen und die Macht der US-Konzerne einzuschränken. Chinas Technologieunternehmen profitieren dabei vom großen Heimatmarkt. Mit Alibaba und Tencent ist China bereits Sitz von zwei der größten globalen Technologiekonzerne. Im Rahmen von Strategien wie „Made in China 2025“ investiert der chinesische Staat weiter massiv in Zukunftstechnologien wie KI, 5G und Halbleiter, um Unternehmen wie Huawei, Xiaomi und ZTE zu globalen Marktführern zu machen.

42 Daten von Bloomberg (gerundet) per Mai 2025.

Subventionen, günstige Kredite und staatliche Aufträge stärken einheimische Firmen, während ausländische Konzerne durch regulatorische Hürden, Lizenzanforderungen und Marktzugangsbeschränkungen vom Markt ausgeschlossen oder in ihrer Expansion behindert werden. So wurden Google und Facebook gezielt durch strenge Zensur und Datenschutzauflagen aus dem chinesischen Markt verdrängt. Mit Exportkontrollen für kritische Rohstoffe wie Gallium und seltene Erden und Sanktionen gegen Nvidia – analog zu westlichen Maßnahmen gegen Huawei – erhöht der chinesische Staat den Druck auf westliche Konzerne. Gleichzeitig fördert Chinas Regierung die Akquisition westlicher Unternehmen wie KUKA durch chinesische Konzerne, um an deren Technologie zu gelangen. Das Land ist zudem längt über den Status einer „Copy-Cat-Kultur" hinausgekommen und hat in vielen Technologiefeldern bereits die Führerschaft erlangt. Der „Critical Technology Tracker" des Australian Strategic Policy Institute (ASPI) analysiert regelmäßig Technologiefelder wie KI, Energie, Robotik und Quantentechnologie. In einer Studie identifiziert das ASPI China mittlerweile in 37 von 44 Schlüsseltechnologien als technologisch führend (Nordenbrock, 2024). Aufgrund seiner vielfältigen Maßnahmen hat China seine technologische Autonomie weitgehend bewahrt. Gleichzeitig helfen Projekte wie die „Digitale Seidenstraße", chinesischer Technologie globalen Einfluss zu verschaffen.

Auch Russland hat seit den 2000er Jahren gezielt Strategien verfolgt, um einheimische Technologieunternehmen zu fördern und die eigene technologische Unabhängigkeit zu sichern. Russisches Ziel ist es, die nationale Sicherheit in einer zunehmend digitalisierten Welt zu gewährleisten, indem die Kontrolle über Informationsflüsse, Technologien und Infrastrukturen gestärkt wird. Dazu wurde die „Doktrin der Informationssicherheit" vom Sicherheitsrat der Russischen Föderation erarbeitet und durch ein Dekret von Präsident Wladimir Putin am 9. September 2000 verabschiedet. Das Dekret entstand vor dem Hintergrund wachsender geopolitischer Spannungen und der russischen Erkenntnis, dass westliche Technologien eine strategische Schwachstelle darstellen. Die Doktrin wurde 2016 aktualisiert, um vermeintliche neue Bedrohungen wie hybride Kriegsführung und Desinformation zu berücksichtigen. Später wurde die Doktrin noch durch das „Souveräne Internet"-Gesetz (2019) ergänzt, das es Russland ermöglichen soll, sein Internet unabhängig vom globalen Netz zu betreiben.

Der russsische Staat stärkt durch staatliche Subventionen, Steuererleichterungen und Vorgaben für Behörden, lokale Software zu nutzen, gezielt einheimische Unternehmen wie Yandex und Kaspersky. Russland fördert zudem im Bereich der sozialen Netzwerke Vkontakte als Alternative zu Facebook. Die genannten Unternehmen dominieren ihren jeweiligen Markt in Russland und einigen Nachbarstaaten, befinden sich aber im globalen Wettbewerb nicht auf Augenhöhe mit amerkanischen und chinesischen Technologiekonzernen. Exportkontrollen und strenge Regulierungen erschweren seit einigen Jahren US-Konzernen wie Google oder Microsoft den Zugang zum russischen Markt. Der Rückzug westlicher Tech-Firmen nach 2022 aufgrund von Sanktionen verstärkte die russische Abkoppelung. Kooperationen mit China sollen die Abhängigkeit vom Westen zusätzlich verringern.

Insgesamt haben die Vereinigten Staaten auf dem Technologiesektor noch einen Vorsprung, der ihnen geoökonomische Macht verleiht. Die BRICS, vor allem China, können sich aber zunehmend abkoppeln.

4.7 Wettrüsten

Verteidigungsbudgets im globalen Vergleich

Im zweiten Kapitel wurde beschrieben, wie der US-geführte Westen seine wirtschaftliche Überlegenheit genutzt hat, um den Kalten Krieg durch einen Rüstungswettlauf zu gewinnen. Im Zuge der wieder eskalierten geopolitischen Konfrontation der NATO mit Russland hat ein neues Wettrüsten begonnen. Die Wiederaufrüstung der europäischen NATO-Staaten angesichts des Ukrainekriegs soll nach Aussage zahlreicher westlicher Politiker Russland abschrecken, ins Baltikum oder in andere europäische NATO-Staaten einzumarschieren. Darüber hinaus gibt es mit dem Iran, Nordkorea und China (wegen Taiwan) weitere tatsächliche und potenzielle Konfliktherde zwischen dem Westen und anderen Nationen. Die geopolitischen Veränderungen haben massive Auswirkungen auf die Rüstungsbudgets. Die Stockholmer Friedensforscher des SIPRI-Institutes ermitteln jährlich die weltweiten Verteidigungsausgaben und errechnen für 2024 auf einen neuen Rekordwert von 2,7 Billionen US$ (etwa 2,4 Billionen Euro), bei hohen Wachstumsraten. Während das US-Militärbudget in absoluten Zahlen dominiert, holten andere Länder wie Russland (+38%) und China (+7%) zuletzt auf. Auch das deutsche Verteidigungsbudget ist laut SIPRI im Jahr 2024 um 28 % angestiegen und hat sich seit 2015 fast verdoppelt.

Rang	*Land*	*Militärbudget*	*Aktive Soldaten*
1	USA	997.0	1.328.000
2	China	347.0	2.035.000
3	Russland	149.0	1.300.000
4	Deutschland	88.5	184.000
5	Indien	86.1	1.460.000
6	Großbritannien	74.0	184.860
7	Frankreich	66.9	203.250
8	Japan	55.3	247.150
9	Südkorea	50.8	500.000
10	Italien	34.5	165.500

Tab. 16: Weltgrößte Militärnationen nach Verteidigungsbudgets (in Mrd. US$):[43]

Insgesamt sind die westlichen Verteidigungsausgaben sehr viel höher als diejenigen anderer Staaten, auch im Vergleich zu den aufstrebenden BRICS-Ländern. Verteidigungsausgaben sind unproduktiver Staatskonsum. Die Ausgaben führen entsprechend aus staatlicher Sicht zu Budgetkürzungen an anderer Stelle oder zu höherer Verschuldung. Die Differenz wäre allerdings geringer, wenn auch Kaufkraftparitäten berücksichtigt würden, nach denen laut IWF-Schätzungen die russischen Zahlen um 105 % und die chinesischen um 152 % erhöht werden müssten. Die Militärbudgets müssen zudem nicht zwingend mit der militärischen Leistungsfähigkeit der jeweiligen Armeen korrelieren. Bei einem Vergleich der militärischen Fähigkeiten sind nicht nur die aktuellen Budgets, sondern auch die jeweilige Truppenstärke, die Größe der konventionellen und nuklearen Waffenarsenale, die technologische Qualität der Waffensysteme und die Kampferfahrung der Armeen relevant.

43 Daten SIPRI-Bericht 2024 für Militärbudgets, Global Firepower 2024 für Armeestärke.

Gesamtvergleich der Waffenarsenale

Auf den ersten Blick verfügt die NATO über eine erhebliche Überlegenheit bei der Zahl der Soldaten und beim Vergleich der konventionellen Waffenarsenale. Die NATO-Staaten, insbesondere die USA, Großbritannien und Frankreich, haben Kampferfahrung aus Konflikten in Afghanistan, Irak und Syrien. Diese Einsätze konzentrierten sich aber auf asymmetrische Kriegsführung, Terrorismusbekämpfung und Friedenssicherung, weniger auf klassische Landesverteidigung. Russland hat seit 2008 durch Konflikte in Georgien, Syrien und der Ukraine Kampferfahrung gesammelt, insbesondere in konventioneller und hybrider Kriegsführung.

Kategorie	*NATO*	*Russland*	*China*	*Indien*
Kriegsschiffe	928	781	730	150
Militärflugzeuge	22.308	4.292	3.200	1.800
Panzer	9.000	12.500	9.150	3.500
U-Boote	150	64	60	8

Tab. 17: Waffenarsenale im Vergleich:[44]

Die NATO verfügt über mehr als 20.000 Flugzeuge, darunter moderne Kampfflugzeuge wie die F-35, F-22 und Eurofighter. Diese Systeme verfügen überwiegend über Tarnkappentechnologie und Präzisionswaffen. Die Marine der NATO-Staaten unterhält unter anderem 16 Flugzeugträger, mehr als 100 Zerstörer und ca. 130 Fregatten und ca. 150 U-Boote. NATO verfügt zudem über eine Vielzahl moderner Panzer (z. B. Leopard 2, M1 Abrams) und Artilleriesystem.

Aber auch Russlands konventionelles Arsenal ist zahlenmäßig beachtlich. Die Streitkräfte des Landes verfügen über etwa 4.100 Flugzeuge, mit Schwerpunkt auf strategischen Bombern und Abfangjägern wie der Su-57. Die russische Marine besitzt zwar nur einen Flugzeugträger, 10 Zerstörer und 12 Fregatten, aber auch 63 U-Boote, darunter 11 nuklearbetriebene mit ballistischen Raketen. Die russischen Landstreitkräfte verfügen über eine umfangreiche Artillerie und zahlreiche Panzer (z. B. T-90, Armata T-14), Russland unterhält eine hohe Artillerieproduktion und wird durch

44 Eigene Zusammenstellung auf Grundlage von Global Firepower Index und Statista.

Verbündete wie Weißrussland, Nordkorea und Iran unterstützt, die Drohnen und Artillerie liefern.

Russland besitzt zudem weltweit mit etwa 6.255 nuklearen Sprengköpfen das größte Nuklearwaffenarsenal. Die USA besitzen ca. 5.550 Sprengköpfe. Europa hat im Bereich der Nuklearwaffen keine annähernd vergleichbaren Bestände. Großbritannien verfügt über 225 und Frankreich über 290 Sprengköpfe. Großbritannien hat für den Einsatz vier nuklearfähige U-Boote, Frankreich unterhält Rafale-B-Flugzeuge. Aber beiden Staaten fehlen landgestützte Raketensysteme. Die übrigen europäischen Staaten sind keine Atommächte. Russland hat in den letzten Jahren erhebliche Fortschritte bei der Entwicklung von Hyperschallwaffen gemacht, die Geschwindigkeiten über Mach 5 erreichen und manövrierfähig sind, was die Abwehr erschwert. Die see- und landgestützte „Zirkon"-Rakete und die „Awangard"-Hyperschallgleitwaffe sind prominente Beispiele. Russland hat zudem mit der Serienproduktion der „Oreschnik"-Hyperschallrakete begonnen, die nuklear bestückt werden kann. Diese Systeme bieten Russland Drohpotenzial, da sie konventionelle und nukleare Sprengköpfe tragen können und westliche Abwehrsysteme herausfordern.

Chinas militärische Fähigkeiten sind mangels Transparenz schwerer einzuschätzen als die westlichen und russischen, haben sich in den letzten Jahrzehnten aber ebenfalls erheblich entwickelt. Die Volksbefreiungsarmee ist zahlenmäßig eine der stärksten Streitkräfte weltweit. Die Luftwaffe verfügt über etwa 3.200 Flugzeuge, darunter moderne J-20-Stealth-Kampfjets und H-6-Bomber. Sie werden ergänzt durch Drohnen wie die GJ-11 und strategische Transportflugzeuge wie die Y-20 stärken die Einsatzfähigkeit. China arbeitet ebenfalls an Hyperschallwaffen und verbessert seine Luftverteidigungssysteme, etwa mit dem HQ-9. Die chinesischen Landstreitkräfte verfügen über etwa 9.150 Panzer, darunter den Typ-99, der dem M1 Abrams ähnelt. Moderne Artillerie und Raketensysteme ergänzen die konventionelle Stärke. Die Volksrepublik unterhält zudem die größte Marine der Welt mit etwa 730 Schiffen und 60 U-Booten, darunter nuklear angetriebene. Außerdem verfügt die die bevölkerungsreichste Nation der Welt über etwa 500 Nuklearwaffen und ein fortschrittliches Raketenarsenal mit Interkontinentalraketen, Hyperschalltechnologien und Anti-Satellitenwaffen. China investiert zudem in Cyberangriffe, elektronische Kriegsführung und Weltraumtechnologien, einschließlich Satellitenzerstörung und GPS-Störung. Allerdings mangelt es der chinesischen Armee an realer Kampferfahrung.

Rasant wachsende Verteidigungsbudgets

In jüngster Zeit haben die NATO-Staaten auf Betreiben der USA ihre Rüstungsaktivitäten massiv erhöht. Parteiübergreifend haben US-Präsidenten nicht nur die eigenen Verteidigungsbudgets ausgeweitet, sondern Druck auf die europäischen NATO-Staaten ausgeübt, mehr Geld für ihre Sicherheit auszugeben. Schon unter Präsident Obama wurde 2014 auf dem NATO-Gipfel in Wales das „2%-Ziel“ vereinbart. Dadurch werden Mitgliedstaaten verpflichtet, mindestens 2 % ihres Bruttoinlandsproduktes für Verteidigung auszugeben. Dieses Ziel wurde 2023 in Vilnius noch einmal als „Mindestanforderung“ bekräftigt, da es bis dahin nur 11 von 32 Mitgliedstaaten erfüllten. Im Jahr 2024 erreichen laut NATO-Schätzungen aber 23 Mitgliedstaaten, einschließlich Deutschland (2,12%), das Ziel, nach einem Anstieg der Ausgaben um 10,9% im Vergleich zum Vorjahr

Im Jahr 2025 einigte sich die NATO auf Druck von US-Präsident Trump auf dem Gipfel in Den Haag auf ein ambitionierteres 5 %-BIP-Ziel bis 2035 (davon 3,5% für klassische Verteidigung und 1,5 % für Infrastruktur). Die Vereinigten Staaten verlangen im Sinne einer „Lastenteilung“ mehr europäische Verantwortung, möglichweise um sich selbst strategisch auf andere potenzielle Konfliktherde im Nahen Osten, Südamerika (Venezuela) und in China (Taiwan) konzentrieren zu können.

Die Finanzierung des NATO-Ziels von 5 % des BIP für Verteidigung stellt die europäischen Mitgliedstaaten zudem bereits heute vor unlösbare Herausforderungen, angesichts hoher Staatsschulden, Haushaltsdefiziten, steigender Zinsen, hoher Sozialkosten und wachsender Arbeitslosigkeit. Länder wie Italien (Schuldenquote: 145 % des BIP), aber auch Frankreich und Spanien kämpfen schon länger mit begrenzten fiskalischen Spielräumen. Selbst der vermeintliche EU-Stabilitätsanker Deutschland hat inzwischen die Schuldenbremse ausgesetzt und die Neuverschuldung massiv ausgeweitet.

Wirtschaftliche und soziale Folgen der Aufrüstung

Mit höherer Verschuldung der Staaten werden wahrscheinlich die Zinsen steigen. Einsparungen bei Infrastruktur oder Bildung zur Gegenfinanzierung gefährden langfristig das Wachstum. Kürzungen von Sozialausgaben für Renten oder Gesundheit sind in den meisten europäischen Ländern ohnehin nicht durchsetzbar. Für weitere umfangreiche Steuererhöhungen besteht ebenfalls kaum Spielraum, da die Steuerlast der Bürger und Unternehmen in den europäischen NATO-Staaten bereits an der Weltspitze liegt. Die explodierenden Verteidigungsbudgets gleichen eine gewaltige keynesianische Konjunkturspritze für die westliche Rüstungsindustrie, insbesondere für US-Konzerne, und deren Aktionäre. Als geoökonomischer Hebel des Westens eignen sie sich nicht. Für einen Krieg wären die EU oder die europäischen NATO-Staaten auch in fünf Jahren nicht gerüstet, schon gar nicht ohne die Vereinigten Staaten. Zudem fehlt für einen Konflikt der gesellschaftliche Rückhalt, wie in der Einleitung und in Kapitel 3 analysiert.

Insgesamt sind erhebliche Zweifel angebracht, ob sich der Westen erneut, wie im Kalten Krieg, mit einer Rüstungsstrategie gegen seine Rivalen durchsetzen kann. Die geoökonomische Position ist sehr viel schwächer als in den 1980er Jahren. Die technologische, ökonomische und militärische Leistungsfähigkeit der BRICS-Staaten ist mit derjenigen des abgewirtschafteten Ostblockes vor 40 Jahren ohnehin nicht zu vergleichen. Die führenden BRICS-Nationen sind zudem nuklear bewaffnet und verfügen über große, teilweise kampferfahrene Armeen.

Da Rüstungsausgaben keine Investitionen, sondern unproduktiver Staatskonsum sind, tragen sie zur Beschleunigung der wirtschaftlichen und politischen Überforderung Europas bei. Provokant ließe sich auch fragen, warum eine fremde Macht wie Russland oder China Europa überhaupt erobern wollte? Der Kontinent ist ausweislich der bisher betrachteten Zahlen überaltert und überschuldet, dazu ohne nennenswerte natürliche Ressourcen und technologisch auf vielen zukunftsträchtigen Gebieten nicht mehr führend. Viele kluge Köpfe würden bei einem drohenden Kriegsausbruch fliehen. Aber es mag politische Bewertungen oder geheimdienstliche Erkenntnisse jenseits von Drohnenfotos geben, die zu einer anderen geopolitischen Lagebeurteilung führen, die derartig hohe Ausgaben trotzdem rechtfertigt.

Falls es keine derartigen Erkenntnisse gibt, beschleunigt das neue Wettrüsten lediglich den Niedergang des Westens. Geoökomisch wäre Europa besser beraten, in Bildung, Technologie und Infrastruktur zu investieren und finanziell Maß zu halten.

4.8 Guerillataktiken

Staatliche Wirtschaftsspionage
Bereits in den vorangegangenen Abschnitten ist deutlich geworden, dass Staaten bei der Durchsetzung ihrer geopolitischen und -ökonomischen

Interessen nicht immer zimperlich vorgehen. Handelskriege, Sanktionen und Finanzboykotte sind Beispiele für offen angewandte Machtinstrumente zur Gefügigmachung von Feind und Freund. Darüber hinaus agieren Staaten aber auch im Verborgenen, in dem sie gezielt ihre Kontrahenten durch Spionage übervorteilen und durch Sabotageaktionen schwächen. Gern werden Attacken auf die IT-Infrastruktur gegnerischer Staaten durchgeführt. Auch hier macht es oft kaum Unterschiede, wer wo regiert, Staatsinteressen und Geoökonomie haben in der Realpolitik Vorrang. Der Iran soll Saudi-Arabiens Saudi-Aramco (Shamoon, 2012) attackiert haben, Israel wiederum die Nuklearanlagen-IT des Iran (Stuxnet, 2010) sabotiert haben. Großbritanniens Geheimdienst soll Brasiliens Petrobras überwacht haben. Westliche Medien berichten auch immer wieder über russische Cyber-Attacken.
In Deutschland wurde nach der Wende aufgedeckt, wie die DDR systematisch Wirtschaftsspionage in der Bundesrepublik Deutschland betrieben hat, vor allem durch die Hauptverwaltung Aufklärung des Ministeriums für Staatssicherheit. Dafür wurden Agenten in Unternehmen wie Siemens, IBM Deutschland und MBB eingeschleust, um deren Technologie- und Wirtschaftsgeheimnisse zu stehlen. Die Zeitschrift DER SPIEGEL berichtete in ihrer Ausgabe 40/1990, wie die DDR-Regierung mit Hilfe von Informanten und Abhöraktionen in den 1970er und 1980er Jahren wertvolles Know-how in der Mikroelektronik und der Rüstungstechnologie gestohlen hat, um ihre eigene Wirtschaft zu stärken.

Chinesische Aktivitäten

Auch der Volksrepublik China und dort ansässigen, regierungsnahen Unternehmen werden bis heute immer wieder von westlicher Seite Wirtschaftsspionage, Patenverletzungen, Cyberattacken und illegale politische Einflussnahme vorgeworfen. So berichtete das US-amerikanische National Counterintelligence Center über die „Operation Aurora" bei der 2009 bis 2010 Unternehmen wie Google gehackt wurden, um geistiges Eigentum zu stehlen und technologische Vorteile zu erlangen. Ein US-Gericht verurteilt Sinovel wegen Diebstahls von Windturbinentechnologie der AMSC-Software mittels Cyberangriffen und Bestechung eines Mitarbeiters im Jahr 2018 zu einer Strafe von 1,5 Millionen US$ (Reuters, 2018). Dem chinesische Unterhaltungselektronikunternehmen Xiaomi wurden wiederholt vorgeworfen, Designs und Technologien von Apple-Produkten zu kopieren. Auch Huawei wurden wiederholt Spionage und Urheberrechtsverletzungen vorgeworfen, wie unter anderem im Wall Street Journal vom 12. Februar 2022 berichtet worden ist. Auch gezielte wirtschaftliche Einflussnahme auf das unmittelbare Umfeld von führenden westlichen Politikern zählt offenbar zum chinesischen Repertoire. Hunter Biden hat als Sohn des ehemaligen US-Präsidenten Joe Biden Geschäftsbeziehungen mit der chinesischen Firma CEFC China Energy unterhalten. Die ersten Berichte in der New York Post in der Endphase des Trump-Biden-Wahlkampfes basierten auf Informationen über das „Laptop from Hell", das Hunter Biden in einem PC-Reparaturladen vergessen hat. Zwischen 2013 und 2018 erhielten der Präsidentensohn und seine Firma etwa 11 Mio. US$ von CEFC, davon 4,8 Mio. für Beratungsleistungen. Hunter Biden war zudem ab 2013 Vorstandsmitglied der chinesischen Investmentfirma BHR Partners, an der er später einen 10 %-Anteil erwarb. Eine der geleakten E-Mails deutet sogar auf eine Beteiligung seines Vaters an den Chinageschäften hin. Die Authentizität von Hunter Bidens Computer und den kolportierten Inhalten wurde zwar anfangs von der US-Intelligence Community und den meisten Medien als „russische Desinformation" dementiert. Später wurden die Informationen aber von anderen Zeitungen, wie der Washington Post vom 30. März 2022, als überwiegend zutreffend und strafrechtlich relevant anerkannt. Hunter Biden profitiert von einer präsidentiellen Amnestie seines Vaters im Jahr 2024, die ihn vor Strafverfolgung schützt.

Westliche Sabotage

Aber nicht nur die „Kommunisten" kämpfen mit harten Bandagen, auch westliche Staaten haben von jeher Guerilla-Taktiken zur Durchsetzung geoökonomischer Ziele eingesetzt. Geoökonomische Sabotage hat im Westen sogar eine lange Tradition. Eine Pioniermacht auf diesem Gebiet ist Großbritannien. Das Land profitierte historisch von seiner Insellage, derentwegen es seit Wilhelm dem Eroberer im Jahre 1066 zu keiner erfolgreichen Invasion gekommen ist. Umgekehrt konnte der Inselstaat immer wieder auf dem Kontinent durch gezielte Aktionen sein individuell geringeres Gewicht entscheidend in die Waagschale werfen.

Die realitätsorientierte britische Außenpolitik war stets sehr entschlossen, wenn es strategisch erforderlich war. Wichtigstes Ziel war es über Jahrhunderte, durch eine Balance-of-Power-Politik zu verhindern, dass eine der Kontinentalmächte eine dominante Position erringen konnte. Wenn eine wirtschaftliche Unterstützung der jeweils zweitstärksten Kontinentalmacht nicht ausreichte, kamen stets auch militärische Optionen und Sabotageakte in Betracht. Ein historisches Beispiel ist die *„Schlacht von Kopenhagen"* im Jahr 1807. Dort führte die britische Royal Navy einen präventiven Angriff auf die Flotte des neutralen Dänemark durch, um zu verhindern, dass diese in napoleonische Hände fällt. Britische Schiffe bombardierten Kopenhagen und zerstörten oder erbeuteten große Teile der dänischen Flotte, was als kontroverser Akt der Präventivkriegsführung gilt (Muir, 2007).

Zu einem ähnlichen Vorfall kam es auch im Zweiten Weltkrieg. Nach dem deutschen Einmarsch in Frankreich im Juni 1940 fürchtete Großbritannien, dass die französische Mittelmeerflotte in Mers-el-Kébir in Algerien in deutsche Hände fallen könnte. Unter dem Codenamen Operation Catapult beschloss die britische Regierung, die Flotte zu neutralisieren (Stoddard, 2003). Der britische Admiral James Somerville forderte ultimativ von den französischen Kommandanten, Admiral Marcel-Bruno Gensoul, sich den Briten anschließen, sich entwaffnen lassen oder die Schiffe in einen neutralen Hafen zu verlegen. Nach gescheiterten Verhandlungen eröffneten die Briten am 3. Juli 1940 das Feuer. Innerhalb weniger Minuten versenkten sie mehrere französische Schiffe, darunter die Bretagne, und töteten rund 1.300 französische Seeleute. Die Aktion führte zu einer schweren Belastung der britisch-französischen Beziehungen, sicherte jedoch die britische Position im Mittelmeer. Die Operation verdeutlichte die Entschlossenheit Großbritanniens, die Kontrolle über die Seewege zu sichern.

Ökonomische Sabotage

Heutzutage werden die meisten Sabotage-Aktionen nicht mit militärischen, sondern mit ökonomischen Mitteln realisiert. Der Bestseller-Autor John Perkins offenbarte 2007 in seinem Buch *Confessions of an Economic Hitman* John Perkins seine Rolle als „Wirtschaftskiller" für US-Interessen in Entwicklungsländern. Perkins beschreibt autobiographisch, wie er in den 1970er und 1980er Jahren für die Beratungsfirma Chas. T. Main arbeitete, um Länder in Schuldenfallen zu locken und sie so geopolitisch und wirtschaftlich von den Vereinigten Staaten abhängig zu machen (Perkins, Neuauflage 2016). Perkins' Aufgabe war es, überhöhte Wirtschaftsprognosen zu erstellen, um Großprojekte wie Staudämme oder Infrastrukturinvestitionen zu rechtfertigten. Diese Projekte wurden durch Fremdwährungskredite internationaler Banken finanziert, von denen von vorneherein klar und gewollt war, dass die die verschuldeten Länder sie niemals zurückzahlen konnten.

Spätestens bei der späteren Umschuldung mussten die Schuldnerländer politische Zugeständnisse machen, etwa den USA Zugang zu Ressourcen ermöglichen oder militärische Unterstützung zusichern. Oft wurden mit Hilfe des IWF nach unvermeidlichen Schuldenkrisen wirtschaftspolitische Austeritätsprogramme und Privatisierungen durchgesetzt. Westliche Unternehmen konnten so Infrastruktur zu niedrigen Preisen erwerben. Der Autor schildert in seinem Buch unter anderem seine Einsätze in Ländern wie Indonesien, Panama, Ecuador und Saudi-Arabien. Er erwähnt auch, dass nicht-kooperative Länder zur Zielscheibe von Regime Change-Aktionen von CIA-Agenten wurden, die er als „Schakale“ bezeichnet. Opfer waren Staatschefs wie Jaime Roldós (Ecuador) oder Omar Torrijos (Panama), die beide unter mysteriösen Umständen starben. Perkins hält in seinem Buch eine „Korporatokratie“, eines Netzwerkes aus Konzernen, Banken und Regierungen für verantwortlich für diese Machenschaften. Edward Snowden bestätigte dann 2013, dass die NSA durch Programme wie PRISM umfassende Wirtschaftsspionage gegen ausländische Unternehmen und Regierungen betrieb, um strategische Vorteile für US-Firmen zu sichern. Snowden berichtete unter anderem im Guardian, wie die NSA beispielsweise die Kommunikation von Unternehmen wie Petrobras (Brasilien) oder Siemens (Deutschland) überwachte, um wirtschaftlich sensible Informationen zu sammeln und an einheimische Konkurrenten weiterzugeben.

Westliche Staaten versuchen ebenso wie die beiden führenden Nationen Russland und China mit allen Mittel wirtschaftlichen Einfluss in Afrika zu bewahren oder zu erwerben. Frankreich sichert sich bis heute mit dem Franc CFA, einer von Frankreich kontrollierte Währung, Einfluss über die Finanzpolitik in 14 afrikanischen Ländern. Die afrikanischen Mitgliedstaaten mussten bis 2019 sogar 50 % ihrer Währungsreserven bei der französischen Zentralbank hinterlegen, was ihre wirtschaftliche Autonomie einschränkte. Frankreich hat auch immer wieder autoritäre afrikanische Führer unterstützt, um Zugang zu Ölressourcen und Uranvorkommen zu sichern. Russland nutzt private Militärfirmen wie die ehemalige Wagner-Gruppe (nun „Africa Corps“), um Einfluss in Ländern wie Mali, der Zentralafrikanischen Republik (ZAR) und Burkina Faso zu gewinnen. Die Privatarmeen unterstützen oft bestehende autoritäre Regime durch Sicherheitsdienste im Austausch für Rohstoffzugang. Die Hintergründe der jüngsten, im zweiten Kapitel beschriebenen afrikanischer Regimewechsel sind schwer zu durchschauen, lassen aber auf intensive Revierkämpfe großer Staaten im Hintergrund schließen.

5 Geoökonomische Positionen einflussreicher Staaten und Bündnisse

Im zweiten Kapitel wurden elementare rechtliche und politische Grundlagen der Staaten zusammengefasst und der Ablauf ihrer Entstehungs- und Expansionsgeschichte westlicher Staaten nachgezeichnet. Im dritten Kapitel wurde betrachtet, welche Personen und Gruppen in den Staaten Einfluss auf wichtige politische und wirtschaftliche Entscheidungen nehmen können. Im vierten Kapitel wurde beschrieben, welche geoökomischen Faktoren einzelnen Staaten Macht über andere Nationen verleihen und wie umgekehrt staatliche Abhängigkeiten von fremden Mächten entstehen. Es wurden auch bereits exemplarisch erläutert, wie Staaten vorteilhafte Machtpositionen geoökonomisch ausbeuten können. Die Analyse individueller staatlicher Machtpositionen, Abhängigkeiten und Strategien soll in diesem fünften Kapitel vertieft werden. Dafür werden die relative strategische Lage und die daraus abgeleitete Außenpolitik ausgewählter Staaten und Staatengruppen im geoökonomischen Kontext etwas genauer betrachtet.

Insgesamt wurden fünf Parteien identifiziert, die in einer multipolaren Welt prädestiniert wären, eine entscheidende geoökomische Rolle zu spielen. Dabei handelt es sich um die Vereinigten Staaten, die EU, China, Russland, und Indien. Einige weitere Staaten können individuell mindestens eine regional hervorgehobene Position einnehmen. Aus dem Kreis dieser Länder werden nur Deutschland, Frankreich Großbritannien, Brasilien, Japan, Polen und die Türkei etwas eingehender betrachtet, einige davon im Europaabschnitt als Teil oder in Abgrenzung zur EU. Weitere Staaten wie zum Beispiel Indonesien, Iran, Israel, Italien, Mexiko, Nigeria und Saudi-Arabien würden ebenfalls eine eigenständige Darstellung rechtfertigen.

5.1 Die Vereinigten Staaten von Amerika

Die Vereinigten Staaten sind nicht nur seit Ende des Zweiten Weltkriegs die unangefochtene Führungsmacht des Westens, sondern unter summarischer Würdigung aller in Kapitel 4 diskutierten wesentlichen Faktoren wie Wirtschaftsstärke, Finanzmacht, Ressourcen, Technologie und Militär, und Soft Power noch immer der mächtigste Staat der Welt. Im Jahr 2024 hatten die USA nach Schätzungen des Statistischen Bundesamt etwa 345 Mio. Einwohner. Das Bruttoinlandsprodukt der USA lag im Jahr 2024 bei 29,2 Billionen US$, mit einem vom IWF erwarteten Wachstum von etwa 2,5% für 2025. Kaufkraftbereinigt ist Chinas Wirtschaft zwar deutlich größer, aber die Vereinigten Staaten verfügen über andere Hebel. Der US$ ist trotz Konkurrenz durch RMB, € und Bitcoin immer noch mit Abstand die dominante Welthandels- und Reservewährung. Der besondere Dollarstatus ermöglicht seit Jahrzehnten die Finanzierung der gigantischen Zwillingsdefizite im Außenhandel und im Staatsbudget. Zudem kontrollieren die USA das Finanzsystem der Bretton Woods-Ordnung und dominieren mit ihren Banken und Investmentfonds unangefochten das Geschehen auf den globalen Kapitalmärkten. US-Fonds kontrollieren inzwischen auch die meisten börsennotierten europäischen Unternehmen. Diese historisch besondere Konstellation ermöglicht es den US-Bürgern, viel mehr zu konsumieren als sie selbst erwirtschaften.

Herausforderung Staatsverschuldung und Defizie

Die hohe Staatsverschuldung der USA liegt per August 2025 bei über 35 Billionen US$ liegt und überschreitet die Schwelle von 120 % des BIP. Der historische Rekordwerte stellt für viele Beobachter ein massives Risiko für die USA und auch für die globale Wirtschaft dar, die nur aufgrund der besonderen Stellung des US$ im Weltwährungssystem noch zu keiner Katastrophe geführt hat. Einige Ökonomen sehen in den Staatschulden eine tickende Zeitbombe, die durch jahrzehntelange fiskalische Nachlässigkeit entstanden ist. Die Credit Default Swaps (CDS) für US-Staatsanleihen, die das Ausfallrisiko der US-Staatsverschuldung messen, haben sich im jeweiligen Jahresdurchschnitt zwischen 2020 und 2025 von ca. 15,2 Basispunkte auf ca. 44 Basispunkte fast verdreifacht und das damit Niveau von europäischen Krisenländern wie Italien und Griechenland erreicht.

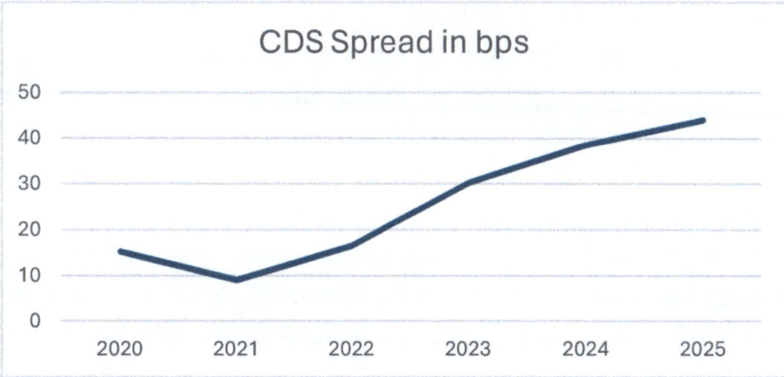

Abb. 9: CDS Spread
Quelle: Durchschnittswerte auf Basis von Daten von Investing.com und World Government Bonds

Die jährlichen US-Zinszahlungen allein belaufen sich auf über eine Billion Dollar, was die verbleibende Liquidität für Infrastruktur, Bildung oder Krisenbewältigung begrenzt. Die Schulden bewirken eine US-Abhängigkeit von ausländischen Gläubigern wie China, was geopolitische Risiken zur Folge hat. Langfristig befürchten einige Analysten einen Zahlungsausfall, der Märkte erschüttern und die USA geoökomisch stark unter Druck setzen könnte. Es darf aber bei aller berechtigter Kritik an der jahrzehntelangen fiskalischen Verantwortungslosigkeit auch nicht vergessen werden, dass die US-Staatsschulden, anders als die europäischen, in einer Substanzwertbetrachtung durch den Wert der Rohstoffvorkommen des Landes mehr als gedeckt sind. Die Perspektive der amerikanischen Volkswirtschaft profitiert zudem von Ertragskraft, Wachstum und dem resultierenden hohen Börsenwert der US-Technologiekonzerne.

Technologie und Militär

Die Technologiekonzerne des Silicon Valley dominieren wichtige Zukunftsfelder wie KI, Cloud Computing und Software. Die Vereinigten Staaten verfügen über umfangreiche Rohstoffvorkommen, deren Wert nur von den russischen deutlich übertroffen wird. Das US-Militär ist atomar und konventionell hochgerüstet und unterhält global mit Abstand die meisten Auslandsstützpunkte. Auch wenn die US-Militäreinsätze der letzten 20 Jahre wie in Afghanistan und Irak oft wenig ruhmreich endeten, bleiben die

Streitkräfte respektiert. Auch geographisch befinden sich die Vereinigten Staaten zwischen zwei großen Ozeanen in einer einzigartig privilegierten Lage (Marshall, 2015). Die geographische Positionierung ermöglicht der US-Marine, wichtige Handelsrouten auf beiden Weltmeeren zu kontrollieren. Außerdem schützen die Ozeane die Vereinigten Staaten davor, dass globale Konflikte das eigene Territorium erreichen, zumal Kanada und Mexiko als einzige unmittelbare Nachbarn friedfertig und sowohl militärisch als auch ökonomisch deutlich schwächer sind. Erwähnenswert ist auch, dass die USA über ihrer Unterhaltungsindustrie in weiten Teilen der Welt eine „kulturelle" Hegemonie ausüben.

Außenpolitischer Konsens

Erklärtes Ziel der US-Außenpolitik war es, dass Aufkommen eines Rivalen von vorneherein zu unterbinden. Aus Sicht einflussreicher außenpolitischer Gruppen wie der Neocons in der Republikanischen Partei ist spätestens seit dem 11. September 2001 auch ein Veto des Sicherheitsrats der Vereinten Nation kein Hindernis für ein unilaterales militärisches Vorgehen, wenn dieses im Interesse der US-Regierung geboten scheint (Kagan, 2003). Liberale Interventionisten in der Demokratischen Partei sehen das nicht anders. So wurde die Bombardierung Libyens von Präsident Obama angeordnet. In geopolitischen und geoökonomischen Fragen besteht, anders als bei innenpolitischen Themen, weitgehend Einigkeit zwischen den politischen Lagern. Das Selbstverständnis der politischen Eliten ist nach wie vor parteiübergreifend geprägt von amerikanischem Exzeptionalismus. Sie sehen die USA als „einzigartige" Nation mit einem „besonderen Schicksal", die nicht an globale Regeln gebunden ist. Schon Präsident Obama bezeichnete die Vereinigten Staaten als „indispensable nation". Sein Nachfolger Trump verfolgt eine dezidierte America First Politik.

Weite Teile seiner MAGA-Bewegung sind zwar isolationistisch eingestellt. Nach Amtsantritt hat Donald Trump trotzdem eine aktive außenpolitische Strategie eingeleitet. Diese konzentrierte sich zunächst auf verschiedene Friedensvermittlungsversuche, beinhaltete aber auch die Bombardierung iranischer Nuklearanlagen. Der US-Präsident hat sogar etablierte Staatsgrenzen verbal infrage gestellt. Er bezog sich unter anderem auf Grönland (Teil von Dänemark), die Arktis, Panama und den Nachbarstaat Kanada, der provokativ zum 51. US-Bundesstaat erklärt wurde. Von außen betrachtet wirkt die Rhetorik aber nicht als ernste Drohung, sondern als ein geschickter Versuch, Wettbewerber zu verunsichern und aus dem Gleichgewicht zu bringen.

Unterschiedliche Akzente bei der Verteidigung der US-Position setzen demokratische und republikanische Regierungen in der Tonalität und bei der Setzung von Prioritäten. Die Präsidenten Obama und Biden sind stärker auf unmittelbaren Konfrontationskurs zu Russland gegangen, während Donald Trump primär China attackiert. Die verschiedenen geoökonomischen Vergleiche zeigen aber, dass die Vereinigten Staaten bei einer realistischen Betrachtung in keiner Position mehr sind, einer chinesisch-russischen Allianz Bedingungen zu diktieren, geschweige denn einer vereinigten BRICS-Gemeinschaft.

Rivalität mit der Volksrepublik China

Die wirtschaftlichen Eliten kooperieren gezielt mit US-Regierungen und Behörden, um sich gestützt auf die politische Hegemonialmacht ihres Heimatlandes Konkurrenzvorteile zu sichern. Aber die neue Konkurrenz vor allem durch BRICS-Welt hat die Märkte verändert, auch wenn sich noch kein neues Gleichgewicht der gebildet hat. Besonders das Konkurrenzverhältnis zur Volksrepublik China, die kaufkraftbereinigt ein höheres BIP ausweist, schneller wächst und auf einigen technologischen Gebieten den Westen überholt hat, erinnert an Spartas Thukydidesfalle und an die deutsche Herausforderung, der das britische Empire am Ende des 20. Jahrhunderts ausgesetzt war. Bereits die erste Trump-Regierung benannte das unabhängige China offen als größten Rivalen. Für eine militärische Konfrontation mit der Volksrepublik ist es aber zu spät, eine Machtteilung mit geoökonomischen Rangeleien ist sehr viel wahrscheinlicher.

Aber auch andere Staaten wie Russland, Brasilien, Südafrika, die Türkei und Saudi-Arabien verfolgen seit einige Jahren einen eigenständigen Kurs. Diese geopolitischen Umwälzungen haben Folgen für die USA. Durch das Aufkommen unbotmäßiger und rivalisierender Mächte erhöhen sich deren Kosten zur Sicherung der Vorherrschaft, insbesondere auf militärischem Gebiet. Das Verteidigungsbudget nähert sich der Billionengrenze. Es ist schwer zu bestimmen, welcher Anteil davon auf globale Stationierungskosten entfällt, da das US-Verteidigungsministerium keine vollständigen oder transparente Berichte veröffentlicht. Schätzungen diverser Institute und Think Tanks für die jährlichen Kosten der US-Militärstützpunkte weltweit liegen zwischen 50 und 150 Milliarden US$, wobei die tatsächlichen Ausgaben je nach Berechnungsmethode variieren. Einige Beobachter erkennen eine imperiale Überdehnung. Insbesondere die starke Präsenz in Europa wird als „Overstretch" (Überdehnung) begriffen, weil sie Kräfte bindet, die die Amerikaner insbesondere in Asien brauchen könnten. Entsprechend werden seit Jahren in der US-Politik die Rufe lauter, die Europäer mögen mehr Verantwortung für ihre eigene Sicherheit übernehmen. Es zeichnet sich eine Begradigung ab, bei der sich die Vereinigten Staaten aus Europa zurückziehen, was bei den politischen Eliten Europas überwiegend Besorgnis auslöst. Die Entscheidung der Trump-Regierung, der Ukraine keine Finanzhilfen mehr zukommen zu lassen und die europäischen Nationen für die Waffenlieferungen bezahlen zu lassen, sprechen eine klare Sprache.

Auch im Bereich des Außenhandels verfügen die USA aufgrund ihres großen Binnenmarktes über eine exzellente geoökonomische Position. Viele Handelspartner sind auf den Zugang zu amerikanischen Abnehmern angewiesen, wogegen US-Unternehmen selten auf einzelne Absatzmärkte im Ausland angewiesen sind (Keohane und Nye, 2012). Unter Präsident Trump sind die USA aber nicht mehr der Verteidiger einer liberalen internationalen Ordnung mit ricardianischem Freihandelssystem. Die Trump-Administration strebt eine ausgeglichene Handelsbilanz an und möchte die globale Wettbewerbsfähigkeit der US-Wirtschaft unbedingt verbessern. Sie setzt daher, wie bereits im dritten Kapitel betrachtet, „Strafzölle" ein und verletzt bei Bedarf auch ostentativ die WTO-Regeln, um ihre eigene Position zu stärken. Möglicherweise ist diese protektionistische Kehrtwende sogar ein Eingeständnis, nicht mehr in allen Bereichen die führende Wirtschaftsnation zu sein. Dann wäre es nur folgerichtig, wie schon von Friedrich List postuliert, eine Schutzstrategie zu verfolgen. Ein weiterer Einschnitt der US-Politik liegt in der Forcierung einer aktiven Industriepolitik. Die Frankfurter Allgemeine Zeitung berichtet in ihrer Ausgabe vom 16.8.2025, dass die Trump-Regierung über eine staatliche Beteiligung an Intel verhandelt. Vorher hat die US-Regierung bereits eine Umsatzbeteiligung mit Nvidia und AMC verhandelt, die Micro-Chip-Exporten nach China verkaufen. Dem Bericht zufolge hat das US-Verteidigungsministerium auch schon eine Beteiligung an MP Materials erworben, einem Spezialunternehmen für Seltenen Erden.

Beherrschung Europas

Die veränderte US-Politik war bisher durchaus erfolgreich, insbesondere gegenüber den politisch schwachen Europäern, die hohe einseitige Zölle akzeptiert haben und künftig sehr viel Geld für Rüstungsgüter und Rohstoffe in den Vereinigten Staaten ausgeben müssen, die sie anderswo sehr viel günstiger erwerben könnten. Das US-Vorgehen folgt der Palmerston-Logik, dass Staaten keine dauerhaften Verbündeten haben, sondern Interessen. Auch Joseph Biden erklärte bereits als Barack Obamas Vizepräsident offen, dass die europäischen Alliierten beispielsweise bei den Russlandsanktionen zur Not auch gegen deren eigenen Interessen und erklärten Willen auf US-Kurs gezwungen werden (Huffington Post, 2006). Die Ausübung geopolitischer Macht wird seit Jahrzehnten auch über die Kooptierung der europäischen Eliten sichergestellt (Brzezinski, 1997).

Wo gehobelt wird, fallen Späne: Im Ergebnis werden die Europäer politisch entmündigt, von Russland und China abgeschirmt, nach römischem Vorbild ausgebeutet und ökonomisch auf Distanz gehalten. Das gezielte Anwerben von europäischen Unternehmen und Leistungsträgern stärkt amerikanische Unternehmen und Universitäten. Europa verliert durch die Verluste sowohl an eigener Wettbewerbsfähigkeit als auch an Attraktivität als Partner für die BRICS-Mächte im Rahmen der eurasischen Integration durch die Belt-and-Road-Initiative. Da die Vereinigten Staaten selbst nicht Teil Eurasiens sind, würden sie von einer Verwirklichung des Projektes nicht profitieren, sondern im Gegenteil an politischem Einfluss und Ressourcenzugang verlieren. Gerade die Kontrolle der eurasischen Energiemärkte ist erklärtermaßen von großer strategischer Bedeutung für die Vereinigten Staaten. Die politischen Veränderungen der letzten Jahre deuten auf eine zunehmende US-amerikanische Einsicht in die veränderten geoökonomischen Machtverhältnisse und den Versuch hin, in einer multipolaren Weltordnung eine möglichst starke Position als Vormacht des Westens zu bewahren.

Innenpolitische Gräben in den Vereinigten Staaten

Die wirtschaftliche und politische Elite ist relativ homogen und gut vernetzt. Ein gutes Dutzend Elite-Universitäten hat bis heute eine dominante Stellung bei der Ausbildung der angehenden Führungskräfte in allen Bereichen. Viele CEOs und Top-Politiker haben zudem nach ihrem Studium an der Wall Street, bei großen Anwaltskanzleien, bei Unternehmensberatungen und im Technologiesektor Erfahrungen erworben und Kontakte geknüpft. Ein Karrierewechsel zwischen Politik und Wirtschaft ist nicht ungewöhnlich. Auch zahlreiche Kabinettsmitglieder der Trump-Regierung – u. a. Vizepräsident J.D. Vance – kommen ursprünglich von Elite-Universitäten und aus der Privatwirtschaft. Die MAGA-Bewegung hat keinen fundamentalen Elitenwechsel bewirkt.

Trotz der grundsätzlichen Einigkeit der US-Eliten in globalen Machtfragen hat sich die Spaltung der US-Gesellschaft in zentralen innenpolitischen Fragen vertieft. Demokraten und Republikaner führen erbitterte Diskussionen um Themen der Identitätspolitik, über die Abtreibungsfrage, die Migration und die Klima- und Energiepolitik. Präsident Trump hat hier sofort nach Amtseintritt einen radikalen Kurswechsel vollzogen. Der Ton der Debatten hat sich verschärft. Beide Lager stehen sich unversöhnlich gegenüber und versuchen mit allen Mitteln, auch über die Justiz, den politischen Gegner zu bekämpfen. Die erbitterten Konflikte zwischen den politischen Lagern verkörpern primär einen Verteilungskampf innerhalb der amerikanischen Eliten.

Gesamteinschätzung der geoökonomischen US-Position

Wie ist die Position der Vereinigten Staaten insgesamt einzuschätzen? Geoökonomische Macht basiert, wie eingangs definiert, auf vier Pfeilern: Der Herrschaft über das globale Finanzsystem, strategische Industrien und Transportwege sowie auf Soft Power.

Die Vereinigten Staaten beherrschen das globale Finanzsystem und seine wichtigsten Institutionen. Das Vertrauen in das Petrodollarsystem ist aber aufgrund der hohen Verschuldungswerte brüchig geworden, was auch durch den Bitcoinkurs und die steigenden Gold- und Silberpreise illustriert wird. Außerdem wird die globale Finanzarchitektur des Bretton Woods-Systems zunehmend durch alternative Strukturen der BRICS-Staaten herausgefordert. Diese Veränderungen erschweren den Vereinigten Staaten bereits heute eine Durchsetzung geoökonomischer Interessen über Finanzsanktionen außerhalb des Westens. Mittelfristig ist deswegen ein zweigeteiltes globales Finanzsystem vorstellbar.

Auf dem Gebiet der strategischen Industrien sind die Vereinigten Staaten als rohstoffreiches Land mit vielen technologisch führenden Unternehmen exzellent positioniert. Viele Staaten sind im IT-Bereich von den USA abhängig. Die Vereinigten Staaten verfügen über ausreichende fossile Energievorkommen, um auf längere Sicht unabhängig von anderen Staaten zu bleiben. Nur im Bereich der Seltenen Erden, hängen die USA noch von chinesischen Importen ab, was die Chinesen im Zollstreit bereits ausgenutzt haben. Außerdem wird angereichertes Uran importiert und im Bereich der Weltraumtechnologie noch immer mit Russland kooperiert.

Als führende See- und Militärmacht beherrschen die Vereinigten Staaten die globalen Seewege. Die Volksrepublik China fordert aber über die Belt-and-Road Projekt die US-Dominanz offen heraus und könnte sich im Falle einer erfolgreichen eurasischen Integration zur global dominanten Macht auf dem Gebiet der Transportwege entwickeln. Die Trump-Regierung scheint diese Herausforderung angenommen zu haben. Sie versucht zum einen im Sinne der Mackinder-Strategie die eurasische Integration durch aktive Einflussnahme in Europa, im Kaukasus, Ostasien und Indien zu stören, zum anderem aber ihre eigene Dominanzsphäre in der westlichen Hemisphäre auszuweiten. Durch Kontrolle des Panamakanals und Zugriff auf die Ressourcen Kanadas und der Antarktis hätten die Vereinigten Staaten gewissermaßen eine Back-up Strategie für die multipolare Welt der Zukunft.

Die Vereinigten Staaten verfügen nach wie vor auch über erhebliche Soft Power, unter anderem weil englisch die wichtigste Weltsprache ist. Die US-Universitäten und der gigantische Entertainment-Sektor haben aufgrund ihrer Politisierung etwas an globaler Strahlkraft verloren, bleiben aber ein wichtiger Machtfaktor.

Geoökonomische Prioritäten

Aus dieser Ausgangslage ergeben sich unter anderem folgende geoökonomischen Ziele:

- Sicherung der Dollardominanz und der Finanzmacht
- Maximale Autarkie bei Rohstoffen, Technologie und Industrieprodukten
- Eindämmung Chinas und Verhinderung der eurasischen Integration, insbesondere Blockade der Belt-and-Road-Initiative
- Konsolidierung der außenpolitischen und geoökonomischen Vorherrschaft in der westlichen Hemisphäre
- Sicherung einer militärischen Dominanz in möglichst vielen Weltregionen
- Unterordnung und Exploration verbündeter Staaten, insbesondere in Europa und Ostasien (Japan und Südkorea)

Die Umsetzung der Ziele ist zuletzt etwas schwieriger geworden. Nach dem Zusammenbruch des kommunistischen Ostblocks konnten die USA für mehr als 30 Jahre die Welt mit dem Selbstverständnis eines Hegemons in einer unipolaren Weltordnung dominieren und für andere Staaten die Regeln setzen, ohne diese selbst immer befolgen zu müssen.

> Keohane und Nye erkannten bereits 2012: „*Although the United States still has the most powerful economy in the world, the prospects for American hegemony – to the point of being able to determine and maintain the rules – are slim.*“Die Politik der USA hat unter Präsident Trump auf die veränderte geoökonomische Situation mit einem Strategiewechsel reagiert. Um mit den BRICS-Staaten aus einer Position der Stärke zu verhandeln, streben die Vereinigten Staaten (anscheinend) keine totale Dominanz mehr an, sondern eine führende und unüberwindliche geoökonomische Position an. Oberste Priorität ist eine Eindämmung Chinas und die Verhinderung einer eurasischen Integration, vor allem, weil die Rohstoffvorkommen und Militärmacht Russlands eine starke Industrienation wie China perfekt ergänzen. Auf Interessen der westlichen Verbündeten kann bei der Umsetzung dieser Strategie nicht viel Rücksicht genommen werden. Nachdem die Vereinigten Staaten in der Produktionswirtschaft gegenüber China an Boden verloren haben, das Dollar-Regime fragil geworden ist und die amerikanische Soft Power etwas erodiert ist, stellt die amerikanische Dominanz im Techbereich wahrscheinlich die größte geoökomische Trumpfkarte der Supermacht dar.

5.2 Europa

Europäische Union als kontinental dominierender Staatenbund

Die Darstellung „Europas“ als zweitem geoökonomischen Machtfaktor ist unscharf und aus vielen Gründen angreifbar. Der frühere US-Außenminister Henry Kissinger soll gefragt haben, „*Who do I call if I want to speak to Europe?*“Europa ist ein Kontinent und kein Staat. Auch die Europäische Union ist, trotz ausgeprägter Zentralisierungstendenzen, kein Staat, sondern ein Zusammenschluss 27 souveräner Nationalstaaten. George Friedman (2009) betont, dass die Nationalstaaten Europas primär ihre eigenen Interessen verfolgen und die EU keine geschlossene Einheit bildet. Brzezinski erkennt vor allem Unterschiede der beiden wichtigsten EU-Führungsmächte, da Frankreichs Politik die EU primär als nationalen Machthebel ansieht, wogegen für Deutschland aufgrund historischer Belastungen die europäische Integration eine Art nationales Erlösungsprojekt darstellt (Brzezinski, 1997).

Die Europäische Union (EU) ist geographisch, wirtschaftlich und politisch auch nicht mit dem Kontinent Europa identisch. Wohlhabende Staaten wie Norwegen und die Schweiz wollen der EU nicht beitreten. Einer der bedeutendsten Mitgliedsstaaten, das Vereinigte Königreich von Großbritannien und Nordirland (nachfolgend verkürzt „Großbritannien“), hat die EU in Folge des Brexit-Votums seiner Bürger sogar verlassen. Die europäischen Einzelstaaten sind aber hinsichtlich ihrer Bevölkerungszahl und Wirtschaftskraft individuell zu klein, um geoökonomisch noch eine bedeutende Rolle neben Mächten wie den USA und der Volksrepublik China zu spielen. Deutschland, Frankreich und Italien haben zudem als die wichtigsten kontinentaleuropäischen Staaten wesentliche Kompetenzen in geoökonomischen Fragen an die EU übertragen und können deswegen gar nicht mehr autonom agieren. Hinter der Kompetenzübertragung steht auch der Gedanke, durch eine Bündelung der Kräfte mehr wirtschaftliches Gewicht in die globale Waagschale werfen zu können. Daher wird in diesem Text zunächst die geoökonomische Position der EU betrachtet und anschließend um ausgewählte nationale Aspekte einzelner europäischer Staaten ergänzt.

Kompetenzen der EU

Die Übertragung von Kompetenzen der Mitgliedstaaten an die EU ist über einen längeren Zeitraum erfolgt und hat sich seit Kissingers Zeiten weiterentwickelt. Historisch begann der Prozess als wirtschaftliches Integrationsprojekt mit den Römischen Verträgen (1957). Der ökonomische und politische Verbund der Mitglieder wurde, auch unter dem Leitbild eines europäischen Versöhnungsprojektes, unter anderem durch die Verträge von Maastricht (1992) und Lissabon (2009) vertieft. Das wichtigste Grundlagendokument der EU ist der Vertrag über die Arbeitsweise der EU von 2009 („AEUV“), der exklusive, geteilte und unterstützende Kompetenzen der Staatengemeinschaft definiert. Diese Kompetenzübertragungen der Mitgliedstaaten an die EU betreffen insbesondere ökonomische Regulierungsfragen und den Außenhandel. Beispielsweise hat die EU im Rahmen der „Bankenunion“ seit 2013 die Aufsicht über Kreditinstitute in der Eurozone übernommen (Art.

127 AEUV), mit der EZB als oberster Aufsichtsbehörde. Der AI Act von 2024 koordiniert die Regulierung der Künstlichen Intelligenz. Auch in Fragen der Umweltpolitik hat die EU Kompetenzen an sich gezogen und gibt mit dem „Green Deal" von 2019 „Klimaziele" wie die CO2-Reduktion vor. Gemäß Art. 207 AEUV ist die EU auch für die Handelspolitik zuständig, weshalb die EU internationale Abkommen wie CETA schließt und Kommissionspräsidentin von der Leyen im Juli 2025 mit Donald Trump die US-Zölle auf EU-Exporte verhandeln durfte. Auch Sanktionen fallen unter die Gemeinsame Außen- und Sicherheitspolitik (GASP), erfordern aber Einstimmigkeit im Europäischen Rat. Jüngere Reden der Kommissionspräsidentin Ursula von der Leyen deuten darauf hin, dass die EU weitere Kompetenzen an sich ziehen möchte, um ein eigenständiger geopolitischer Akteur zu werden. Es wird abzuwarten sein, ob auch Mitgliedsstaaten wie Ungarn, die Slowakei, Tschechien, Polen und Italien sowie deren Bevölkerungen Zentralisierungsbestrebungen unterstützen werden.

Größter Binnenmarkt der Welt

Theoretisch könnte die EU ein Schwergewicht im globalen geoökonomischen Gefüge sein. Konsolidiert bildet die Staatengemeinschaft gemessen am BIP einen der größten Wirtschaftsräume und ist mit der EZB, den Banken und Börsenplätzen eine global relevante Finanzmacht. Das aggregierte Bruttoinlandsprodukt der EU lag 2024 laut Eurostat bei etwa 18,8 Billionen US$, bei einem vom IWF prognostizierten Wachstum von etwa 1,0% für 2025. Mit rund 450 Millionen Einwohnern (2024) bildet die EU einen der größten Binnenmärkte der Welt. Die EU leidet aber unter geoökonomischen Schwächen und institutionellen Konstruktionsfehlern. Die geographische Lage der EU ist gleichzeitig Privileg und Herausforderung. Die EU hat freien Seezugang nach Westen, grenzt aber im Osten und Süden an Russland, den Nahen Osten und Nordafrika, was sie anfällig für geopolitische Spannungen macht. Theoretisch würde Europa wirtschaftlich von einer eurasischen Integration wirtschaftlich profitieren. Diese wurde nach Ende des Kalten Krieges auch angestrebt, kann aktuell aber aus geopolitischen Gründen nicht mehr vollzogen werden. Vor allem die Verbindungen zum Energielieferanten und Absatzmarkt Russland wurden gekappt. Der Zugang zum Atlantik, zur Ostsee und zum Mittelmeer ermöglicht der EU dafür die Kontrolle über wichtige maritime Handelsrouten. Die gestiegene Abhängigkeit von Seewegen für Energieimporte ist aber auch ein Kosten- und Risikofaktor.

Geoökonomische Stärken und Schwächen

Die EU-Staaten verfügen zudem über ansehnliche Agrarüberschüsse, sehr begrenzte Vorkommen an Bodenschätzen und solide militärische Kapazitäten. Der Euro ist die Währung von 20 EU-Mitgliedstaaten. Wenn man Gold außeracht lässt, ist der Euro die zweitwichtigste Welthandels- und Reservewährung nach dem US$, allerdings mit sehr großem Abstand. Europäische Finanzzentren wie Frankfurt, Paris und Amsterdam spielen eine bedeutende Rolle auf den globalen Kapitalmärkten. Europäische Banken und Investmentfonds sind international aktiv, aber weit weniger bedeutend als die US-amerikanische Konkurrenz.

Energiewende rückwärts?

Die EU ist in einigen Branchen noch immer führend in den Bereichen Technologie und Innovation, unter anderem bei Pharma und Medizintechnik, im Maschinenbau, in der Automobilindustrie und in der Luftfahrt. Auf den Zukunftsmärkten KI, Cloud und Software fällt die EU aber im Vergleich zum Silicon Valley ab, sowohl bei der Innovationskraft als auch bei der Skalierung von Produkten. Gründe dafür sind die Zersplitterung des Binnenmarkts, aber auch der wenig liquide Kapitalmarkt, insbesondere auf dem Gebiet der Wachstumsfinanzierungen. Noch kritischer ist die Lage bei etablierten Industrieunternehmen. Die strenge EU-Umweltpolitik hat vor allem der Automobilwirtschaft mit dem „Verbrennerverbot" schweren Schaden zugefügt und eine Deindustrialisierung eingeleitet. Der Mercedes-Chef Ola Kallänius sagte im Handelsblatt vom 12.08.2025: *„Wir müssen einen Realitätscheck machen. Sonst fahren wir mit Vollgas gegen die Wand. Natürlich müssen wir dekarbonisieren, aber es muss technologieneutral gemacht werden. Wir dürfen unsere Wirtschaft nicht aus den Augen verlieren. Wenn Europa und die europäische Autoindustrie ihre wirtschaftliche Stärke verspielen, verlieren wir erst recht die Möglichkeit, die politischen Ziele und die Dekarbonisierung zu erreichen. Ich würde kein konkretes Datum zum Ausstieg aus der Verbrenner-Technologie setzen."* E.on-Chef Birnbaum schreibt in einem Gastbeitrag der Zeitung Die Welt, dass nationale Fehler dazukommen:

> „Die Art, wie wir in Deutschland in den letzten Jahren unsere Klimaziele verfolgt haben, war zu ineffizient und zu teuer." Die Kosten würden explodieren, „weil immer noch völlig ungesteuert Windräder und Solarparks auf Kosten der

Allgemeinheit gebaut werden .... wo sie niemand braucht und das Netz schon jetzt vollkommen am Limit ist."

Die EU bürdet auch durch ihre Neigung zu immer stärkerer Regulierung den EU-Unternehmen oft schwere Lasten auf. Die resultierenden Kosten schwächen deren Position im globalen Wettbewerb und belasten zugleich den Börsenwert und erschweren die Finanzierung zu attraktiven Konditionen. Der Politikwissenschaftler Herfried Münkler sagte sinngemäß im Rahmen eines Vortrags zu den gesetzgeberischen Aktivitäten der EU, dass diese ihre fehlende Handlungsfähigkeit durch regulatorische Umtriebigkeit ersetzt.

Rohstoffabhängigkeit

Eine weitere Schwäche der EU und ihrer Mitgliedsstaaten liegt in den fehlenden natürlichen Ressourcen. Die EU verfügt nur über sehr geringe Rohstoffvorkommen, deren Nutzung im Bereich Kohle und (Fracking) Gas, anders als in den USA und China, zudem aus Umweltgründen weitgehend untersagt ist. Die EU-Staaten sind deswegen, wie im vierten Kapitel betrachtet, stark importabhängig, sowohl bei fossilen Brennstoffen als auch bei Seltenen Erden.

Militärische Abhängigkeit

Militärisch ist die EU kein einheitlicher Akteur, da die Verteidigungspolitik weitgehend in der Hand der Mitgliedstaaten liegt und eine Koordination nicht auf Ebene der EU, sondern in der US-geführten NATO erfolgt. Die Atommacht Frankreich verfügt über umfassende militärische Kapazitäten, Deutschland ist konventionell ausgerüstet. Die europäischen Bestände an einsatzfähigen Waffensystemen und Munition sind aber aufgrund von Hilfslieferungen an die Ukraine begrenzt. Die Bundeswehr leidet zudem unter Personalmangel.

Die EU und ihre Mitglieder unterhalten keine relevanten globalen Militärstützpunkte, die nationalen Armeen verfügen über wenig Kampferfahrung. Einige Staaten beteiligen sich gelegentlich an internationalen Friedensmissionen und NATO-Einsätzen, um ihren Einfluss zu sichern. Frankreich interveniert bisweilen auch politisch und militärisch in frankophonen afrikanischen Ländern, um seine geoökonomische Position zu verteidigen. Im Zuge der politischen Konfrontation mit Russland haben die europäischen

NATO-Staaten zuletzt ihre Rüstungsausgaben massiv erhöht. Die Ausgaben führen gleichzeitig zu einer Verschärfung der EU-Verschuldungsprobleme.

Abnehmende Wettbewerbsfähigkeit

Insgesamt erodiert die Position der EU und ihre Mitgliedsstaaten im globalen Wettbewerb kontinuierlich. Das International Institute for Management Development (IMD) vergleicht die Wettbewerbsfähigkeit von Staaten. In der 2024er Ausgabe wurden 67 Staaten anhand von 336 Kriterien verglichen (IMD, 2024, S. 52). Als die wettbewerbsfähigsten Staaten wurden Singapur auf Platz 1, die Schweiz auf Platz 2 und Dänemark auf Platz 3 ermittelt. Deutschland liegt in diesem Ranking nur noch auf Platz 24 (IMD, 2024, S. 50) und hat damit allein seit 2020 sieben Plätze verloren. Der Wirtschaftsdienst des ZBW gelangt in einer ausführlichen Analyse, die unter anderem auf Daten der OECD und der Bundesbank basiert, zu dem Ergebnis, dass gerade der langjährige europäische Stabilitätsanker Deutschland sich in einer Strukturkrise befindet, die von jahrelangen massiven Kapitalabflüssen ins Ausland (gemessen an wechselseitigen Direktinvestitionen) und von fortschreitender Deindustrialisierung geprägt ist. (Rusche, 2025).

Herausforderungen der europäischen Kernstaaten Frankreich und Deutschland

Frankreich ist die Heimat einiger der größten europäischen Konzerne verschiedener Branchen, Führend ist das Land im Bereich Konsumgüter und Luxusartikel. LVMH (ca. €400 Mrd.), Hermes (ca. € 250 Mrd.) und L'Oreal (ca. € 200 Mrd.) und Kering (ca. € 60 Mrd.) zählen zu den Unternehmen mit den höchsten Börsenwerten weltweit. Aber auch in anderen Branchen wie dem Energiesektor (TotalEnergies, Schneider Electric und Air Liquid), der Rüstungswirtschaft (Airbus) und im Pharmasektor (Sanofi) spielen französische Unternehmen global in der ersten Liga. Viele der Großunternehmen haben in der Vergangenheit von der engen Kooperation mit dem Staat profitiert, dessen Regierungen bis heute parteiübergreifend von der merkantilistischen Tradition Colberts geprägt sind. Unmittelbare Folge der zentralistischen und etatistischen Ausrichtung Frankreichs ist aber ein fehlender unternehmerischer Mittelstand.

Zu Frankreichs Herausforderungen zählen außerdem die im dritten Kapitel betrachtete sehr hohe und ständig weiterwachsende Staatsverschuldung, die hohe Staatsquote, ein schwaches Wirtschaftswachstum, eine reformunwillige und protestfreudige Bevölkerung, eine Entfremdung der Pariser Eliten vom Rest der Bevölkerung und die Bildung von Ghettos und Parallelgesellschaften in den Großstädten. Präsident Macron zählt inzwischen bei Umfragen regelmäßigen zu den in der eigenen Bevölkerung unpopulärsten Staatschefs der Welt. Die letzten Parlamentswahlen haben keine stabilen politischen Mehrheiten hervorgebracht, weil die Parteien der Mitte und die extremen Lager ungefähr gleich stark in der Nationalversammlung vertreten sind. Im Oktober 2025 stürzte bereits der siebte Premierminister in Präsident Macrons Amtszeit.

Auch außenpolitisch steht Frankreich unter Druck. In den letzten Jahren hat sich die Abkoppelung Afrikas weiter beschleunigt. Mehrere, überwiegend frankophone Länder in Afrika haben Militärputsche und Staatsstreiche erlebt, unter anderem Mail, Guinea, Tschad, Burkina Faso, Niger und Gabun. Viele Umstürze richten sich gegen den anhaltenden Einfluss Frankreichs. Einige Junta-Führer nutzen die Ressentiments, um breitere Unterstützung zu gewinnen. Frankreich wurde so de facto aus Mali, Burkina Faso und Niger vertrieben und verliert dadurch auch den Zugriff auf Uranvorkommen, die für Frankreichs Nuklearindustrie sehr wichtig sind.

Deutschlands Hauptstärke liegt in seiner technologisch versierten, mittelständisch strukturierten Unternehmenslandschaft. Kein Staat der Welt kann so viele heimliche Weltmarktführer vorweisen wie Deutschland. Studien der Hermann Simon hat in Deutschland über 1.300 „Hidden Champions“ identifiziert (Simon, 2009), bei denen es sich überwiegend um technische Familienunternehmen wie Stihl (Motorsägen) und Kärcher (Reinigungstechnik) handelt. Die Vereinigten Staaten kommen nur auf etwa 400 derartige Unternehmen, Italien auf 100 und Frankreich auf 50-70. Die starke Stellung von global erfolgreichen Familienunternehmen ermöglicht eine Weitergabe wirtschaftlichen Wohlstands und Einflusses. Auch diverse DAX-Konzerne wie Siemens, SAP, BASF, Bayer und die großen Automobilkonzerne verfügen nach wie vor über eine globale Bedeutung. Ähnlich wie die produzierende Wirtschaft ist auch das deutsche Bankensystem breit diversifiziert, aufgrund des Drei-Säulen-Systems mit Privatbanken, Sparkassen und Volksbanken, die oft lokal verankert sind. Dadurch entstehen insbesondere dem deutschen Mittelstand im Vergleich zur französischen, italienischen und englischen Konkurrenz, die in einem oligopolistischen Bankensystem operieren, Vorteile bei der Kreditversorgung und den Margen.

Deutschland ist das wachstumsschwächste Land der OECD, mit einer Rezession in 2023 (-0,9%) und 2024 (-0,5%) und kaum besseren Prognosen für 2025.[45] Die Perspektive des Landes wird belastet durch eine rapide anwachsende Staatsverschuldung in Kombination mit einer überalterten Bevölkerung, Die Stiftung Marktwirtschaft ermittelt in ihrer Generationenbilanz vom August 2025 einen Anstieg der gesamtstaatlichen impliziten Verschuldung um 80,7 Prozentpunkte auf dramatische 391,6 Prozent des BIP[46]. Zusammengenommen mit den expliziten Staatsschulden errechnen die Wissenschaftler um Bernd Raffelhüschen eine Nachhaltigkeitslücke von 454,1 Prozent des BIP oder 19,5 Billionen Euro. Die von der neuen Bundesregierung geplanten Schulden durch das „Sondervermögen" Infrastruktur und Klimaneutralität in Höhe von 500 Mrd. Euro sind dabei noch nicht einmal berücksichtigt. Auch der Bundesrechnungshof kritisiert in seinem Haushaltsgutachten vom September 2025 scharf die deutsche Finanzpolitik, der Bund lebe

> „strukturell über seine Verhältnisse. Er ist nicht mehr in der Lage, staatliche Kernaufgaben dauerhaft aus seinen Einnahmen zu finanzieren".

Insgesamt ist die Lage zwar noch deutlich besser als in Frankreich, aber dennoch prekär.

Weitere Probleme der deutschen Volkswirtschaft sind die explodierenden Energiekosten für Unternehmen und Privathaushalte, massiven Schwierigkeiten bei der Integration von Einwanderern und eine zunehmende politische Spaltung der Bevölkerung.

Deutschland ist außenpolitisch immer noch durch die Folgen des Zweiten Weltkriegs belastet (Friedman, 2009). Die deutsche Politik hat deswegen ein größeres Interesse als andere EU-Staaten, über die europäische Integration an Handlungsspielraum zu gewinnen. Die Vereinigten Staaten haben seit 1945 eine Einbindung Deutschlands in EU und NATO für notwendig erachtet, um eine erneute Dominanz des Landes in Europa zu verhindern.

---

45 Daten des Statistischen Bundesamtes (revidiert) und Ifo-Institut.

46 Die implizite Staatsverschuldung erfasst nach Definition der Autoren im Unterschied zur expliziten Verschuldung, die vor allem das Ausmaß vergangener Haushaltsdefizite widerspiegelt, die Summe aller zukünftigen (Primär-)Defizite bzw. Überschüsse. Zu Buche schlagen staatliche Zahlungsversprechen für die gesetzlichen Sozialversicherungen (Rente, Pflege und Krankheit), Beamtenpensionen, ungedeckte Zahlungsverpflichtungen der Gebietskörperschaften und nicht gegenfinanzierte sonstige Ausgabenversprechen (zum Beispiel für Infrastruktur und Rüstung).

Diese Einbindung ist aber mit einem bleibenden Verzicht auf nationale Souveränität verbunden.[47]

Herausforderungen auf Ebene der EU

Strukturelle Schwierigkeiten auf Ebene der EU machen die Lage noch komplizierter. Die EU-Strategie war jahrzehntelang auf parallele Erweiterung und Vertiefung ausgerichtet, was die Komplexität der Steuerung erhöht hat. Gleichzeitig ist in Brüssel eine Bürokratie gewuchert, die sich auch um sich selbst dreht. Als Ergebnis divergieren die einzelstaatlichen Prioritäten und Partikularinteressen, trotz einzelner gemeinsamer Projekte wie Airbus, sehr stark. Neben den betrachteten „harten" ökonomischen Faktoren spielen auch menschliche Faktoren eine Rolle bei der globalen Durchsetzung geoökonomischer europäischer Interessen. Die Vereinigten Staaten bilden – wie auch andere Länder – trotz aller gesellschaftlichen Spaltungen einen Nationalstaat mit einer (offenen) Leitkultur, (trotz vieler hispanischer Einwanderer) einer gemeinsamen Landessprache und einem einheitlichen Bildungssystem.

Aufgrund dieser realen Trennungen gibt es weder ein gemeinsames europäisches Verständnis geoökonomischer Interessen noch ein glaubwürdiges integriertes Auftreten auf globaler Bühne. Es ist entsprechend wenig verwunderlich, dass Donald Trump, Xi Jinping und Wladimir Putin lieber mit Vertretern der Nationalstaaten sprechen als mit den offiziellen Repräsentanten der EU. Die Größe des EU-Wirtschaftsraums gibt den EU-Vertretern offenbar keinerlei geoökonomischen Hebel gegenüber Weltmächten. Im Umgang kleineren Nachbarn wie der Schweiz und einigen Balkanstaaten ist die EU dagegen durchsetzungsstark. In Verhandlungen mit diesen einseitig abhängigen Partnern setzt die EU ihre Interessen mit geoökonomischen Mitteln durch. Die Schweiz ist als Nicht-EU-Mitglied durch zahlreiche bilaterale Abkommen eng an die Gemeinschaft gebunden, z. B. im Bereich

47 Der verstorbene Finanzminister Wolfgang Schäuble (CDU) sagte in einer Rede am 18. November 2011 beim European Banking Congress in Frankfurt am Mai: *„Und wir in Deutschland sind seit dem 8. Mai 1945 zu keinem Zeitpunkt mehr voll souverän gewesen. Das wusste übrigens das Grundgesetz, das steht schon in der Präambel."* Ähnliche Aussagen haben Egon Bahr (SPD), Gregor Gysi (Linkspartei), Gerd-Helmut Komossa (ehemaliger MAD-Chef) getätigt. Grundsätzlich ist ohnehin zweifelhaft, ob Staaten ohne Nuklearwaffen voll souverän sein können, weil sie im Falle eines Krieges mit Atommächten wehrlos wären.

Handel, Verkehr und Personenfreizügigkeit. Die EU nutzt ihren großen Binnenmarkt regelmäßig als Hebel, um die Schweiz zu Zugeständnissen zu bewegen, etwa bei geforderten Anpassungen an EU-Recht oder bei der Kooperation in Steuerfragen. Verhandlungen über den Abschluss oder die Ergänzung von Abkommen werden oft mit Druck geführt, indem die EU der Schweiz oder anderen kleinen Drittstaaten Marktzugang oder Kooperationen in Aussicht stellt oder eine Einschränkung androht. Ein Beispiel ist die Ablehnung des ausgehandelte institutionelle Rahmenabkommen, durch die Schweiz im Jahr 2021. Die EU reagierte mit einer Einschränkung des Zugangs zu Programmen wie Horizon Europe. Häufig setzt die EU auch ihre regulatorische Macht ein, etwa durch Vorgaben zu Finanzmärkten oder Datenschutz, denen sich Nichtmitglieder nicht ohne wirtschaftlichen Schaden entziehen können. Auch im Rahmen der Brexit-Verhandlungen hat die EU versucht, den Zugang zum Binnenmarkt als Druckmittel zu nutzen, um Großbritannien zu Zugeständnissen zu zwingen.

> Als Zwischenfazit ergibt sich, dass die EU sich in einer schwierigen Lage befindet, weil
>
> - die EU militärisch und politisch einseitig von den USA anhängig ist,
> - die Mitgliedsstaaten nur über sehr geringe Rohstoffvorkommen verfügen und die EU und vor allem einige Mitglieder wie Deutschland energiepolitisch einen überaus teuren und gefährlichen Alleingang verfolgen,
> - Europa in vielen Bereichen die Technologieführerschaft verloren und wichtige Innovationsfelder verschlafen hat,
> - ihre Mitgliedstaaten hoch verschuldet sind und individuelle Probleme haben,
> - die EU über keinen Finanzplatz, eine zweitrangige Leitwährung und nur wenige Finanzinstitutionen von Weltgeltung verfügt,
> - die EU selbst keine Transportwege kontrolliert und sich auf amerikanischen Druck von der eurasischen Integration abgeschnitten hat,
> - die Standortbedingungen für Unternehmen u. a. aufgrund hoher Steuern, Regulierungskosten und Energiekosten schlecht sind,

- viele EU-Institutionen bürokratisch und dysfunktional sind und einige Mitgliedstaaten und die meisten Beitrittskandidaten nicht „EU-reif" sind und
- die Kreativität und Leistungsfähigkeit seiner Bürger als größte europäische Stärke aufgrund der demographischen Umwälzungen erodiert.

Positive Aspekte wie die Technologieführerschaft der Unternehmen in zahlreichen Nischen, eine effiziente Landwirtschaft, eine im internationalen Vergleich überdurchschnittliche Infrastruktur, qualifizierte Arbeitskräfte, ein großer Binnenmarkt, kulturelle Strahlkraft und ein stabiler Rechtsrahmen gleichen diese Schwächen nur teilweise aus.

Strategische Folgerungen

Für eine politische und ökonomische Trendumkehr der EU ist es aufgrund der vorhandenen Substanz grundsätzlich noch nicht zu spät. Voraussetzung wäre aber ein Konsens unter den Entscheidern, in Brüssel und vor allem in den beiden wichtigsten Mitgliedstaaten Deutschland und Frankreich, dass ein Kurswechsel dringend geboten ist. Einen derartigen Konsens herzustellen, ist aber umso schwerer, je größer die individuellen Probleme der wichtigsten EU-Nationen sind und je heterogener die gesamte Organisation ist.

Aus der beschriebenen schwierigen Ausgangslage müssten die EU und ihre Mitgliedsstaaten folgende natürliche geoökonomische Prioritäten ableiten:

- Förderung einer multipolaren Weltordnung, in der die EU durch Stärkung der Partnerschaften mit Ländern in Afrika, Asien und Lateinamerika als eigenständiger Akteur zwischen den USA, China und anderen Großmächten agiert,
- Erreichung einer größtmöglichen strategischen Autonomie Europas, insbesondere in den Bereichen Energieversorgung, Rohstoffe, Technologie und Verteidigung,
- Stärkung des europäischen Kapitalmarktes und Reduzierung der Abhängigkeit vom US$ und nicht-europäischen Finanzinstitutionen,

- Förderung der Wettbewerbsfähigkeit von europäischen Unternehmen im globalen Wettbewerb durch attraktive Standortbedingungen und Abbau von Regulierung, Bürokratie, Zentralismus und ineffizienter Subventionswirtschaft,
- Beendigung der ständigen Erweiterung der EU um Beitrittsstaaten, die nicht über die demokratischen und ökonomischen Voraussetzungen für eine EU-Mitgliedschaft erfüllen, da Größe nicht zwingend Stärke und Masse nicht Klasse ist, weder bei Unternehmen noch bei Staaten und Staatengemeinschaften und
- Verbesserung der demographischen Situation und der Bildungssysteme sowie Stärkung der Attraktivität der EU für Leistungsträger aus der ganzen Welt.

Die Liste ließe sich noch fortschreiben. Auch wenn es einzelne Ansatzpunkte und Initiativen gibt, ist eine kohärente Strategie weder auf EU-Ebene noch bei den meisten Mitgliedsstaaten zu erkennen. Im Gegenteil wirkt das Agieren der EU im globalen Wettbewerb hilflos. Die EU geht politisch als schwächster Spieler parallel auf Konfrontationskurs mit China, Russland und der Trump-Regierung. Während die anderen Mächte gezielt versuchen, ihre Machtposition zu verbessern, überspielt die EU ihre strategischen Schwächen und verspielt ihre verbliebenen Stärken. Die EU hat sich in eine sehr schwierige strategische Lage manövriert und wird immer mehr zum Spielball der Konkurrenten. Die selbstbewussten Führer der Großmächte Vereinigten Staaten, Russland und China zeigen offen ihre Verachtung für die europäischen Politiker.

Bei den Verhandlungen zwischen den Präsidenten Trump und Putin über eine Beendigung des Ukrainekrieges im August 2025 in Alaska waren die führenden EU-Politiker nicht einmal an den Katzentisch gebeten. Einem Bonmot zu folge steht auf der Speisekarte, wer nicht am Tisch sitzt. Die europäischen Versuche, über separate Treffen und diverse Forderungen öffentlich wahrgenommen zu werden, wirken tragikomisch.

Als Erklärung für das Fehlen einer kohärenten EU-Strategie im geoökonomischen Wettbewerb wurden bereits die divergierenden nationalen Interessen angeführt, die sich unter anderem aus dem Wohlstandsgefälle, unterschiedlicher Wirtschaftsstruktur und divergierenden Staatsverschuldungsdaten ergeben. Vielleicht noch schwerwiegender ist aber, dass sich nach mehr als 60 Jahren wirtschaftlicher und politischer Integration jenseits von Brüssel, Luxemburg und Straßburg noch keine europäische Identität entwickelt hat. Eine derartige Identität müsste zuerst von den Eliten der Mitgliedsstaaten herausgebildet werden. Ein Blick auf die nationale Elitebildung der beiden europäischen Kernnationen Deutschland und Frankreich zeigt aber, dass hier noch ein weiter Weg zurückzulegen wäre. Das Denken und Handeln der europäischen Eliten bis heute von nationalen Erfahrungen und Besonderheiten geprägt.

Die Elite Frankreichs

Die Institutionen der EU wurden seit der Gründung am meisten von Frankreich und seinen Polit- und Verwaltungseliten gestaltet. Franzosen sind z. B. unter den Spitzenbeamten der EU-Kommission deutlich überrepräsentiert. In Frankreich dominiert bis heute die Pariser Oberschicht das wirtschaftliche und das politische Geschehen. Die Kinder der Elite werden frühzeitig über das Bildungssystem der Elitegymnasien und der Grande Écoles intellektuell gefördert, und gesellschaftlich über nationale Institutionen und heimische soziale Netzwerke auf künftige Führungssaufgaben vorbereitet. Verantwortungsvolle Aufgaben in der Politik und Verwaltung werden dabei von den Top-Absolventen gegenüber vergleichbaren Positionen in der Wirtschaft bevorzugt. Zudem ist der staatliche Einfluss bei den großen Konzernen sehr ausgeprägt. Das akademische und soziale französische Elitebildungssystem sichert den Fortbestand einer homogenen, zentralisierten nationalen Oberschicht, die in Paris konzentriert ist. Gymnasien wie die Lycées Henri IV und Louis-Le-Grand, deren Abiturientenlisten sich mit Namen wie Victor Hugo, Jean-Paul Sartre, Georges Pompidou und Valerie Giscard d'Estaing wie ein „Who is Who“ der französischen Geschichte lesen, und die Grandes Écoles wie die HEC, ESCP oder die ENA (INSP), sichern durch strenge Selektion und akademische Exzellenz die Elitebildung.

Im Rahmen der gesellschaftlichen „Rallyes“ werden Jugendliche zudem frühzeitig bei privaten Veranstaltungen wie eleganten Empfänge, Bällen, kulturellen Ausflügen und Abendessen zusammengebracht, um ihren Zusammenhalt zu stärken. Die Rallyes sorgen frühzeitig für soziale Kohäsion und die Vermittlung kultureller Codes. Zur Teilnahme eingeladen werden Angehörige von Familien mit hohem sozialen oder kulturellen Kapital, insbesondere Kinder aus wohlhabenden, bildungsnahen und adligen Kreisen. Das französische System hat seine Angehörigen zu Selbstbewusstsein und Zusammenhalt verholfen. Das erleichtert ihnen, trotz bis heute oft mangelhafter Fremdsprachenkenntnisse und interkultureller Defizite, auch den Aufstieg in internationalen Organisationen wie der EU-Kommission. Kleinere westeuropäische Staaten wie Belgien und die Niederlande sind sozial ähnlich organisiert, sind aber auf EU-Ebene weniger einflussreich. Kritisiert wird an dem System dessen inzestuöse Struktur, die Außenseitern und akademischen Spätzündern die Aufstiegsmöglichkeiten verwehrt und dadurch Begabungspotenziale nicht ausschöpft.

Deutschlands Elite

Als bevölkerungsstärkstes Land mit der größten Wirtschaftskraft ist Deutschland der zweite große Pfeiler der EU. „Elite" ist in Deutschland seit 1945 ein oft negativ konnotierter Begriff, was aber nicht bedeutet, dass es keine Elite mehr gibt. Das deutsche Gesellschafts- und Elitensystem ist jedoch anders strukturiert als das französische, weil das Land weniger zentralistisch organisiert ist und weil die beiden verlorenen Weltkriege gravierende gesellschaftliche Umbrüche und soziale Mobilität verursacht haben. Die heutige politische Elite präferiert mehrheitlich eine „Überwindung" der Nationalstaaten, da diese für die kriegerischen Konflikte der Vergangenheit verantwortlich gemacht werden. Berlin ist zwar Bundeshauptstadt, hat aber sozial und ökonomisch keine mit Paris vergleichbare Stellung im eigenen Land. Die wichtigsten Wirtschafts- und Handelszentren sind Hamburg, München, Stuttgart, Köln/Düsseldorf und Frankfurt. Berlin ist eine Kostenstelle mit politischer und kultureller Funktion, aber mit vergleichsweise geringer wirtschaftlicher und gesellschaftlicher Bedeutung.

Auch die soziale Elite Deutschland verteilt sich auf verschiedenen regionalen Zentren. Deren soziale Vernetzung erfolgt etwas anders als in Frankreich, weil es keine vergleichbare zentraler Elitebildung gibt und wirtschaftliche und politische Eliten unterschiedlich geprägt sind. Im politischen Bereich gibt es deutlich mehr soziale Aufsteiger als in der Wirtschaft und im Wissenschafts- und Kulturbetrieb. Familienunternehmen werden überwiegend vererbt, Bildung und gutes gesellschaftliches Auftreten werden über die Elternhäuser weitergegeben.

Das deutsche Bildungssystem ist nicht so offensichtlich elitär wie das französische. Aber das Schulsystem ist bereits durch seine dreigliedrige Unterteilung in Haupt- und Realschulen und Gymnasien selektiv. Unter den Gymnasien heben sich einige altsprachliche Schulen und verschiedene elitäre Privatschulen zusätzlich ab, aber nicht so deutlich wie die französischen Elite-Lycées oder Eton und Winchester in Großbritannien. Die technischen

Universitäten wie die TU Aachen und die TU München oder klassische Traditionsuniversitäten wie Heidelberg sind international angesehen. Verschiedene international ausgerichtete Wirtschaftshochschulen haben sich ebenfalls zu konkurrenzfähigen, global ausgerichteten Kaderschmieden für Wirtschaftsnachwuchs, Finanzspezialisten und Unternehmensgründer entwickelt. Die deutschen Hochschulen sind aber, trotz ihrer Forschungs- und Ausbildungsleistungen, nicht so exklusiv wie Harvard oder Oxford.

Die Studienstiftung und diverse politische Stiftungen fördern hochschulübergreifend besondere Talente, allerdings mit mehr Fokus auf Wissenschaft und Politik als auf Wirtschaft und Unternehmertum. Gesellschaftliche Äquivalente zu den französischen Rallyes gibt es in Deutschland durchaus, sie sind aber regionaler und diskreter organisiert sowie gesellschaftlich weniger sichtbar, weil soziale Elitebildung seit 1945 in Deutschland offiziell verpönt ist. Im Ergebnis ist die deutsche Elite eher wirtschaftlich als politisch orientiert. Viele erfolgreiche Unternehmer misstrauen zudem Berufspolitikern, von denen viele – ganz anders als in Frankreich – weder ein abgeschlossenes Studium noch praktische Berufserfahrung außerhalb der Politik vorweisen können. Die Elite ist akademisch weniger homogen als in Frankreich und schwächer untereinander vernetzt. Ein Wechsel zwischen Politik und Wirtschaft ist ungewöhnlich. Die deutsche Wirtschaftselite ist regionaler geprägt und gleichzeitig globaler orientiert als die französische. Deutsche Familienunternehmer sind überwiegend regional verwurzelt und leben lieber in Wiesbaden oder in Freiburg als in Berlin. Die deutschen Funktionseliten streben nach dem Studium in große Unternehmen, Investmentbanken und Strategieberatungen mit globaler oder angelsächsischer Prägung und nicht, wie ihre französischen Kollegen, in nationale Ministerien und Behörden.

Europäische Elite

Eine paneuropäischen Elitenvernetzung gibt es trotz aller Anstrengungen zur Fremdsprachenförderung und diversen Austauschprogrammen wie Erasmus und zahlreichen Hochschulpartnerschaften dagegen nur rudimentär. Darunter leidet auch die strategische Verfolgung gemeinsamer europäischer Interessen im globalen Rahmen. Die Eliten der Nationalstaaten identifizieren sich in allen wichtigen EU-Ländern als „proeuropäisch“, haben aber ein unterschiedliches Verständnis, was damit gemeint ist. In Ländern wie Deutschland oder Belgien wird von der Elitenmehrheit eine „Überwindung“ der Nationalstaaten angestrebt. In Frankreich besteht diesbezüglich kein Konsens, zum nationalistischen Lager von Marine Le Pen zählen auch viele Unternehmer, hohe Militärs und zahlreiche „Notable" der Provinz, die unter der EU ein Europa der Vaterländer verstehen und einen Brüsseler Zentralstaat rigoros ablehnen. In vielen östlichen Beitrittsländern wie Ungarn, Polen und der Slowakei denkt die Elitemehrheit national, auch wenn sie gern die finanziellen Mittel der EU in Anspruch nimmt. Der ehemalige Bundesminister und Hamburger Bürgermeister Klaus v. Dohnanyi weist darauf hin, dass Brüsseler Geld weder europäische Identität noch europäische Loyalität schafft (v. Dohnanyi, 2022).

Wenn aber selbst die europäischen Eliten keine gemeinsame europäische Perspektive verbindet, wie sollte die gesamte EU-Bevölkerung eine gemeinsame supernationale Identität entwickeln? Ein italienischer Fotograf und ein estnischer Softwareentwickler, ein irischer Farmer und ein slowakischer Ingenieur leben erst recht in verschiedenen Welten. Eine primär politisch geprägte, wirtschaftsferne Brüsseler EU-Bürokratie vermag diese Defizite nicht zu ersetzen, sondern bildet eher einen eigenen abgehobenen Mikrokosmos. Brüssel hat noch viel Arbeit zu leisten, wenn es sich geopolitisch und geoökomisch behaupten möchte.

Zusätzliche Schwächung der EU durch den Brexit

Eine nachhaltige Schwächung der EU auf globaler Bühne ergibt sich auch aus dem Brexit. Beim Referendum am 23. Juni 2016 stimmten 51,9% der Bürger für den Austritt Großbritanniens aus der EU, was globale politische und wirtschaftliche Turbulenzen auslöste. Nach jahrelangen Verhandlungen trat das Vereinigte Königreich am 31. Januar 2020 als zweitgrößte europäische Volkswirtschaft und wichtiger Nettobeitragszahler offiziell aus der EU aus. Wichtige Gründe für das negative Votum waren Umfragen zufolge die Unzufriedenheit vieler Bürger und Unternehmen mit der EU-Regulierungen, Migrationsthemen und der Wunsch nach Erhalt bzw. Wiedererlangung nationaler Souveränität. Zwar waren die deutlichen Ergebnisse in den englischen Industriegebieten entscheidend für das Abstimmungsergebnis, doch wäre der Austritt kaum möglich gewesen, wenn nicht auch weite Teile der britischen Elite, angeführt vom späteren Premierminister Boris Johnson den Austritt unterstützt hätten. Aus britischer Sicht war die EU immer vorrangig eine Wirtschaftsgemeinschaft, mit gering ausgeprägter emotionaler Bindung seiner Bürger an ein europäisches Friedensprojekt. Brexit-Kritiker haben vor allem vor wirtschaftlichen Nachteilen wie dem

Verlust des Zugangs zum EU-Binnenmarkt und globalem Einflussverlust gewarnt. Brexit-Befürworter haben dagegen eine große Chance in der Befreiung von EU-Bürokratie und Regulierung erkannt. Bisher kann der Brexit ökonomisch allerdings weder als große Katastrophe noch als Befreiungsschlag gewertet werden. Die britische Wirtschaft ist von 2016 bis 2025 (Prognose) um durchschnittlich 1,34% p. a. gewachsen, das durchschnittliche EU-Wachstum lag im selben Zeitraum bei 1,45%. Nachfolgend wird die geoökonomische Gesamtposition Großbritanniens kurz zusammengefasst

Großbritannien nach dem Brexit

Auch Großbritannien hat durch den Brexit an geoökonomischem Einfluss verloren, weil das Land für sich allein gerechnet wirtschaftlich, demographisch und militärisch weit hinter den Vereinigten Staaten, China und Indien rangiert und keinen indirekten Einfluss mehr auf das Weltgeschehen über seine Mitgliedschaft in der EU nehmen kann. Die britische Zeitung Express zitiert in ihrer Ausgabe vom 30. November 2022 den Labour-Politiker David Milliband. Der einflussreiche frühere Abgeordnete konstatierte, dass das Vereinigten Königreich durch dem EU-Austritt an globalem Einfluss verloren und zu einer von vielen „Mittelmächten" geworden sei. Dem Land fehle es an der Finanzkraft Saudi-Arabiens, der EU-Verankerung Frankreichs, der besonderen geographischen Position der Türkei und der demographischen Stärke von Indien und Indonesien. Wohlstand und Militärmacht und Ansehen des Landes würden im Vergleich zu konkurrierenden Staaten seit einem Jahrzehnt abnehmen.

> Das Vereinigte Königreich bleibt aber trotz des Brexits eine bedeutende westliche Macht. Auch außerhalb der EU ist das Land hinsichtlich seiner Wirtschaftsstärke und Finanzmacht, aber auch technologisch und militärisch (auch als Atommacht) kein unbedeutender globaler Akteur. Das britische BIP lag 2024 bei etwa 3,6 Billionen US$, mit einem erwarteten Wachstum von etwa 1,2% für 2025. Im Jahr 2024 hatte Großbritannien rund 68,9 Mio. Einwohner. Noch immer verfügt Großbritannien über umfangreiche Gasvorkommen. Das Pfund Sterling bleibt eine wichtige Währung, spielt aber im globalen Devisenhandel und als Reservewährung keine entscheidende Rolle. Trotzdem verteidigt London weiterhin seine nach New York führende auf den globalen Finanzmärkten. Die City of London ist Heimat großer Ban-

ken und wichtiger Investmentfonds, die Einfluss auf internationale Kapitalströme haben. Britische Fonds halten auch bedeutende Anteile an globalen Unternehmen. Großbritannien profitiert zudem von der Weltgeltung der englischen Sprache, dem Ansehen seiner führenden Bildungseinrichtungen und der engen Verbundenheit mit anderen angelsächsischen Nationen.

Informelle angelsächsische Allianz

Die „Special Relationship" zwischen dem Vereinigten Königreich und den USA ist eine enge politische, militärische und wirtschaftliche Partnerschaft, die auf engen historischen Bindungen und gemeinsamen strategischen Interessen basiert. Seit dem Zweiten Weltkrieg kooperieren beide Länder eng in Bereichen wie Verteidigung, Geheimdienstaustausch und Handel. Das Vereinigte Königreich ist zudem Gründungsmitglied der Five Eyes, einem Geheimdienstbündnis mit den USA, Kanada, Australien und Neuseeland, das sich auf die gemeinsame Nutzung von nachrichtendienstlichen Informationen konzentriert. Diese nach dem Zweiten Weltkrieg entstandene Spionageallianz ermöglicht unter anderem die Kooperation bei der Überwachung und Analyse globaler Sicherheitsbedrohungen. Die Mitgliedschaft stärkt daher die britische geopolitische Position. Zusätzlich ist Großbritannien bestrebt, die Beziehungen zu den Commonwealth Staaten zu revitalisieren.

Ob das Land ökonomisch mit dem Brexit gut beraten war, wird sich mehr an der Zukunft der EU als an der eigenen Strategie festmachen. Um nicht unter dem eigenen Gewicht zusammenzubrechen, müsste die EU ihre Heterogenität akzeptieren, den Trend zu Zentralisierung, Bürokratisierung, Planwirtschaft und Bürgerbevormundung brechen, und sich auf das Subsidiaritätsprinzip zurückbesinnen. Wenn sich die EU aber nicht umfassend reformiert, ist Großbritannien möglicherweise trotz seiner nur mittelgroßen eigenen Wirtschaftskraft außerhalb der Gemeinschaft mittelfristig besser positioniert.

5.3 China

Chinas wirtschaftliche Öffnung unter Deng Xiaoping

Die Volksrepublik China ist seit der Ära von Deng Xiaoping in den 1970er Jahren aufgrund konsequenter Wirtschaftsreformen und Anstrengungen seiner fleißigen Bürger von einem ökonomisch rückständigen Agrarstaat zu einer globalen Supermacht avanciert, die in vielen Bereichen mit den Vereinigten Staaten um die Vorherrschaft konkurriert.

Die dynamische Entwicklung der Volksrepublik ist auch ein Ergebnis der Außenpolitik der USA. In den frühen 1970er Jahren verfolgten US-Präsident Richard Nixon und sein Außenminister Henry Kissinger im Rahmen der sogenannten „Triangulardiplomatie" eine strategische Annäherung an die Volksrepublik China. China sollte geopolitisch trotz gemeinsamer kommunistischer Ideologie von der Sowjetunion getrennt werden, um das Gleichgewicht im Kalten Krieg zu Gunsten des Westens zu verändern. Katalysator war der sino-sowjetische Konflikt, der 1969 in Grenzstreitigkeiten am Ussuri gipfelte. Henry Kissinger nutzte auch angesichts von Widerstanden einer konservativen Taiwan-Lobby geheime Kanäle, etwa über Pakistan, um Kontakte zu knüpfen und bei einem geheimen Pekingbesuch im Juli 1971 Präsident Nixons historischen Besuch im Februar 1972 vorzubereiten. Richard Nixon und Henry Kissinger boten der chinesischen Führung diplomatische Anerkennung und wirtschaftliche Öffnung an. Das strategisch anti-sowjetische Shanghai-Kommuniqué von 1972 markierte den Beginn der Normalisierung der Beziehungen, auch wenn Kissinger in seiner Autobiographie antisowjetische Intentionen abstreitet (Kissinger, 1981).

Im Shanghai-Kommuniqué haben die USA anerkannt, dass „alle Chinesen auf beiden Seiten der Taiwan-Straße" die Auffassung vertreten, dass es nur ein China gebe und Taiwan Teil davon sei. Im Jahr 1979, unter Präsident Jimmy Carter, stellten die USA die diplomatischen Beziehungen zu Taiwan (Republik China) offiziell ein und erkannten die Volksrepublik als legitime Regierung an. Allerdings verabschiedete der US-Kongress parallel den Taiwan Relations Act, der weiterhin wirtschaftliche und militärische Unterstützung für Taiwan zusicherte, einschließlich Waffenlieferungen. Diese „strategische Ambiguität" ermöglichte es den Vereinigten Staaten, die Ein-China-Politik Pekings teilweise anzuerkennen, ohne Taiwan vollständig aufzugeben, was geopolitisch bis heute relevant ist. Diplomatisch war die Strategie ein Erfolg, da sie die bipolare Weltordnung lockerte und den Amerikanern mehr Spielraum im Kalten Krieg verschaffte. Wirtschaftspolitisch lockerten die lockerten die Handelsbeschränkungen und unterstützten Chinas Integration die Weltwirtschaft, was zu einem beispiellosen Aufbau eines „Rivalen" führte.

Chinas Aufstieg zur führenden Wirtschaftsnation

Noch vor weniger als 20 Jahren bezeichnete George Friedman China als einen „Papiertiger" und prognostizierte, dass das Land eher aufgrund innerer Spannungen auseinanderbrechen als eine globale Führungsrolle übernehmen würde (Friedman, 2008). Mittlerweile hat China aber, bei einer objektiven Betrachtung seiner Wirtschaftsstärke, der Finanzmacht, der Ressourcen, der Technologie und sogar seines Militärs, eine herausragende Position in der Weltordnung eingenommen. Die chinesische Wirtschaft lag im Jahr 2024 am nominalen BIP gemessen nominal etwa 18,8 Billionen US$ weltweit auf dem zweiten Platz, kaufkraftbereinigt mit über 30 Billionen US$ sogar an der Spitze. Das für 2025 erwartete Wirtschaftswachstum liegt mit für chinesische Verhältnisse noch bescheidenen 4,5% deutlich über westlichen Werten. Mit einer Bevölkerung von rund 1,4 Mrd. Menschen im Jahr 2024 ist China knapp hinter Indien das zweitbevölkerungsreichste Land der Welt. Die Landeswährung RMB ist als internationale Handels- und Reservewährung noch nicht so bedeutend wie der US$, holt aber kontinuierlich auf und hat für sich allein und im Verbund mit den anderen BRICS-Staaten langfristig das Potenzial, die globale Führungsrolle einzunehmen. Chinas wachsende Finanzkraft zeigt sich in der Kontrolle über bedeutende Teile der globalen Lieferketten, der Rolle als Gläubiger der USA und als Financier globaler Infrastrukturprojekte sowie in der zunehmenden Präsenz chinesischer Banken und Investmentfonds auf den internationalen Kapitalmärkten. Insgesamt erinnert die geopolitische Situation an die Zeit vor dem ersten Weltkrieg und an die Thukydidesfalle, in die in der Antike Athen und Sparta gefallen sind.

Technologie und strategische Rohstoffe

Insbesondere Chinas technologische Entwicklung der letzten 50 Jahre ist beeindruckend. Das Land hat durch eine auf Innovation und Unabhängigkeit ausgerichtete Technologiepolitik in Bereichen wie Künstliche Intelligenz, 5G-Technologie, Quantencomputing und erneuerbare Energien weltweit führende Positionen erreicht. Unternehmen wie ByteDance, Huawei und Tencent konkurrieren, nicht zuletzt dank ihrer Innovationskraft und ihres großen Heimatmarktes, fast auf Augenhöhe mit den „Magnificent Seven" des Silicon Valley.

China verfügt zudem über beträchtliche Rohstoffvorkommen, wenn auch nicht in allen Bereichen. Heimische Kohle spielt eine wichtige Rolle bei der Energieversorgung des Landes, weshalb umweltpolitische Erwägungen zurücktreten müssen. Bei Importen von Rohstoffen wie Öl und Gas setzt China günstige Einkaufspreise durch und vermeidet gleichzeitig Abhängigkeiten von einzelnen Staaten. Chinas Importverträge mit Russland und Iran nehmen dem Westen die Möglichkeit, die Rohstoffversorgung zu unterbinden. Strategisch bedeutsam ist die global dominante Position der Volksrepublik bei Seltene Erden, die für die globale Technologieindustrie unverzichtbar sind. Dadurch ist China im Handelsstreit nicht mehr erpressbar.

Zudem ist China der weltweit größte Produzent von Industriegütern und hat bereits eine dominierende Rolle im globalen Handel erobert, die durch die Belt-and-Road-Initiative weiter gestärkt werden soll. Westliche Staaten hängen mangels eigener Fertigungskapazitäten in vielen Bereichen von chinesischen Lieferungen ab, unter anderem bei diversen Pharmaprodukten wie Antibiotika.

Geographie und Militär

Geographisch profitiert China von seiner Größe als viertgrößter Staat der Erde. Die strategische Lage in der Mitte der ostasiatischen Wachstumsregion weist Vor- und Nachteile auf. Das Land erstreckt sich von Sibirien im Norden bis zum Gelben, Ostchinesische Meer und Südchinesische Meer im Osten und Südosten. Überwiegend trennen hohe Bergmassive und Meere, im Norden auch Steppen und Wüsten das Land von seinen Nachbarn. Die Volksrepublik grenzt dabei aber an 14 Länder, zu denen allerdings auch geopolitisch sensible Nachbarn wie Indien, Russland und Nordkorea zählen. China verfügt über Zugang zu wichtigen Seewegen. Zentrale Routen führen durch das Südchinesische Meer und die Straße von Malakka. Eine Blockade dieser Seewege hätte erhebliche wirtschaftliche und strategische Konsequenzen für China.

Die Vereinigten Staaten verfügen über eine starke regionale Präsenz mit zahlreichen Militärstützpunkten im Indopazifik, einschließlich auf den Philippinen, in Japan und Guam. China befürchtet eine Blockade strategisch wichtiger Engpässe, etwa durch den Einsatz von Flugzeugträgern, U-Booten oder Minen. Regelmäßigen Durchfahrten von US-Kriegsschiffen im Südchinesischen Meer werden von China als Herausforderung angesehen. Chinas Militär hat in den letzten Jahrzehnten eine massive Modernisierungsanstrengungen unternommen. Die Volksbefreiungsarmee ist, gemessen and der Zahl der aktiven Soldaten, die größte Landstreitkraft der Welt. Auch die Marine ist zunehmend in der Lage ist, China in den letzten Jahrzehnten seine Marine erheblich ausgebaut, einschließlich künstlicher Inseln mit Militärbasen im Südchinesischen Meer, die als strategische Vorposten dienen. Ziel ist es, globale Handelsrouten, insbesondere im Südchinesischen Meer, zu kontrollieren. Diese Basen, zusammen mit Chinas U-Boot-Flotte und Anti-Schiffs-Raketen, könnten eine Blockade erschweren. Die Volksrepublik ist Atommacht und unterhält moderne Waffensysteme, darunter Hyperschallraketen. Obwohl China nur wenige Auslandsstützpunkte unterhält, erweitert es seinen militärischen Einfluss, beispielsweise durch Stützpunkte in Afrika und im Indopazifik.

Weitverbreitete westliche Missverständnisse

Ein verbreitetes westliches Missverständnis liegt in der Einstufung Chinas als geoökonomischer „Emporkömmling" und als unkreative „Copy Cat". Zwar war die erste Phase der Deng'schen Reformen noch von einer pragmatischen und eher behutsamen Herangehensweise an die Marktwirtschaft geprägt. Berühmt ist Dengs Sprichwort, dass es nicht darauf ankäme, ob eine Katze weiß oder schwarz ist, sondern, dass sie Mäuse fange. Jedoch wurde eine konsequente gestufte wirtschaftliche Öffnung des Landes vollzogen, die zunächst ausgewählten ausländischen Unternehmen wie Volkswagen lokale Investitionen ermöglichte, um Arbeitsplätze zu schaffen und technisches Know-how zu erwerben. Aber selbst wenn sich chinesische Politiker und Unternehmer in der Anfangsphase der Wirtschaftsliberalisierung viel von westlichen Konkurrenten abgeschaut haben, kann China doch auf eine beeindruckende erfinderische Tradition verweisen.

Das chinesische Selbstverständnis ist von der kollektiven Erfahrung geprägt, dass China über den größeren Teil der letzten zweitausend Jahre nicht nur das menschenreichste und die größte Volkswirtschaft der Erde war, sondern die technologisch und organisatorisch am weitesten fortgeschrittene Zivilisation (Seitz, 2006) war. Chinesen haben schon Jahrhunderte vor den Europäern den Buchdruck, die Stahlerzeugung, Schießpulver, Papier und Porzellan hergestellt (Aust und Geiger, 2012). Als der britische Gesandte Viscount MacCartney im Jahr 1793 nach China reiste, um eine diplomatische Vertretung und Handelsbeziehengen aufzubauen, hatte der Westen China wenig zu bieten (Haines, 2002). Der westliche, insbesondere der britische

Imperialismus hat mit Hilfe des Opiumkriegs gewaltsam den Zusammenbruch der wirtschaftlichen und politischen Ordnung Chinas herbeigeführt (Haines, 2002). Die anschließende Periode der Wehrlosigkeit gegenüber dem Westen ab 1820 wird von den meisten Chinesen als „Jahrhundert der Demütigungen“ angesehen (Seitz, 2006). Nach dem Verständnis der eigenen Bevölkerung ist China als Reich der Mitte nun wieder auf dem Weg an seinen angestammten ersten Platz.

Primat der Politik

Anders als im Westen gilt bis heute aber das Primat der Politik, was langfristig zu Erstarrung führen und die chinesische Entwicklung wieder bremsen kann. Die chinesische Elite wird von einer komplexen Gruppe politischer, wirtschaftlicher und gesellschaftlicher Akteure gebildet, die eng mit der Kommunistischen Partei Chinas verbunden sind. An der Spitze des Systems steht die politische Elite, bestehend aus den Mitgliedern des Politbüros, insbesondere des Ständigen Ausschusses. Präsident Xi Jinping hat es geschafft, eine überragende Machtposition einzunehmen. Loyale Parteifunktionäre kontrollieren zentrale Entscheidungen. Der Aufstieg basiert auf persönlichen Netzwerken („Guanxi“) und Protektion. Die Elitelebensläufe sind durch akademische Abschlüsse in Ingenieurwissenschaften oder Wirtschaftsfächern sowie langjährige Parteierfahrung geprägt.

Die Wirtschaftselite setzt sich aus Führungskräften staatlicher Unternehmen, Technologiemagnaten und Unternehmern zusammen, die unter strenger Parteikontrolle stehen und oft selbst Parteimitglieder oder Verwandte hochrangiger Parteigenossen sind. Präsident Xis hat mit autoritären Maßnahmen eine stärkere Regulierung privater durchgesetzt, um Loyalität sicherzustellen. Alibaba-Gründer Jack Ma, der 2020 nach Kritik an der Regierung zeitweise unter ungeklärten Umständen aus der Öffentlichkeit verschwand. Zusätzlich gibt es eine militärische Elite, vertreten durch die Zentrale Militärkommission und eine akademische und kulturelle Elite, die in Think Tanks oder Universitäten Einfluss hat. Die gesamte chinesische Elite ist durch Meritokratie, Loyalität und Netzwerke geprägt, wobei Xi Jinping seit 2012 die Macht zentralisiert hat, um die Parteikontrolle zu festigen.

Auch der eine oder andere politische Korruptionsskandal hat die Volksrepublik erschüttert. Beispielsweise wurde 2017 Sun Zhengcai, ein ehemaliges Politbüromitglied und potenzieller Nachfolger Xis, wegen Bestechung zu lebenslanger Haft verurteilt. Auch die beiden ehemaligen Verteidigungsminister Shangfu und Wei Fenghe wurden 2021 wegen Korruption bei Militäreinkäufen entlassen. Etliche weitere KP-Funktionäre haben sich oder ihre Familien auch an der Privatisierung ehemaliger Staatsunternehmen bereichert.

Das Land wird zwar trotz seiner wirtschaftlichen Öffnung bis heute zentral gelenkt, was unvermeidlich zu Bürokratismus und Ineffizienz führt. Das Privatleben und Verhalten der Chinesen wird stark überwacht und durch ein soziales Punktesystem der Bürger gelenkt. Der Mangel an individueller Freiheit, Pluralismus und Demokratie hat in den letzten Jahren, abgesehen von gelegentlichen Unruhen im westlich geprägten Hong Kong und regionalen Minderheitskonflikten, aber keine gesellschaftlichen Spannungen erzeugt, die aus Sicht der Regierung bedrohlich sind. Entgegen der allgemeinen westlichen Erwartung ist China zuletzt nicht „westlicher“ im Sinne größerer individueller Freiheit und mehr Demokratie geworden, sondern der Westen chinesischer, wie die transatlantischen Debatten um Zensur und Freiheit illustrieren und die verstärkten Bemühungen einiger europäischer Staaten zur Einrichtung eines digitalen Kontrollsystems über digitale ID und CBDC dokumentieren.

Eurasische Integration durch Belt-and-Road

Die politischen Führer der alleinherrschenden Kommunistischen Partei Chinas zeigen aber trotz individueller Verfehlungen und den strukturellen Schwächen planwirtschaftlicher Konzepte bis dato einen großen strategischen Weitblick und ermöglichen Unternehmertum. Sie schaffen zudem wirtschaftliche Rahmenbedingungen durch Weiterentwicklung der Infrastruktur, ohne die privatwirtschaftliche Initiative zu unterdrücken. Das chinesische „One Belt, One Road“-Projekt umfasst landgestützte und mariti me Infrastruktur- und Handelsrouten, Wirtschaftskorridore und Transportlinien von China über Zentralasien und Russland bzw. über Afrika nach Euro pa (Hartmann, Maennig und Wang, 2018). Die großen eurasischen und angrenzende Wirtschaftsräume sollen mit gigantischen Investitionssummen in Tiefsee- und Containerterminals sowie Straßen, Bahntrassen und Gaspi pelines entwickelt werden. Dadurch soll der Handel zwischen den Staaten einen gewaltigen Schub bekommen, wovon auch Europa profitieren könnte, was einzelne Staaten wie Ungarn, die Slowakei, Serbien und bis vor einigen Jahren auch China aufzugreifen versucht haben. Zu den weiteren staatliche

Anschubmaßnahmen zählen die Gründung von Freihandelszonen, die Gründung von internationalen Förderbanken, der gezielte Erwerb ausländischer Technologieunternehmen und die Sicherung afrikanischer Rohstoffreserven insbesondere in Afrika (Aust und Geiges, 2012).

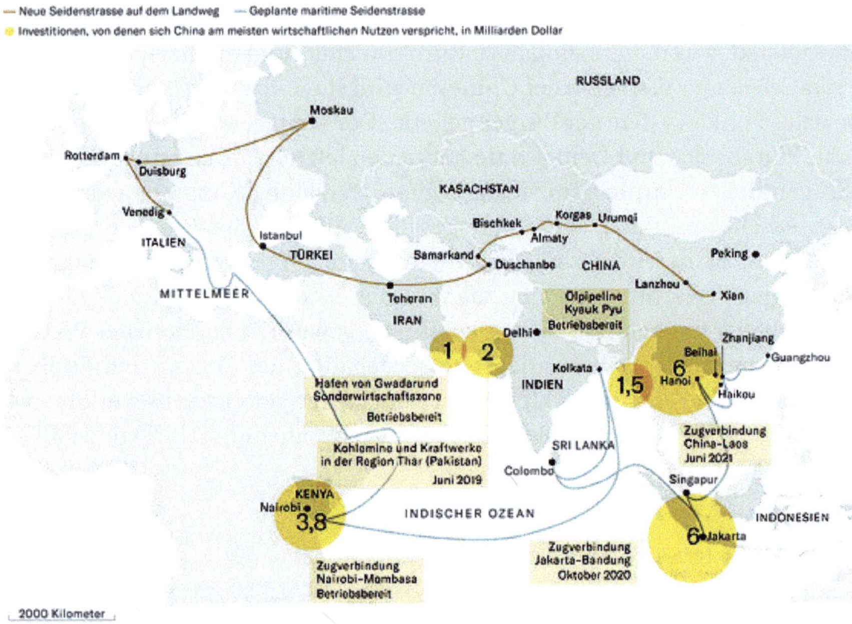

Abb. 10: Chinas neue Seidenstraße (Ragotzky, 2018 unter Verweis auf NZZ)

Geoökonomische Position und Prioritäten der Volksrepublik

Die Volksrepublik China ist bei ihrer Aufholjagd gegenüber dem Westen sehr weit vorangekommen, wie bereits die Analyse der bereingten BIP-Werte und die Verschuldungs- und Auslandsvermögenszahlen am Ende des zweiten Kapitels gezeigt hat. Das weitere wirtschaftliche und politische Potenzial Chinas ist immer noch riesig. China hat bei den wirtschaftlichen Schlüsselpositionen bereits in fast allen Bereichen eine führende Rolle erreicht. Das chinesische Finanzsystem ist dem westlichen noch unterlegen, wird aber im Rahmen der BRICS-Architektur zunehmend wettbewerbsfähiger. Die Belt-and-Road-Initiative löst perspektivisch das Problem der Transportwege, die von den Seemächten noch gestört werden können.

Das Land hat auch die USA in einigen Bereichen überholt und insgesamt eine Stellung als bedeutendster Herausforderer auf globaler Bühne errungen, für den die Zeit weiter arbeitet:

- Chinas erklärtes Ziel ist die Förderung einer multipolaren Weltordnung, in der das Land mit seiner Belt-and-Road-Initiative und dem BRICS-System eine zentrale Stellung innehat und als eigenständiger Akteur agiert. Die Volksrepublik hat ein ausgeprägtes Interesse, noch für einige Zeit Konflikten aus dem Weg zu gehen, um ihr ökonomisches Überholmanöver abzuschießen und ihre geopolitischen Initiativen in Ruhe voranzubringen.
- Im Bereich der produzierenden Wirtschaft ist die Volksrepublik global bereits führend. Diese Position gilt es aus chinesischer Sicht vor allem gegenüber anderen asiatischen Herausforderern zu verteidigen. Der Westen ist hier bereits abgehängt, die Umsetzung der US-Strategie zur Reindustrialisierung des Landes wird noch viele Jahre beanspruchen.
- Oberste chinesische Priorität ist die Reduzierung der Abhängigkeit vom US$, die Stärkung des eigenen Kapitalmarktes und die Abkoppelung von westlichen Finanzinstitutionen. Eine Herausforderung stellt auch das akkumulierte Auslandsvermögen dar, weil es eine wechselseitige Abhängigkeit schafft. Die Konfiskation russischen Auslandsvermögens durch den Westen im Zusammenhang mit den Ukrainekonflikt hat in China große Besorgnisse ausgelöst, ob die eigenen Anlagen insbesondere in US-Staatsanleihen im Falle geopolitischer Konflikte mit dem Westen auch sicher sind. Chinesische Versuche, dass Geldvermögen in reale Anlagen wie Beteiligungen an westlichen Unternehmen und Infrastruktur zu tauschen, wurden mittlerweile aber weitgehend unterbunden. China verfügt dafür über beträchtliche Goldreserven, die künftig auch eine Leitwährung decken könnten.
- Auch die Stärkung der Unabhängigkeit bei Energie und Nahrungsversorgung hat aus chinesischer Sicht eine hohe Bedeutung. China wird die Elektrifizierung seiner Wirtschaft weiter vorantreiben, um eigene Kohlevorkommen und alternative Energieträger zu nutzen. Aus geoökonomischen Erwägungen kann China es auch nicht zulassen, dass Russland wie während der Jelzin-Ära in westliche Abhängigkeit gerät. Die dominante Marktposition bei Seltenen

Erden gibt China aber auch einen mächtigen geoökonomischen Hebel.

- Das chinesische Bildungssystem ist im schulischen Bereich bereits führend, mittelfristig können zudem die bereits heute mehr als wettbewerbsfähigen Elite-Universitäten noch weiter ausgebaut werden. Die Innovationskraft der chinesischen Wirtschaft ist eine Folge der ambitionierten Bildungspolitik gerade auf dem Gebiet der Natur- und Ingenieurwissenschaften. Mittelfristig wird China aufgrund der Nachwirkung der Einkind-Politik aber demographische Fragen noch mehr Priorität einräumen müssen.

Die Volksrepublik China ist die designierte erste Macht des globalen Südens und Ostens, die aus eigener Kraft souverän agieren kann und im Verbund mit anderen Staaten gegenüber dem US-geführten Westen eine mindestens ebenbürtige geoökonomische Rolle einnehmen kann. Bei einer rationalen Betrachtung muss China eine Thukydides-Falle nicht mehr fürchten, weil das Land schon zu stark geworden ist.

5.4 Russland

Comeback nach verlorenem Kalten Krieg

Der verstorbene US-Senator John McCain bezeichnete Russland in einem Interview mit CNNs Candy Crowley am 16. März 2014 als *„a gas station masquerading as a country“* („eine Tankstelle, die sich als Land ausgibt“). Diese Aussage ist repräsentativ für die Perspektive einiger westlicher Politiker auf den großen eurasischen Flächenstaat, hat aber mit der Realität wenig zu tun. Die russische Föderation ist völkerrechtlich der sogenannte „Fortsetzerstaat“ der Sowjetunion in internationalen Organisationen, zudem die größte Atommacht und ständiges Mitglied des Weltsicherheitsrates der Vereinten Nationen. Russland zählt 35 Jahre nach dem Zerfall der Sowjetunion unter Berücksichtigung seiner Wirtschaftsstärke und Finanzmacht, seiner gewaltigen Bodenschätze, aber auch aufgrund seiner Fähigkeiten auf technologischem und militärischem Gebiet wieder zu den mächtigsten Staaten der Welt.

Russland geriet zwar nach dem Ende des kalten Krieges in eine tiefe wirtschaftliche Krise, bei der sich einige Oligarchen mit fragwürdigen Mitteln die Kontrolle über alle großen Unternehmen gesichert haben, während der

Großteil der Bevölkerung verarmt ist. Das Land hat sich aber in den letzten 20 Jahren ökonomisch weitgehend erholt, nachdem der Staat die Kontrolle über den Energiesektor zurückerlangt hat. Das russische BIP lag im Jahr 2024 bei etwa 1,5 Billionen US$, kaufkraftbereinigt ist es aber mindestens doppelt so hoch. Das für 2025 erwarteten Wachstum beträgt etwa 1,5%. Im Jahr 2024 hatte Russland schätzungsweise 144 Millionen Einwohner. Der Rubel hat in Russlands internationalem Handel außerhalb des Westens vor allem aufgrund von Rohstoff- und Rüstungsexporten eine bedeutende Rolle übernommen. Unterstützt wird die Stellung des Rubel auch durch die im dritten Kapitel beschriebenen Währungsinitiativen im Rahmen der BRICS-Gruppe. Russlands Status als führender Energieexporteur ermöglicht seit Jahrzehnten die Finanzierung von Handelsdefiziten und Staatsausgaben. Russland dominiert mit seinen Staatskonzernen wie Gazprom und Rosneft die Lieferketten für Gas und Öl in Eurasien und darüber hinaus. Russische Fonds und Banken üben Einfluss auch auf regionale Kapitalmärkte einiger Nachbarstaaten aus. Eine Folge der Krise der 1990er Jahre war auch ein Einbruch der russischen Geburtenrate und ein Absinken der Lebenserwartung. Die demographische Situation hat sich mittlerweile zwar stabilisiert, stellt aber wie in den westlichen Staaten eine Herausforderung dar.

Technologische Nischenführerschaft

Der russische Technologiesektor ist nicht so breit aufgestellt wie der amerikanische, chinesische oder europäische. Einige Unternehmen dominieren aber wichtige Zukunftsfelder wie Raumfahrt, Überschall-Waffen, Künstliche Intelligenz im militärischen Bereich und Cybersecurity. Das russische Bildungssystem ist im PISA-Ranking etwas abgerutscht und erzielt Resultate, die knapp unter dem Durchschnitt liegen. Russische Universitäten bilden aber nach wie vor viele hervorragende Ingenieure und Naturwissenschaftler aus, die zum Erreichen technologischer Spitzenleistungen beitragen, vor allem in der Weltraumtechnologie und im militärischen Bereich.

Rohstoffreichtum und Geographie

Russland ist zudem bei einer Substanzwertbetrachtung ein sehr reiches Land. Das Land ist Netto-Auslandsgläubiger und verfügt mit großem Abstand über die umfangreichsten bekannten Rohstoffvorkommen der Welt. Deren geschätzter Wert liegt bei 75 Billionen US$ und umfasst alle wichtigen fossilen Energieträger, zahlreiche Metalle und seltene Erden. Über seine Rohstofflieferungen hat Russland einen starken geoökonomischen Hebel gegenüber seinen Abnehmern.

Auch geographisch befindet sich Russland in einer einzigartigen Lage, die fast das gesamte Gebiet Eurasiens umspannt und Zugang zur Arktis bietet. Die Föderation ist mit etwa 17 Millionen Quadratkilometern flächenmäßig der größte Staat der Erde und umfasst mehr als ein Achtel der bewohnten Landmasse des Planeten. Die geographische Positionierung ermöglicht es, wichtige Handelsrouten für Energie in Eurasien zu kontrollieren. Allerdings fehlen natürliche Barrieren an vielen Grenzen, was das Territorium vulnerabel macht. Russland muss sich aus eigener Sicht strategisch gegenüber dem Westen, dem Islam und China behaupten (Scholl-Latour, 2007). Russland verfügt über einige Häfen, hat aber nur eingeschränkten Warmwasserzugang. Weite Teile Sibiriens sind zudem nur dünn besiedelt (Marshall, 2015).

Konfrontation mit dem Westen

Nach dem Kalten Krieg war Russland lange auf eine Annäherung an den Westen bedacht. Die bereits von Reagan und Gorbatschow begonnene Entspannungspolitik wurde von der Jelzin-Regierung fortgesetzt. Allerdings litt die Bevölkerung in den 1990er Jahren unter den Folgen des wirtschaftlichen Umbruchs, wofür teilweise auch die pro-westliche Jelzin-Regierung verantwortlich gemacht wurde. Unter seinem Nachfolger Wladimir Putin, der auch gegenüber dem Oligarchen einen harten Kurs eingeschlagen und diverse Energieunternehmen wieder teilverstaatlicht hat, hat sich Russlands Wirtschaft wieder erholt.

Unter Wladimir Putin haben sich die russischen Beziehungen zum Westen rapide verschlechtert. Nach Ausbruch des syrischen Bürgerkriegs kam es erstmals zur offenen Konfrontation, da Russland die befreundete Assad-Regierung militärisch gegen die islamistischen Rebellen unterstützt hat. Zum vorläufigen Bruch kam es mit dem pro-westlichen Maidan in der Ukraine und dem geopolitischen Kurswechsel des eurasischen Schlüsselstaats, den Russland historisch als Teil seiner Einflusszone betrachtet. Präsident Putin kritisierte wiederholt die aus Moskaus Sicht diskriminierende Behandlung des russischsprachigen Bevölkerungsteils durch die neue Regierung. Außerdem bezeichnete er den von der Ukraine angestrebten NATO-Beitritt als Missachtung russischer Sicherheitsinteressen. Im Jahr 2022 ist die russische Armee dann im Rahmen ihrer „speziellen Militäroperation“ in die Ukraine einmarschiert. Der Ukrainekrieg hat zu immer weiteren Sanktionsverschärfungen des Westens gegen Russland und zu umfangreichen NATO-Militärlieferungen an die Ukraine geführt.

Der Ukrainekrieg hat auf beiden Seiten zu hohen menschlichen Verlusten geführt, wobei die Zahlenangaben stark divergieren. Die russischen Streitkräfte haben durch den Krieg Kampferfahrung gewonnen, über die sonst nur die US-Army verfügt, was wiederum in der EU, insbesondere im Baltikum und in Polen Besorgnisse ausgelöst hat und zur Verstärkung europäischer Rüstungsanstrengungen geführt hat. Das russische Militär ist atomar und konventionell hochgerüstet und unterhält eine globale Präsenz mit Stützpunkten in Syrien, Afrika und der Arktis. Die westlichen Sanktionen haben bisher das Ziel verfehlt, Russland zu destabilisieren. Wirtschaftlichen Schaden haben vor allem europäische Länder wegen des massiven Anstiegs der Energiepreise genommen, während Russland seine Rohstoffexporte nach Asien verlagern konnte. Bei näherer Betrachtung ist auch interessant, dass Uranlieferungen und die Kooperation bei Weltraumtechnologie, die für die Vereinigten Staaten von Bedeutung sind, anders als die Öl- und Gaslieferungen nach Europa, nicht Gegenstand der Sanktionen sind. Das Wall Street Journal vom 26. August 2025 berichtet sogar, dass Exxon und Rosneft mit Unterstützung beider Regierungen geheime Gespräche über eine Wiederaufnahme gemeinsamer Ölförderprojekte in Russland führen.

Eurasische Integration und BRICS-Politik

Russland hat das Potenzial, sich im Rahmen einer eurasischen Integration als politisch und ökonomisch mächtiges Bindeglied des Großkontinents zu positionieren. Seit der Verschärfung der westlichen Sanktionen im Jahr 2022 intensiviert Moskau die Arbeit an seinem großen Infrastrukturnetzwerk aus Flüssen, Häfen und Bahnverbindungen entlang der eigenen Landmasse. Moskau nutzt gezielt seine geographische Ausdehnung, um als eurasische Landmacht mit dem chinesischen Belt-and-Road-Programm zu kooperieren. Die Flüsse Wolga, Don, Ob und Lena sollen künftig intensiv für Handelstransporte, Rohrleitungen und digitale Verbindungen genutzt werden. Aus chinesischer Sicht bietet sich dadurch eine attraktive Alternative zu den vulnerablen pazifischen Seerouten wie der Straße von Malakka, um Waren bis nach Kaschastan, Iran oder in die Türkei zu transportieren. Alle beteiligten Staaten würden so Immunität gegenüber westlichen Handelsanktionen erlangen.

Gesamteinschätzung der geoökonomischen Position

> Russland ist landwirtschaftlich und energiepolitisch autark und in ausgewählten Industrien gut aufgestellt. Die Wirkung der westlichen Finanzsanktionen hat Russland weniger hart getroffen als erwartet. Die BRICS-Integration wird die Unbhängigkeit vom Westen perspektivisch vollenden, zumal Russland vom Westen keine Güter benötigt, die nicht auch China liefern kann. Der Anschluss an das Belt-and-Road-System könnte Russlands geographischen Probleme lösen.

Aus russischer Sicht ist es geopolitisch dennoch bedeutsam, ob es unter Präsident Trump wieder zu einer Normalisierung der Beziehungen zum Westen kommt. Bei der Beobachtung des Trump-Putin-Gipfels in Alaska konnte der Beobachter den Eindruck gewinnen, dass die Vereinigten Staaten sich von den Hoffnungen auf einen Regimewechsel in Moskau verabschiedet haben, auch wenn Trumps Kommentare ambivalent und wechselhaft bleiben. Ein US-Strategiewechsel wäre realpolitisch motiviert und primär gegen China gerichtet. Er würde aber auch die EU-Politik düpieren, die von verschiedenen US-Regierungen entgegen ihren eigenen ökonomischen Interessen auf Konfrontationskurs zu Moskau gebracht worden ist. Aber auch ohne gute Beziehungen zum Westen könnte Russland als Teil der BRICS-Welt nach bisherigen Beobachtungen wirtschaftlich gedeihen und seine Eigenständigkeit behaupten.

> Russlands geoökonomischen Prioritäten stellen sich folgendermaßen dar:
>
> - Sicherung der Stellung als führende Rohstoffmacht, unter anderem durch weitere asiatische Gaspipelines und Sicherung des Einflusses in der Arktis,
> - Behauptung des russischen Einflusses in den Nachbarstaaten und Verhinderung eines NATO-Beitritts der Ukraine,
> - Abkoppelung vom westlichen Finanzsystem und Vollendung der alternativen BRICS-Strukturen,
> - Vermeidung strategischer Abhängigkeit von China durch Kooperation mit Indien und anderen BRICS-Staaten sowie Normalisierung auch von Beziehungen zum Westen, was mit den USA unter einer

MAGA-Regierung wahrscheinlicher zu realisieren ist als mit den europäischen Staaten und

- Modernisierung der russischen Wirtschaft und Auf- und Ausbau von Technologieunternehmen und Produktionsbetrieben.

Die russischen geoökonomischen Prioritäten sind kompatibel, in den meisten Punkten sogar identisch mit den Prioritäten der übrigen BRICS- und SCO-Staaten. Der Verlust eines Großteils der europäischen Gasmärkte war für den Rohstoffgiganten schmerzhaft, konnte aber durch Verkäufe nach China und Indien kompensiert werden. Da Russland bereits zahlreiche Sanktionsprogramme des Westens einschließlich der Öl- und Gasboykotte, der Vermögenskonfiskationen und einer Abkoppelung vom Zahlungssystem relativ unbeschadet überstanden hat, ist aktuell nicht ersichtlich, wie das Land vom Westen geoökonomisch in die Knie gezwungen werden kann. Es sind auch keine Anzeichen für einen innenpolitischer Umsturz erkennbar.

5.5 Indien

Heimliche Großmacht

Indien ist zwar geoökonomisch nicht so mächtig wie die Vereinigten Staaten und China, befindet sich dafür aber in einer besonders günstigen strategischen Position als führender BRICS-Staat, der gleichzeitig vom Westen und Osten umworben wird. Das vielfältige Land ist nicht nur eine der einflussreichsten Nationen Asiens, sondern verfügt über globalen Einfluss. Der Subkontinent profitiert von einer dynamischen Wirtschaft, seiner riesigen Bevölkerung und seiner wachsenden technologischen und militärischen Stärke. Das Bruttoinlandsprodukt Indiens lag im Jahr 2024 bei etwa 4,1 Billionen US$. Für 2025 wird ein Wachstum von rund 6,8% für 2025 erwartet, was Indien zu einer der am schnellsten wachsenden großen Volkswirtschaften macht. Mit einer Bevölkerung von über 1,4 Milliarden Menschen im Jahr 2024 hat Indien den Nachbarn China inzwischen als bevölkerungsreichsten Staat der Welt überholt.

Regulierung und Abschottung

Das indische Finanz- und Bankensystem ist nach wie vor stark reguliert und vom globalen Kapitalmarkt teilweise abgeschottet. Diese Abschottung soll die indische Volkswirtschaft vor externen Schocks und globalen Finanzkrisen schützen, schränkt aber auch die Kapitalmobilität ein. Die Reserve Bank of India (RBI) steuert als Zentralbank die Geldpolitik. Sie ist zudem für die Finanzstabilität und Bankenaufsicht zuständig und orientiert sich dabei an internationalen Standards wie Basel III. Dennoch sind ausländische Direktinvestitionen beschränkt, Kapitalflüsse überwacht und grenzüberschreitende M&A-Transaktionen einer Genehmigungspflicht unterworfen. Ausländische Banken unterliegen strengen Vorschriften und müssen für Bankgeschäfte in Indien lokal regulierte Tochtergesellschaften gründen. Die Rupie ist nicht vollständig konvertibel und spielt deswegen als Reserve- und Handelswährung global bisher nur eine untergeordnete Rolle Die RBI liberalisiert schrittweise den Zugang zum indischen Kapitalmarkt, geht dabei aber behutsam vor, um die Stabilität nicht gefährden.

Technologie und Rohstoffe

Indien hat sich aber bereits trotz der Restriktionen durch seine wachsende Wirtschaftskraft und strategischen Partnerschaften als führende Volkswirtschaft etabliert. Das hohe Wachstum, die Innovationskraft, der große Binnenmarkt und zahlreiche gut ausgebildete Arbeitskräfte machen Indien zu einem attraktiven Investitionsziel. Indien ist Heimat einiger Weltkonzerne wie Tata, Reliance und Mittal Steel. Viele weitere indische Unternehmen haben bedeutende Positionen auf globalen Märkten erobert, insbesondere in den Technologie- und Pharmabranchen. Indiens Technologiezentren, insbesondere in Bengaluru, Hyderabad und Pune, gehören zu den globalen Spitzenreitern in der Softwareentwicklung, bei IT-Dienstleistungen und zunehmend auf dem Gebiet der KI. Der Subkontinent verfügt über bedeutende Rohstoffvorkommen, darunter Kohle, Eisenerz und Seltene Erden, die seine industrielle Basis stärken. Das Land ist aber unter anderem auf Öl- und Gasimporte angewiesen. Zu den wichtigsten Lieferanten zählt der Iran. Seit Beginn der westlichen Sanktionen hat Indien auch die Rohstoffimporte aus Russland massiv ausgeweitet.

Geographie und Militär

Geographisch ist Indien durch das Himalaya-Gebirge und den Indischen Ozean geschützt. Gleichzeitig ist das Land auch auf west-östlichen eurasischen Handelsrouten strategisch gut positioniert. Im Westen und Osten grenzt das überwiegend hinduistische Indien allerdings an die islamischen Staaten Pakistan und Bangladesch. Diese Staaten wurden erst in den 1970er-Jahren von Indien unabhängig, insbesondere die Beziehung zu Pakistan war seither von Konflikten geprägt. Auch die gemeinsame Grenze mit China hat immer wieder zu Spannungen geführt. Das indische Militär ist eine der größten und am besten ausgerüsteten Streitkräfte der Welt, mit einer wachsenden Marine, die zunehmend die Kontrolle über strategische Seewege im Indischen Ozean anstrebt. Trotz Armut und gravierenden Infrastrukturdefiziten ist Indien eine respektierte Regionalmacht, die durch ihre nuklearen Fähigkeiten über strategisches Gewicht verfügt.

Armut und Reichtum

Der heterogene Riesenstaat Indien hat sich zu einer erstaunlich stabilen Demokratie entwickelt. Der dominante hinduistische Teil der indischen Gesellschaft ist allerdings bis heute stark von seinem hierarchischen Kastensystem geprägt. Das Kastensystem begrenzt bis heute teilweise soziale Aufstiegsmöglichkeiten, weshalb das wirtschaftliche Potenzial des Landes nicht immer ausgeschöpft wird. Laut der Forbes-Liste von April 2025 gibt es in Indien 284 Milliardäre, womit das Land weltweit auf dem dritten Platz nach den USA und China steht. Diese Zahl spiegelt einen signifikanten Anstieg wider. Zur Jahrtausendwende gab es neun Milliardäre, zwischen 2010 und 2020 stieg die Zahl von 47 auf 102 an. In den letzten fünf Jahren hat sich die Zahl verdoppelt. Mukesh Ambani ist mit einem geschätzten Vermögen von etwa 92,5 Milliarden US$ der reichste Inder. Gleichzeitig leben etwa 20 % Prozent der Bevölkerung in extremer Armut. Weite Teile der Gesellschaft haben keinen Zugang zu Bildung und Wohlstand.

Trotz der im Durchschnitt desaströsen PISA-Ergebnisse der beiden teilnehmenden indischen Bundesstaaten verfügt Indien aber über einige exzellente Schulen und Universitäten, die eine Elite hervorragend ausbilden. Die akademische Qualität indischer Top-Universitäten wie das Indian Institutes of Technology, das Indian Institute of Science und das Indian Institutes of Management ist international anerkannt, insbesondere in den Ingenieurwissenschaften und in der Informationstechnologie. Diese Institutionen zeichnen sich durch hochqualifizierte Fakultäten, starke Forschungsleistungen und besonders strenge Auswahlverfahren aus. Für die IITs müssen Bewerber die Joint Entrance Examination Advanced bestehen, eine der anspruchsvollsten Prüfungen weltweit, mit einer Zulassungsquote von unter 2 %. Viele

IIT-Absolventen führen globale Tech-Unternehmen, zu den bekanntesten Alumni zählen Sundar Pichai (Google), Satya Nadella (Microsoft) oder Arvind Krishna (IBM). Internationale Karrieren werden durch den Umstand erleichtert, dass Englisch bis heute indische Amtssprache ist. Kulturell übt Indien durch seine Diaspora, aber auch durch seine reiche Geschichte und seine Gegenwartskultur ebenfalls wachsenden globalen Einfluss aus.

Blockfreiheit im Kalten Krieg

Seit dem Ende des Zweiten Weltkriegs ist Indiens Außenpolitik geprägt von einem geschickten Lavieren zwischen dem Westen, Russland (ehemals Sowjetunion) und China. Nach Erlangung der Unabhängigkeit von Großbritannien im Jahr 1947 etablierte Premierminister Jawaharlal Nehru die Politik der Blockfreiheit, um im Kalten Krieg neutral zu bleiben und Entwicklungshilfe von beiden Blöcken zu sichern. Indien pflegte während des Kalten Kriegs besonders enge Beziehungen zur Sowjetunion, die dem damaligen Entwicklungsland wirtschaftliche und militärische Hilfe leistete. Diese Beziehungen haben sich auf Russland übertragen. Das Verhältnis zu den Vereinigten Staaten war meistens konstruktiv, aber nicht immer spannungsfrei. Insbesondere Washingtons Unterstützung langjährige Pakistans, unter anderem im Kashmir-Konflikt, wurde von Indien negativ aufgenommen. Die sino-indischen Beziehungen waren unmittelbar nach Erlangung der Unabhängigkeit kooperativ. Nach Ausbruch eines Grenzkrieges im Jahr 1962 orientierte sich Indien aber noch stärker an Moskau.

Während des Kalten Kriegs vertiefte sich die indisch-sowjetische Zusammenarbeit mit dem Abschluss verschiedener Freundschafts- und Kooperationsabkommen. China blieb in den 1970er und 1980er Jahren ein Rivale, mit anhaltenden Grenzstreitigkeiten. Die außenpolitischen Beziehungen zu den USA haben sich weiter eingetrübt, auch aufgrund der von der Nixon-Regierung betriebenen amerikanisch-chinesischen Annäherung. Die Handelsbeziehungen mit Europa sind parallel auf moderatem Niveau kontinuierlich ausgebaut worden, politische Differenzen haben die Entwicklung aber auch immer wieder gebremst.

Geopolitische und geoökonomische Prioritäten des Subkontinents

Indien war stets auf die Bewahrung und Stärkung seiner geopolitischen und -ökonomischen Unabhängigkeit bedacht. Die Publikation *India's Approach to BRICS and SCO: Balancing Strategic Autonomy* von Harsh V. Pant (2022) analysiert Indiens Rolle und Strategie innerhalb der BRICS und der Shanghai Cooperation Organisation (SCO) im Kontext seiner außenpolitischen Doktrin der strategischen Autonomie. Die zentralen Aussagen lassen sich wie folgt zusammenfassen:

1. **Strategische Autonomie als Leitprinzip:** Indien verfolgt in BRICS und SCO eine Politik der strategischen Autonomie, um seine nationalen Interessen zu wahren, ohne sich vollständig einer Großmacht wie China oder Russland zu unterwerfen. Dies zeigt sich in Indiens Bemühen, multilaterale Foren zu nutzen, um seine globale Stellung zu stärken, ohne bindende Verpflichtungen einzugehen.
2. **BRICS als Plattform für globale Einflussnahme:** Indien sieht BRICS als ein Instrument, um eine multipolare Weltordnung zu fördern und seine wirtschaftlichen sowie geopolitischen Interessen voranzutreiben, insbesondere durch die Förderung von Entwicklungsinitiativen wie der New Development Bank (NDB). Gleichzeitig bleibt Indien vorsichtig, um nicht in die antiwestliche Rhetorik einiger BRICS-Mitglieder, insbesondere Russland und China, hineingezogen zu werden.
3. **Balancing in der SCO:** In der SCO steht Indien vor der Herausforderung, seine Mitgliedschaft mit der wachsenden Dominanz Chinas und den geopolitischen Spannungen mit Pakistan in Einklang zu bringen. Indien nutzt die SCO, um regionale Sicherheitsfragen wie Terrorismus anzugehen, behält aber eine distanzierte Haltung, um seine Unabhängigkeit zu bewahren.
4. **Herausforderungen und Widersprüche:** Die Publikation hebt hervor, dass Indiens Engagement in BRICS und SCO von einem Spannungsfeld geprägt ist: Einerseits will Indien seine globalen Ambitionen stärken, andererseits muss es die Interessenkonflikte mit China und die unterschiedlichen Prioritäten der Mitgliedsstaaten navigieren, um seine strategische Autonomie nicht zu gefährden.

Zusammengefasst betont Pant, dass Indien BRICS und SCO als Plattformen nutzt, um seinen globalen Einfluss auszubauen, dabei jedoch eine pragmatische und zurückhaltende Haltung einnimmt, um seine außenpolitische Unabhängigkeit zu wahren und Konfrontationen mit westlichen Partnern zu vermeiden. Die von Premierminister Narendra Modi seit 2014 geprägte Multi-Alignment-Strategie hielt Indien entsprechend auch als BRICS-Staat nach allen Seiten offen. Insgesamt priorisiert Indien immer noch eine

Strategie der Autonomie. Das Land des Südens stützt sich allerdings primär auf die BRICS und unterhält ergänzend engere westliche Verbindungen als Russland und China. Russland bleibt für Indien der strategisch der wichtigste Partner, auch auf dem Gebiet der militärischen Kooperation. In der Ukraine-Frage blieb Indien stets neutral, enthielt sich bei UN-Abstimmungen und kaufte in großen Mengen rabattiertes Öl, teilweise für den Weiterverkauf nach Europa. Indien war 2024 wegen der Rohstoffimporte nach China der zweitgrößte Handelspartner Russlands. Die von der Trump-Regierung gegen Indien verhängten Sekundärsanktionen haben eher dazu beigetragen, dass im Sommer 2025 die BRICS-Beziehungen Indiens wieder wichtiger geworden sind.

Gesamteinschätzung der geoökonomischen Position

> Indien verfügt über keine dominante Position bei den vier geoökomischen Machtpfeilern, befindet sich aber trotzdem in einer komfortablen Situation. Der Subkontinent verfügt über kein globales Finanzzentrum, ist aber nur teilweise in das westliche Finanzsystem integriert und deswegen weitgehend relativ autark. Die Unternehmen des Landes zählen nicht zu den globalen Börsenschwergewichten. Einige indische Konzerne wie Tata, Infosys und Reliance sind aber in wichtigen Branchen wie Pharma, Automobil, Telekommunikation, Stahl und Technologie global wettbewerbsfähig. Das Land kontrolliert zwar keine Transportwege, ist aber für China und Russland integraler Bestandteil der eurasischen Integrationsstrategie. Zusätzliche Gestaltungsspielräume erwachsen dem Land auch aus seiner Bevölkerungsgröße und-dynamik und seiner geopolitischen Schlüsselposition.

Die Niederlage der Sowjetunion im Kalten Kriegs und das Aufstreben Chinas zwangen Indien zu einer stärkeren Diversifikation seiner Außenpolitik. Indien betrieb eine vorsichtige wirtschaftliche Liberalisierung und näherte sich dem Westen etwas an. Nach Streitigkeiten über die nukleare Bewaffnung wurde 2008 der Indo-US-Nuklearpakt geschlossen. Wirtschaftsankommen mit Deutschland, Frankreich und weiteren EU-Ländern stärkten den Außenhandhandel mit dem Westen und etablierten Technologiekooperation. Russland blieb aber Indiens Schlüsselpartner bei Rüstungs- und

Rohstoffimporten. Auch mit China wuchs der Handel, doch kam es immer wieder zu Meinungsverschiedenheiten zwischen den beiden asiatischen Großmächten. Im Doklam-Standoff 2017 sind China und Indien in der gemeinsamen Grenzregion mit Bhutan aneinandergeraten, konnten die Wogen danach aber glätten.

Indien versucht wegen der Interessengegensätze mit China, trotz der Partnerschaft im BRICS-System, dessen Einfluss etwas auszubalancieren. Bereits im Jahr 1991 hat Indien unter Premierminister Narasimha Rao die „Look East Policy" eingeführt und später unter Premierminister Narendra Modi zur Act East Policy weiterentwickelt. Dafür werden gezielt Handels -und Investitionsabkommen mit Ländern wie Japan, Südkorea, ASEAN-Staaten und Australien geschlossen. Im Rahmen der informellen Quad-Allianz mit den Vereinigten Staaten, Indien, Japan und Australien wird ein regelmäßiger Austausch zu sicherheitspolitischen, wirtschaftlichen und technologischen Themen, aber auch in den Bereichen Klimaschutz, Gesundheit und Katastrophenhilfe zu betreiben. Ziel der Quad ist es, eine freie, offene und regelbasierte Ordnung im Indo-Pazifik-Raum zu fördern. Gleichzeitig hat sich das Land aber auch als Teil der BRICS-Familie an einigen von China initiierten strategischen Projekten der New Development Bank beteiligt. Indien hat sich auch den Iran-Sanktionen der Vereinigten Staaten weitgehend entzogen. Die Asia Times zitierte den indischen Außenminister Sushma Swaraj nach einem Treffen mit seinem iranischen Amtskollegen Mohammad Javad Zarif Anfang Juni 2018 in New Delhi mit den Worten

> "Our foreign policy is not made under pressure from other countries ... We recognize UN sanctions and not country-specific sanctions. We didn't follow US sanctions on previous occasions either".

Auf der SCO-Konferenz in Tianjin (China) im August 2025 stellte Premierminister Modri, möglicherweise in Folge der Trumpschen Zollpolitik, sein Einvernehmen mit seinen Kollegen Xi und Putin ostentativ zur Schau und kündigte eine weitere Intensivierung der Zusammenarbeit der drei führenden BRICS-Nationen in allen Bereichen an. Aus westlicher Sicht bleibt Indien zwar nichtsdestotrotz das meistversprechende Ziel, um die BRICS-Allianz geoökonomisch aufzubrechen und gegenüber dem globalen Süden wieder eine Divide-et-impera-Strategie etablieren zu können. Indiens geschickte Politik des Ausgleichs sichert derweil seinen Aufstieg zu einer der Führungsnationen in einer multipolaren Welt.

5.6 Ausgewählte weitere wichtige Staaten

Mit den Vereinigten Staaten, „Europa", China, Russland und Indien sind die geoökonomischen Staaten und Regionen portraitiert worden, die offensichtlich prädestiniert wären, in einer multipolaren Weltordnung eine führende Rolle einzunehmen. Es gibt noch eine Reihe weiterer Nationen, die zumindest das Potenzial haben, global eine hervorgehobene Rolle und das geoökonomische Gleichgewicht zu beeinflussen. Zu den strategisch wichtigen Staaten zählen unter anderem Brasilien, Japan, und die Türkei, deren geoökonomische Position nachfolgend kurz zusammengefasst wird.

Brasilien

Brasilien ist seit Jahrzehnten eine der führenden Regionalmächte Lateinamerikas und zudem eine der führenden BRICS-Nationen. Die Wirtschaftsstärke des Landes, basierend auf Rohstoffen und Landwirtschaft, aber auch seine Bevölkerungsgröße (Platz 6 in der Welt) und die geopolitische Lage verhelfen dem Land zu globalem Einfluss. Das BIP Brasiliens lag im Jahr 2024 bei etwa 2,3 Billionen US$, womit das Land global auf Platz 9 rangiert. Das für 2025 vom IWF erwartete BIP-Wachstum liegt bei 2,2%. Im Jahr 2024 hatte Brasilien etwa 216 Millionen Einwohner. Aktuell ist die Bevölkerung im internationalen Vergleich mit durchschnittlich 34 Jahren noch sehr jung. Die Geburtenrate ist aber per 2014 auf unter 1,7 Kinder pro Frau zurückgegangen, was mittelfristig zu einer Alterung der Gesellschaft führen wird. Der Zugang zur Bildung hat sich verbessert, aber die Schulqualität variiert stark zwischen städtischen und ländlichen Gebieten sowie zwischen öffentlichen und privaten Schulen. Noch immer haben rund 15 % der Erwachsenen keinen Zugang zu höherer Bildung.

Der brasilianische Real hat keinerlei Bedeutung als globale Reservewährung. Die brasilianische Zentralbank und das nationale Finanzsystem sind in Südamerika einflussreich, können aber auf globaler Ebene nicht mit den Finanzzentren der USA, Europas oder Asiens konkurrieren. Dennoch ermöglicht die Exportwirtschaft Brasilien, Handelsüberschüsse zu erzielen, die das Land in die Lage versetzen, Investitionen in Infrastruktur und soziale Programme zu finanzieren. Als Technologienation liegt Brasilien im globalen Vergleich noch weit hinter den führenden Nationen zurück, hat jedoch in Bereichen wie Agrartechnologie, Biokraftstoffen (Ethanol aus Zuckerrohr) und Fintech eine Nischenposition eingenommen. Die brasilianische Nubank zählt zu den größten digitalen Banken der Welt. Brasilien ist aber in den meisten Wirtschaftsbereichen stark von ausländischen Technologiekonzernen abhängig, insbesondere aus den USA und China.

Brasilien ist einer der größten Exporteure von Agrarprodukten wie Soja, Rindfleisch, Kaffee, Zucker und Getreide). Das weitgehend autarke Land ist aufgrund seines Ressourcenreichtums, darunter Eisenerz, Bauxit, Gold und Öl, ein zentraler Akteur auf den globalen Rohstoffmärkten. Der Großteil der Vorkommen konzentriert sich auf das Amazonasbecken und Offshore-Gebiete, deren Ausbeutung ökologische und politische Herausforderungen mit sich bringt.

Brasilien befindet sich insgesamt in einer privilegierten geografischen Lage. Mit dem Atlantik im Osten und überwiegend stabilen Nachbarländern wie Argentinien, Uruguay und Paraguay ist das Land keine direkten militärischen Bedrohungen ausgesetzt. Gleichzeitig ermöglicht die lange Küstenlinie Brasilien, wichtige Handelsrouten im Südatlantik zu kontrollieren, wodurch der ungehinderte Export von Rohstoffen und Agrarprodukten gesichert ist. Die brasilianischen Streitkräfte sind vor allem auf die Verteidigung des eigenen Territoriums und die Sicherung der umfangreichen Landes- und Seegrenzen fokussiert, insbesondere im Amazonasgebiet und entlang der Atlantikküste. Eine bedeutendere militärische Rolle muss das Land nicht anstreben.

Brasilien nimmt in der globalen Geopolitik eine strategische Position ein, die durch seine BRICS-Mitgliedschaft in den BRICS und die traditionell wechselhaften Beziehungen zu den USA geprägt ist. Die Vereinigten Staaten haben sich wiederholt in die Innenpolitik Brasiliens eingemischt, vor allem während des Kalten Krieges. Hauptmotiv war die Angst vor einer linksgerichteten Ausrichtung Brasiliens in einer Region, die sie gemäß der Monroe-Doktrin traditionell als ihren „Hinterhof" betrachteten. Im Jahr 1964 unterstützten die USA aktiv einen Militärputsch, der die demokratisch gewählte Regierung von João Goulart stürzte (Pereira, 2016). Die USA unterstützten in den 1970er Jahren auch die Operation Condor, eine Zusammenarbeit lateinamerikanischer Diktaturen, einschließlich Brasiliens, zur Unterdrückung linker Bewegungen.

Wirtschaftlich drängten die USA Brasilien in den 1980er- und 1990er-Jahren zu Reformen im Rahmen der „Washington Consensus"-Politik. Über den IWF wurden Strukturanpassungsprogramme durchgesetzt, die Privatisierungen und Deregulierungen förderten, oft zulasten sozialer Programme. Die IWF-Politik prägte die wirtschaftliche Ausrichtung Brasiliens und führte zu sozialen Konflikten. Im Jahr 2013 sorgte die Snowden-Enthüllungen für bilaterale Spannungen, als bekannt wurde, dass die NSA Präsidentin Dilma Rousseff und brasilianische Unternehmen systematisch ausgespäht hat. Es gab auch Spekulationen über eine indirekte Einflussnahme der USA auf die politische Krise 2016, die zur Amtsenthebung Rousseffs führte. Innerhalb der US-Politik und der Bürokratie gibt es aber unterschiedliche Präferenzen. Donald Trump steht Ex-Präsident Jair Bolsonaro nahe, wogegen die Biden-Regierung Lula da Silva unterstützt hat.

Die innenpolitische Spaltung Brasiliens prägt das Land dabei seit Jahren. Sie wurzelt in sozialen, wirtschaftlichen und ideologischen Gegensätzen, die durch ungleiche Einkommensverteilung und soziale Barrieren verstärkt werden. Auf der einen Seite stehen linke Kräfte, vertreten durch Präsident Luiz Inácio Lula da Silva und die Arbeiterpartei, die soziale Programme und progressive Reformen fördern. Lulas Unterstützung kommt vor allem aus ärmeren Schichten und dem Nordosten des Landes. Auf der anderen Seite steht das konservative Lager um Ex-Präsident Jair Bolsonaro, das eine wirtschaftsliberale Politik und konservative Werte vertritt. Die Opposition hat ihren Rückhalt in wohlhabenderen Regionen, der Mittelschicht und evangelikalen Gruppen. Die politische Spaltung eröffnet immer wieder Einfallstore für ausländische Einflussnahme.

Trotz dieser Einmischungen hat Brasilien aber stets versucht, seine Souveränität zu wahren. Als größte Volkswirtschaft Lateinamerikas verfolgt Brasilien eine pragmatische Außenpolitik, die auf Autonomie und Multilateralismus abzielt. Innerhalb der BRICS positioniert sich Brasilien als Stimme des „Globalen Südens", die eine multipolare Weltordnung anstrebt, um die westliche Dominanz, insbesondere der USA, zu relativieren. Die BRICS bieten Brasilien Zugang zu wichtigen Märkten. Dabei ist die Volksrepublik China der größte Handelspartner des Landes. Brasilien bremst aber eine dezidiert antiwestliche BRICS-Ausrichtung, da Brasilien auch enge wirtschaftliche, politische und kulturelle Beziehungen zu den USA unterhält. Die US-Zollpolitik von Präsident Trump sorgt allerdings am Zuckerhut immer wieder für Verstimmungen. Brasilien fordert von den USA Verhandlungen auf Augenhöhe und diversifiziert seine Exportwirtschaft, um Abhängigkeiten zu vermeiden. Präsident Lula da Silva setzt zudem auf diplomatische Flexibilität, um weder von den USA noch von China abhängig zu werden. Brasiliens geografische Randlage am Südatlantik und seine Ressourcen stärken die Position des Landes. Brasiliens „Multi-Alignment"-Strategie sichert Handlungsfreiheit, wird aber durch interne BRICS-Konflikte und US-Druck immer wieder herausgefordert.

> Insgesamt ist Brasilien ein global umworbenes, reiches Land. Die Nation steht aber vor Herausforderungen wie sozialer Ungleichheit, politischer Instabilität und Umweltproblemen, die seine geoökonomische Position einschränken. Trotz dieser Hindernisse bleibt Brasilien aufgrund seiner Ressourcen, Bevölkerungsgröße und regionalen Führungsrolle ein zentraler Akteur in der globalen Wirtschaft und Politik.

Japan

Japan ist seit dem Ende des Zweiten Weltkriegs eine der führenden Wirtschaftsnationen und eine zentrale Macht im asiatisch-pazifischen Raum. Unter Berücksichtigung der wesentlichen Faktoren wie Wirtschaftsstärke, Technologie, Ressourcen und Militär bleibt Japan eine bedeutende Kraft, auch wenn es geopolitisch und militärisch nur regional agiert. Das Bruttoinlandsprodukt Japans lag im Jahr 2024 bei etwa 4,2 Billionen US$, mit einem erwarteten Wachstum von etwa 1,2% für 2025. Im Jahr 2024 hatte Japan laut Schätzungen etwa 125 Millionen Einwohner.

Der japanische Yen ist eine wichtige internationale Währung, auch wenn er im globalen Handel und als Reservewährung nur noch eine nachgeordnete Rolle spielt. Die Tokioter Börse zählt zu den größten der Welt, ist aber weniger bedeutend als die Börsenplätze in New York, London oder Shanghai. Japan leidet noch heute unter den Folgen des Zusammenbruchs der Aktien- und Immobilienmärkte in den 1990er-Jahren. In der Folge wurde, vor allem durch staatliche Konjunkturmaßnahmen, eine astronomisch hohe Staatsverschuldung von 251,2% des BIP (laut Statista mit Bezug auf IWF-Daten) aufgebaut. Die Politik übt für eine Demokratie großen Einfluss auf die Wirtschaft aus. Japan erhebt vergleichsweise hohe Zölle und setzt zur Förderung der eigenen Wirtschaft auch auf nicht-tarifäre Handelshemmnisse. Die Bank of Japan verfolgt im internationalen Vergleich eine besonders lockere Geldpolitik. Die Zentralbank hat sogar in erheblichem Umfang Aktien gekauft, um die Kapitalmärkte zu stabilisieren und die wirtschaftliche Entwicklung zu stimulieren (Lee und Hasegawa, 2018). Die wiederholten Versuche, über Zinssenkungen und umfangreiche Anleihekäufe die japanische Konjunktur anzukurbeln, haben aber keine dauerhaften Erfolge erzielt. Das durchschnittliche reale BIP-Wachstum

Japans in den letzten 20 Jahren (2005–2024) liegt bei etwa 1,0% pro Jahr. Japan ist aber Nettoauslandsgläubiger, was das Staatsverschuldungsproblem etwas entschärft.

Japans Realwirtschaft ist stark exportorientiert, mit Schwerpunkten in den Bereichen Automobilindustrie, Elektronik und Maschinenbau. Unternehmen wie Toyota, Sony und Mitsubishi gehören zu den weltweit führenden Marken. Das Land ist technologisch führend in einigen wichtigen Branchen wie Halbleiterproduktion und Robotik. Fünf der global zehn größten Robotikunternehmen sind japanische Konzerne, die laut Statista insgesamt fast die Hälfte des Weltmarkts kontrollieren mit Epson (13 %), Fanuc (11 %), Kawasaki (8 %), Yaskawa (8 %), and Denso (4 %) als führenden Herstellern. Japanische Unternehmen sind maßgeblich an der Entwicklung von Zukunftstechnologien beteiligt, auch wenn sie in Bereichen wie KI und Cloud Computing von den USA und China überholt wurden. Japan ist stark von Rohstoffimporten abhängig, da das Land über begrenzte eigene natürliche Ressourcen verfügt. Diese Abhängigkeit macht Japan anfällig für Schwankungen auf den globalen Energiemärkten, insbesondere für Öl und Gas. Der Inselstaat ist aber führend bei der zivilen Nutzung der Kernenergie.

Japan ist ein aus zahlreichen Inseln bestehender ostasiatischer Staat im Pazifik, der, jeweils unterbrochen durch Wasser, im Norden an Russland , im Nordwesten an die Volksrepublik China, im Westen an Nordkorea und Südkorea und im Südwesten an Taiwan grenzt und flächenmäßig der viertgrößte Inselstaat der Welt ist. Allerdings ist der überwiegende Teil der Landfläche, insbesondere die Bergregionen im Landesinneren, nicht bewohnbar. Nur 13 % der Fläche sind für Landwirtschaft geeignet (Marshall, 2015). Die pazifische Insellage bietet strategische Vorteile, birgt aber auch geopolitische Risiken. Die Kontrolle über wichtige Seewege im Pazifik ist für Japans Wirtschaft von zentraler Bedeutung. Dabei stellt die Nähe zu Spannungsherden wie Nordkorea und China eine Herausforderung dar. Militärisch ist Japan durch seine pazifistische Verfassung eingeschränkt, die direkte militärische Einsätze im Ausland verbietet. De facto ist das Land militärisch von den Vereinigten Staaten abhängig, die eine starke Präsenz in dem Inselstaat unterhalten, insbesondere auf der Insel Okinawa.

Japans größte Herausforderungen ist die demografische Situation, aufgrund einer toxischen Kombination aus niedriger Geburtenrate, hoher Lebenserwartung und geringer Zuwanderung. Der Inselstaat gehört mit einem Medianalter von 49,5 Jahren (2023) zu den ältesten Gesellschaften der Welt. Die Geburtenrate liegt derzeit auf einem historisch niedrigen Niveau von etwa 1,15 Kinder pro Frau (2024) Tokio liegt die Geburtenrate sogar nur bei etwa 0,99 Kinder pro Frau. Entsprechend schrumpft die Bevölkerung seit 2005. Der demografische Ausblick ist durch einen anhaltenden Bevölkerungsrückgang, eine rapide Überalterung und wirtschaftliche sowie soziale Herausforderungen gekennzeichnet. Die Einwohnerzahl soll in den nächsten 25 Jahren Prognosen zufolge unter 100 Millionen sinken. Trotz Regierungsinitiativen zur Verbesserung der Situation bleiben die Erfolgsaussichten ungewiss, da tief verwurzelte sozioökonomische und kulturelle Faktoren die Geburtenrate weiterhin beeinträchtigen.

> Japan ist eine homogene asiatische Nation, wurde aber nach der Niederlage im 2. Weltkrieg zunächst amerikanisch besetzt und dann umfassend in die Struktur des Westens integriert. Daher ist geoökonomisch die spannende Frage, wie sich das Land künftig geopolitisch ausrichten wird. Isoliert betrachtet, bleibt Japan eine wirtschaftlich und technologisch hochentwickelte Nation, deren geoökonomische Stärke aber durch Ressourcenknappheit, demografische Herausforderungen und geopolitische Spannungen in der Region eingeschränkt wird.

Türkei

Die Türkei ist eine selbstbewusste Regionalmacht am Schnittpunkt von Europa, Asien und dem Nahen Osten. Mit einem BIP von etwa 1,1 Billionen US$ im Jahr 2024 rangiert das Land unter den 20 wirtschaftsstärksten Nationen der Welt. Für 2025 wird ein BIP-Wachstum von etwa 3 % prognostiziert. Die türkische Ökonomie ist insgesamt robust, aber konjunkturanfällig. Die türkische Privatwirtschaft ist diversifiziert und stützt sich auf eine dynamische Industrie mit Schwerpunkten im Automobilbau, bei Textilien und im Maschinenbau, sowie auf Agrarerzeugnisse und einen wachsenden Dienstleistungssektor. Vor allem die Tourismuswirtschaft trägt mit einem Anteil von 12 % substanziell zum türkischen BIP bei. Die Exportwirtschaft, mit Schwerpunkten auf Europa und den Nahen Osten, erzielt Handelsüberschüsse, die für Investitionen in Infrastruktur und soziale Programme genutzt werden. Dennoch bleibt die Türkei bis heute anfällig für externe Schocks aufgrund einer lockeren Zentralbankpolitik, die hohe Inflationsraten und permanente Währungsabwertungen zur Folge hat.

Die Türkei hat etwa 85 Millionen Einwohner (2024) und eine relativ junge Bevölkerung mit einem Durchschnittsalter von etwa 32 Jahren. Die

Geburtenrate liegt gegenwärtig noch bei rund 2,0 Kindern pro Frau, ist aber rückläufig. Der Zugang zu Bildung hat sich in den letzten Jahrzehnten deutlich verbessert, insbesondere in den urbanen Zentren wie Istanbul und Ankara. Die Türkei weist über die Jahre hinweg eine der höchsten Verbesserungsraten bei PISA-Tests in Mathematik (14 PISA-Punkte pro Jahrzehnt) und Naturwissenschaften (24 PISA-Punkte pro Jahrzehnt) aus. Die Türkei liegt mit Werten um 460 Punkte in allen drei Bereichen über dem globalen Durchschnitt aller teilnehmenden Länder, bleibt aber unter dem OECD-Durchschnitt. Es bestehen regionale Unterschiede, und die Qualität öffentlicher Schulen bleibt eine Herausforderung. Etwa 20 % der Erwachsenen haben keinen Zugang zu höherer Bildung.

Die türkische Lira hat keine Bedeutung als globale Reservewährung und ist in den letzten Jahren durch hohe Inflation und wirtschaftspolitische Unsicherheiten ständig geschwächt worden. Die türkische Zentralbank verfügt zwar über regionalen Einfluss, liegt im globalen Vergleich hinter den Finanzzentren der USA, Europas und Asiens sehr weit zurück. Die Abhängigkeit von ausländischen Direktinvestitionen und externer Finanzierung macht den Bosporus-Staat anfällig für Kapitalabflüsse. Dennoch ermöglicht die starke Exportwirtschaft, insbesondere in die EU, die Finanzierung von großen Infrastrukturprojekten, unter anderem von Hochgeschwindigkeitszügen und Flughäfen. Die Türkei ist auf globaler Ebene keine technologische Führungsnation. Das Land ist aber Heimat einiger führender Unternehmen in der Rüstungsindustrie und im E-Commerce. In anderen Zukunftsbranchen hängt die Türkei von Importen aus den USA, China und Europa ab, unter anderem bei Halbleitern, und KI.

Die strategische Lage der Türkei an der Schnittstelle von Europa, Asien und dem Nahen Osten verleiht dem Land eine herausragende geoökonomische Bedeutung. Der Bosporus, eine der wichtigsten Wasserstraßen der Welt, macht die Türkei zu einer bedeutenden Handelsnation. Die Türkei ist ein zentrales Transitland für Pipelines, die Gas und Öl aus Zentralasien und dem Nahen Osten nach Europa transportieren. Die geographische Lage ist aber auch herausfordernd, aufgrund der Spannungen mit Nachbarländern wie Griechenland, Zypern und Syrien und anderen Konflikten in der weiteren Region. Die Türkei unter Präsident Recep Tayyip Erdoğan verfolgt eine ambitionierte geopolitische Strategie, die auf der Etablierung einer regionalen Vormachtstellung abzielt, während sie gleichzeitig zwischen NATO und EU und den BRICS balanciert. Diese neo-osmanische Variante einer Multi-Alignment-Politik, setzt auf geoökonomische Diversifikation, militärischer Stärke und diplomatische Flexibilität.

Präsident Erdogan strebt eine Positionierung der Türkei als dominante Macht in Westasien, dem Kaukasus, dem Schwarzen Meer und Nordafrika an. Er nutzt dabei kulturelle und sprachliche Bindungen an Nachbarstaaten, setzt aber gleichzeitig auf militärische Interventionen und Investitionen.

Die Türkei hat 2025 nach zahlreichen umstrittenen Militärinterventionen ein Kooperationsabkommen mit Damaskus unterzeichnet, das Ausbildung und Ausrüstung umfasst. Im Kaukasus unterstützt sie Aserbaidschan durch den geplanten Zangezur-Korridor, der neue Handelsrouten eröffnet und die Türkei zu einem globalen Logistik-Umschlagplatz macht. In Libyen und Nordafrika sucht die Erdogan-Regierung Partnerschaften mit lokalen Machthabern, um Einfluss auf Energie- und Migrationsrouten zu gewinnen. Militärisch werden die Marine und die Landstreitkräfte gestärkt. Über die Organisation der Türkischen Staaten OTS baut das Land kulturelle und wirtschaftliche Beziehungen in der Region aus, um ein Gegengewicht zu EU, Russland und China aufzubauen. Mit neue Öl-Pipelines wird die Energie-Unabhängigkeit des Landes verstärkt. Die Türkei unterstützt aktiv die Belt-and-Road-Initiative Chinas, um sich als eurasischer Knotenpunkt zu positionieren.

Die Türkei gleicht aber auch durch seine Kontrolle des Bosporus russische Einflüsse im Schwarzen Meer aus, und wird so zu einem Schlüsselakteur in eurasischen Energie- und Sicherheitsfragen. Gleichzeitig entzieht sich die Türkei weitgehend westlichen Sanktionen gegen Russland. Die türkische Führung will das Land so als souveräne Mittelmacht etablieren, die in einer multipolaren Welt von geopolitischen Veränderungen profitiert. Als geopolitischer Wanderer zwischen den Blöcken nutzt die Türkei Spannungen zum eigenen Vorteil. Sie ist gleichzeitig einerseits langjähriges NATO-Mitglied und verbaler Ukraineunterstützer, andererseits, sehr zum Ärger Washingtons, Käufer russischer S-400-Systeme. Auch die Beziehung zur EU ist ambivalent, weil die Türkei von der Zollunion profitiert, aber seit vielen Jahren fruchtlose Beitrittsverhandlungen mit Brüssel führt.

Der BRICS-Status der Türkei ist auch noch ungeklärt, da sie bisher nur als BRICS-Partner geführt wird, ohne Vollmitglied zu sein. Der türkische Flirt mit den BRICS zeigt aber auch die Frustration des Landes über westliche Einmischungen in die Innenpolitik, Dollardominanz und europäische Ausgrenzung. Der Handel mit China und Russland wurde in den letzten Jahren massiv ausgeweitet, ohne Rücksicht auf westliche Befindlichkeiten.

Aufgrund der ambivalenten Haltung der Türkei blockieren aber China und Indien trotz wachsender Handelsbeziehungen eine BRICS-Vollmitgliedschaft des Landes. Der Westen nimmt seinerseits Anstoß an vermeintlich autoritären Tendenzen der Staatsführung, verbreiteter Korruption, fehlender Loyalität und anhaltender wirtschaftlicher Instabilität,

> Die Türkei ist dank ihrer strategischen Lage, ihrer diversifizierten Realwirtschaft und einer intakten Demografie eine einflussreiche Regionalmacht mit wachsendem globalem Gewicht. Die komplexe geoökonomische Strategie der Erdogan-Regierung, mit gleichzeitiger Nutzung etablierter westlicher Vorteile und neuer östliche Chancen, ist eine intelligente Wette auf eine multipolare Zukunft. Durch regionale Dominanz wird gezielt das globale Gewicht des Landes gestärkt. Herausforderungen wie eine hohe Inflationsrate, Abhängigkeiten von ausländischer Technologie und Bildungsungleichheit bremsen zwar das Wachstum, werden aber mit Investitionen in Infrastruktur, Technologie und Bildung kompensiert. Diese geschickte Strategie macht die Türkei zu einem einflussreichen, umworbenen und schwer kalkulierbaren Akteur, mit dem zukünftig zu rechnen ist.

6 Zusammenfassung und Ausblick

Die historische Darstellung im zweiten Kapitel hat verdeutlicht, dass die 500-jährige Periode unangefochtener westlicher Dominanz beendet ist. Die ehemaligen Großmächte West- und Mitteleuropas haben an globaler Bedeutung verloren. Die Vereinigten Staaten sind global weiterhin in vielen Bereichen führend, aber nicht mehr so dominant wie nach Ende des Kalten Krieges. Andere Staaten, vor allem die Volksrepublik China, haben aufgeholt und sich zu Bündnissen zusammengeschlossen.

Versuche des Westens, die BRICS-Staaten geoökonomisch auseinander zu dividieren, haben wenig Wirkung erzielt. Zollerhöhungen und Sanktionsandrohungen gegen Indien haben eher eine Trotzreaktion hervorgerufen. Für einen Präventivkrieg gegen China und die BRICS-Allianz zur vermeintlichen Befreiung aus der Thukydidesfalle ist es aus US-amerikanischer Sicht zu spät, weil der Rivale wirtschaftlich und militärisch bereits zu stark geworden ist und im Zweifelsfall auf die Unterstützung anderer BRICS-Staaten zählen könnte.

Allison (2023) zitierte die Grundregel der Außenpolitik:“ *The enemy of my enemy is my friend.”* Im Kalten Krieg konnte die Nixon-Regierung dieses Prinzip zu ihrem Vorteil nutzen. Die gleichzeitige US-Politik gegen China and Russia hat nun umgekehrt zu einer Allianz der Gekränkten geführt. Diese Doppelkonfrontation habe Xi erst die Gelegenheit gegeben, Washingtons erfolgreiche 1970er-Jahre-Politik der trilateralen Diplomatie umzudrehen, die erheblich zum Sieg der Vereinigten Staaten im Kalten Krieg beigetragen habe. Mittlerweile bezeichnet Xi sogar Putin als engsten Verbündeten. Gleichzeitig hat die westliche Außenpolitik viel von ihrem globalen Einfluss verspielt, mit gravierenden geoökonomischen Folgen.

Die Vereinigten Staaten werden dennoch in einer multipolaren Weltordnung auf lange Sicht noch die Nummer 1 oder 2 bleiben, obwohl sie überschuldet sind und realwirtschaftlich gegenüber China den Anschluss verloren haben. Die USA haben aber dank ihrer einzigartigen Kombination aus wirtschaftlicher und technologischer Stärke, Finanzmacht, Rohstoffreichtum, Militär und Machtbewusstsein geoökonomisch neben China die besten Karten im globalen Wettbewerb. Auch wenn Sanktionen und Zölle gegenüber den BRICS-Staaten keine große Wirkung mehr erzielen, helfen sie den Vereinigten Staaten, ihre europäischen und ostasiatischen Verbündeten zu kontrollieren und wirtschaftlich auszubeuten. Geopolitisch können die USA außerdem noch innerhalb der westlichen Hemisphäre und in der Arktis ihren Einfluss ausbauen.

Die europäischen Nationalstaaten sind dagegen mittlerweile individuell zu unbedeutend und zu abhängig von Dritten, um politisch und geopolitisch und -ökonomisch in der ersten Liga zu spielen. Frankreich und Großbritannien versuchen zwar, eine globale Ausstrahlung zu verteidigen. Sie pochen auf ihr begrenzter Nuklearwaffenarsenal, einen noch der Nachkriegsordnung zu verdankenden ständigen Sitzes im UN-Sicherheitsrat und ihren Beziehungen zu ehemaligen Kolonien. Diese zäh verteidigte Position in der Weltordnung ist aber nicht mehr ökonomisch oder technologisch unterlegt. Deutschland hat sich politisch bereits 1945 aus der ersten Reihe verabschiedet, konnte sich aber dank seiner erfolgreichen Unternehmen zu einer bedeutenden Wirtschaftsmacht entwickeln. Das Fundament der deutschen Stärke erodiert aber seit ca. 20 Jahren aufgrund fragwürdiger politischer Weichenstellungen. Mit geringen Unterschieden leiden alle wichtigen europäische Staaten unter Rohstoffmangel, Staatsverschuldung und einer desolaten demographischen Perspektive.

Eine Bündelung der europäischen Kräfte über die EU könnte die globale Bedeutung der europäischen Mitgliedsstaaten gemeinsam erhalten. Entsprechende Bemühungen leiden aber trotz aller politischen Anstrengungen unter den Interessendivergenzen und den Konstruktionsfehlern der gemeinschaftlichen Institutionen. Die anhaltende Wachstumsschwäche der EU-Wirtschaft verdeutlich, dass die ständige Expansion die Flexibilität und Agilität der Gemeinschaft beeinträchtigt hat, was auch zu Wohlstandsverlusten geführt hat. Bis heute fehlt es an einer einheitlichen Willensbildung auf europäischer Ebene, für die meisten EU-Bürger ist Brüssel weit weg. Die dortigen Entscheidungen sind für viele Menschen kaum zu verfolgen, geschweige denn zu beeinflussen. Individuell hätten einige europäische Staaten ökonomisch solide Perspektiven, müssten sich aber global gegen sehr viel größere Mächte behaupten.

Großbritannien hat bereits mit dem Brexit-Votum entschieden, wieder seine eigenen Wege zu gehen. Andere EU-Staaten könnten theoretisch folgen, wenn ihr Kosten-Nutzen-Kalkül nicht mehr aufgeht. Trotzdem besteht für die EU noch eine theoretische Chance, eine von bis zu 5 Großmächten zu werden. Aufgrund der schwierigen Ausgangssituation und einer überwiegend inkompetenten politischen Führung ist aber wahrscheinlicher, dass Europa zwischen den beiden großen Blöcken USA und BRICS zerrieben oder als willenloser eurasischer Brückenkopf der Vereinigten Staaten ökonomisch und demographisch ausbluten wird.

China ist als Staat mit dem kaufkraftbereinigt höchsten BIP, beeindruckenden Wachstumszahlen und vielen erfolgreichen Unternehmen der wichtigste geoökonomische Herausforderer des Westens. Das Reich der Mitte weist aber auch noch einige Schwächen auf, insbesondere aufgrund seines Mangels an Rohstoffen und Nahrungsmitteln. Mittelfristig wird auch die Demographie ein Problem für das Land werden.

Die dominante Position bei Seltenen Erden verschafft China dafür einen ökonomischenn Hebel. China hat zudem mit der BRICS-Organisation ein Gegengewicht zu den westlichen Institutionen geschaffen, der allen Mitgliedern zu mehr Unabhängigkeit verhilft. Das Reich der Mitte verfügt über diplomatisches Geschick und hat es zuletzt sogar geschafft, ein gutes Einvernehmen mit dem asiatischen Rivalen Indien zu erzielen. Peking betreibt zudem mit Belt-and-Road eine sehr intelligente eurasische Integrationspolitik, deren Umsetzung China noch mehr globalen Einfluss verschaffen wird. Die Herausforderung für die Staatsführung liegt darin, einer offenen Konfrontation mit den Vereinigten Staaten aus dem Weg zu gehen, um nicht doch noch im letzten Moment in die Thukydidesfalle zu tappen.

Indien ist als Staat mit einem der weltweit höchsten kaufkraftbereinigten BIP-Wachstumsraten und einer dynamischen IT- und Technologiebranche ein aufstrebender geoökonomischer Akteur. Das Land strebt eine größere wirtschaftliche und geopolitische Selbstständigkeit an. Eine große Chance liegt für Indien in der Ausnutzung von Spannungen zwischen Russland, China und den Vereinigten Staaten, die der Subkontinent zum eigenen Vorteil nutzen kann. Die junge und wachsende Bevölkerung bietet ein enormes demografisches Potenzial, das Indien mittelfristig einen Vorteil gegenüber den westlichen Staaten und China verschafft. Durch seine aktive Rolle in der BRICS-Organisation stärkt Indien seine Unabhängigkeit von westlichen Institutionen, insbesondere im Finanzbereich. Trotz beeindruckender Fortschritte in vielen Bereichen bleibt Indien im Vergleich zu den USA oder China noch durch akute Herausforderungen wie Infrastrukturdefizite, Armut und bürokratische Hürden eingeschränkt. Eine weitere Herausforderung für Indien liegt darin, interne sozioökonomische Ungleichheiten zu überwinden. Der Subkontinent ist außerdem auf Rohstoffimporte angewiesen.

Russland ist zwar ökonomisch deutlich schwächer als China und die Vereinigten Staaten. Aufgrund seiner geographischen Ausdehnung, seines

Rohstoffreichtums und seiner militärischen Stärke hat Russland aber gute Chance, seine Souveränität zu erhalten. Die Sanktionen des Westens haben Russland die Möglichkeit genommen, ähnlich wie Indien die eigene Position zwischen West und Ost zu optimieren. Russland konnte für sein Öl und Gas neue Absatzmärkte in China und Indien finden, ist aber dadurch in eine größere Abhängigkeit vor allem von China geraten. Durch diese Abhängigkeit verstärkt sich wiederum die Dominanz der Volksrepublik in der BRICS- und SCO-Welt, was nicht im geoökonomischen Interesse des Westens ist.

> Die unipolare Weltordnung ist de facto längst einer multipolaren Struktur gewichen. Die Vereinigten Staaten erkennen die veränderte Situation zwar nicht offiziell an, haben aber ihr Verhalten angepasst. Die Außenpolitik der Trump-Regierung ist auf eine Sicherung der US-Autarkie und eine Konsolidierung der geoökonomischen Position des Landes bedacht. In der multipolaren Ordnung zeichnet sich ein amerikanisch-chinesischer Dualismus ab, mit den Vereinigten Staaten als Führungsmacht des Westens und der Volksrepublik Chinas als dominierender Kraft des zunehmend abgekoppelten Gegenpols. Der neue südöstliche Gegenpol des Westens ist bereits jetzt aufgrund seiner Fläche, Ressourcen, Technologie und Wirtschaftsstruktur ungleich stärker als der alte Ostblock. Die EU wäre aufgrund eines Mangels an echten geoökonomischen Trümpfen und ihrer einseitigen US-Abhängigkeit der designierte große Verlierer, Russland und Indien können dagegen ihre Eigenständigkeit bewahren. Über einen gewissen autonomen Handlungsspielraum verfügen perspektivisch mittelgroße Staaten aus der zweiten Reihe, wie Brasilien, Japan, die Türkei und Großbritannien.
> Nichtstaatliche Akteure wie die Finanzkonzerne, Techgiganten und globale Organisationen werden versuchen, ihren Einfluss auszudehnen. Im Westen stehen ihre Chancen dafür nicht schlecht, auch wenn es in einigen Ländern aktuell eine wahrnehmbare politische Gegenbewegung gibt, die die Macht der Nationalstaaten wieder stärken möchte. Deren prominentester Repräsentant ist Donald Trump.
> In den BRICS-Staaten gilt dagegen überwiegend das Primat der Politik. Machtbewusste Präsidenten wie XI, Putin und Modi werden sich den einheimischen Unternehmen nicht unterwerfen, schon gar nicht den internationalen Organisationen oder US-amerikanischen Finanzinves-

toren und „Technologiekraken". Ein Weltstaat, den manche Angehörige der globalen Elite präferieren würde, mag daher auf Dauer kommen, ist aber aktuell noch nicht in Sichtweite. Falls er käme, wäre er das Ergebnis eines unvorhersehbaren externen Schocks oder langwieriger und vielschichtiger geoökonomischer Auseinandersetzungen zwischen den souveränen Staaten einer multipolaren Welt, unter Beteiligung nicht-staatlicher Akteure. In dieser komplexen Gemengelage ist daher, trotz oder sogar wegen einer möglichen weiteren Eskalation geopolitischer Konflikte damit zu rechnen, dass Geoökonomie noch für viele Jahre ein relevantes und hochspannendes Thema bleibt.

Literaturhinweise

Acharya, A. (2017): East of India, South of China: Sino-Indian Encounters in Southeast Asia

Allison, G. (2015): The Thucydides Trap: Are the U.S. and China Headed for War, in The Atlantic, online unter https://www.theatlantic.com/international/archive/2015/09/united-states-china-war-thucydides-trap/406756/

Asch, R. G. (1997): The Thirty Years War: The Holy Roman Empire and Europe, 1618–1648

Aust, S. und Geiges, A. (2012): Mit Konfuzius zur Weltmacht: Das Chinesische Jahrhundert

Beaulac, S. (2004): The Power of Language in the Making of International Law: The Word Sovereignty in Bodin and Vattel and the Myth of Westphalia

Birg, H. (2014): Die alternde Republik und das Versagen der Politik: Eine demographische Prognose

Bogucki, P. (1999): The Origins of Human Society

Brzezinski, Z. (1997): The Grand Chessboard

Burda, M. C. und Severgnini, B. (2011): Volkswirtschaftliche Gesamtrechnung DDR 1950-1989: Daten, Methoden, Vergleiche

Chen, D. & Wang, J. (2020): China's Belt and Road Initiative: A Geopolitical and Economic Analysis. The Chinese Journal of International Politics, 13(3), 365–390.

CIA World Factbook (2005): online unter https://www.cia.gov/the-world-factbook/field/gdp-composition-by-sector-of-origin/

Clark, C. (2015): Die Schlafwandler: Wie Europa in den Ersten Weltkrieg zog

Clark, G. (2014): The Son Also Rises: Surnames and the History of Social Mobility

Cohen, B. J. (2008): International Political Economy: An Intellectual History

Cooley, A. (2019): Great Games, Local Rules: The New Great Power Contest in Central Asia

Croxton, D. (2013): Westphalia: The Last Christian Peace

Dickmann, F. (1998): Der Westfälische Frieden

Di Fabio, U. (2015): Schwankender Westen

Dalio, R. (2022): Weltordnung im Wandel: Vom Aufstieg und Fall von Nationen

Diesen, G. (2024): The Ukrainian War & the Eurasian World Order

Docherty, G. und Macgregor, J. (2013): Hidden History: The Secret Origins of the First World War

Dorn, D. und Hanson, G. H. (2016): The China Shock: Learning from Labor-Market Adjustment to Large Changes in Trade, Annual Review of Economics, 8, 205-240
Elliott, J. H. (2006): Empires of the Atlantic World: Britain and Spain in America, 1492–1830
Englund, P. (1995): Die Verwüstung Deutschlands, deutsche Ausgabe
Fay, S. (1928): Before Sarajevo: The Origins of the World War
Ferguson, N. (1998): The Pity of War: Explaining World War I
Frieden, J. A. (2020): The Political Economy of Economic Policy. IMF Finance & Development.
Friedman, G. (2009): Die nächsten hundert Jahre: Die Weltordnung der Zukunft
Fukuyama, F. (2020): The End of History and the Last Man, aktualisierte und erweiterte Ausgabe
Gabuev, A. (2023): Russia's Role in the SCO and BRICS: Balancing Influence and Constraints. Carnegie Moscow Center
Gilens, M. und Page, B. I. (2014): Perspectives on Politics Volume 12, Issue 3, September 2014, S. 564-581, online https://www.cambridge.org/core/journals/perspectives-on-politics/article/testing-theories-of-american-politics-elites-interest-groups-and-average-citizens/62327F513959D0A304D489
Gilpin, R. (1987): The Political Economy of International Relations
Gordon, J. (2010): Invisible War: The United States and the Iraq Sanctions (Harvard University Press
Haines, T. (2002): The Opium Wars
Hanson, V. D. (2005): A War Like No Other: How the Athenians and Spartans Fought the Peloponnesian War
Harris, R. (2018): Talleyrand: Betrayer and Saviour of France
Hartmann, W., Maennig, W. und Wang, R. (2018): Chinas neue Seidenstraße: Kooperation statt Isolation – Rollentausch im Welthandel
Heinsohn, G. (2003): Söhne und Weltmacht: Terror im Aufstieg und Fall der Nationen
Henkin, L. (1979): How Nations Behave: Law and Foreign Policy
Hochschild, A. (1998): King Leopold's Ghost: A Story of Greed, Terror, and Heroism in Colonial Africa
Holloway, D. (1994): Stalin and the Bomb: The Soviet Union and Atomic Energy, 1939-1956
Hull, I. V. (2014): A Scrap of Paper: Breaking and Making International Law during the Great War
Jacobsen, A. (2014): Operation Paperclip: The Secret Intelligence Program That Brought Nazi Scientists to America
Kagan, D. (2003): The Peloponnesian War

Kagan, R. (2003): Paradise and Power: America and Europe in the New World Order
Kavalski, E. (2021): The Shanghai Cooperation Organization and Eurasian Geopolitics
Keegan, J. (1999): The First World War
Keohane, R. und Nye, J. (2012): Power and Interdepence, 3. Aufl.
Kennedy, P. (1987): The Rise and Fall of the Great Powers
Keynes, J. M. (1919): The Economic Consequences of the Peace
Kissinger, H. (1981): Memoiren, Deutsche Ausgabe, Band 1
Kissinger, H. (2015): World Order: Reflections on the Character of Nations and the Course of History, Taschenbuch
Lasch, C. (1995): The Revolt of the Elites and the Betrayal of Democracy
Lee, M. J. und Hasegawa, T. (2018): The Bank of Japan Steps up with Record Buys of Local Stocks, 2018, https://www.bloomberg.com/news/articles/2018-04-03/ the-tokyo-whale-steps-up-with-record-purchases-of-japan-s-stocks
Lesaffer, R. (2004): Peace Treaties and International Law in European History. Cambridge: Cambridge University Press, S. 89–112
Li, X. (2019): BRICS and the Global Economy: Challenges and Opportunities. China Economic Review, 55, 123–134
Lizarazo López, M. und Petersen, T. (2019): Alterung der Gesellschaft führt zu hohen Wohlstandseinbußen in Deutschland", veröffentlicht im Auftrag der Bertelsmann Stiftung vom Österreichischen Institut für Wirtschaftsforschung (WIFO)
Luttwak, E. (1990): From Geopolitics to Geo-Economics, Logic of Conflict, Grammar of Commerce, The National Interest Nr 20. 1990, S. 17-23
Luttwak, E. (1999): Turbo Capitalism: Winners and Losers in the Global Economy, Taschenbuchausgabe
Lynn, R. und Vanhanen, T. (2002): IQ and the Wealth of Nations
Mackinder, H. (2017): The Geographical Pivot of History, Neuauflage
Malettke, K. (2008): Jean-Baptiste Colbert
Mann, C. C. (2005): 1491: New Revelations of the Americas Before Columbus
Meyerhöfer, W. (2007): Empirische Gewissheit gibt es nicht, in: Jahnke, T., Meyerhöfer, W. (Hrsg.), PISA & Co – Kritik eines Programms
Mitchell, W. (1960): Memoirs of World War I: From Start to Finish of Our Greatest War
Mortimer, G. (2002): Eyewitness Accounts of the Thirty Years War 1618–1648
Muire, R. (2007): Britain and Denmark 1807
Navarro, Peter und Autry, Greg (2011): Death by China: Confronting the Dragon – A Global Call to Action, 2011

Nordenbrock, K. (2024): USA verlieren Terrain: China führend in 37 von 44 Schlüsseltechnologien, https://t3n.de/news/china-schluesseltechnologien-1540169/
Nye, J. (2004): Soft Power: The Means to Success
Nzongola-Ntalaja, G. (2002): The Congo: From Leopold to Kabila
OECD (2023): PISA 2022 Results (Volume I): The State of Learning and Equity in Education, veröffentlicht am 5. Dezember 2023, https://www.oecd.org/en/publications/pisa-2022-results-volume-i_53f23881.html
Osiander, A. (1994): The States System of Europe, 1640–1990
Pagden, A. (1995): Lords of All the World: Ideologies of Empire in Spain, Britain and France c.1500–c.1800
Pant, H. V. (2022): India's Approach to BRICS and SCO: Balancing Strategic Autonomy. Journal of Asian Security and International Affairs, 9(2), 201–223.
Parker, G. (1997): The Thirty Years War. 2. Aufl. London
Pereira, A. (2016): The US Role in the 1964 Coup in Brazil: A Reassessment. Bulletin of Latin American Research
Perkins, J. (2004/2016): Confessions of an Economic Hitman
Ragotzky, S. (2018): Kampf ums Geld: Wie Marktmanipulationen, neue Technologien und politische Krisen das Vermögen beeinflussen
Reid, A. (2011): Leningrad: The Epic Siege of World War II, 1941–1944
Ritter, G. A. (2007): Der Preis der deutschen Einheit. Die Wiedervereinigung und die Krise des Sozialstaates
Rousseau, D. L. (2020) Sanctions and International Law. in The Oxford Handbook of International Sanctions
Ruffin, R. J. (2002) 'David Ricardo's discovery of comparative advantage', History of Political Economy, 34(4), S. 727–748.
Rusche, C. (2025): Direktinvestitionsströme deuten die Deindustrialisierung Deutschlands an, online (abgerufen am 8.10.2025), https://www.wirtschaftsdienst.eu/inhalt/jahr/2025/heft/3/beitrag/direktinvestitionsstroeme-deuten-die-deindustrialisierung-deutschlands-an.html
Sachs, J. D. und Warner, A. (1995): Economic Reform and the Process of Global Integration, Brookings Papers on Economic Activity, 1995(1), 1-118.
Sapir, J. (2022): Assessing the Russian and Chinese Economies Geostrategically, in: American Affairs, Vol. 6, Nr. 4., online https://americanaffairsjournal.org/2022/11/assessing-the-russian-and-chinese-economies-geostrategically/
Scarre, C., Hrsg., (2024): The Human Past: World Prehistory and the Development of Human Societies, 5. Auflage
Scheidemann, C. (1998): Ulrich Graf Brockdorff-Rantzau (1869-1928). Eine politische Biographie

Scholl-Latour, P. (2007): Russland im Zangengriff
Schonhardt-Bailey, C. (1996): Free Trade: The Repeal of the Corn Laws
Seitz, K. (2006): China, 5. Aufl.
Siddiqui, K. (2020): The Study of International Political Economy', World Financial Review
Silver, L. (2021): Ideological Divisions over Cultural Issues are far wider in the U.S. than in the UK, France and Germany" Pew Research Center, veröffentlicht am 5. Mai 2021, online abrufbar unter www.pewresearch.org.
Simon, H. (2009): Hidden Champions of the 21st Century: Success Strategies of Unknown World Market Leaders
Sinn, H.-W. (2021): Die wundersame Geldvermehrung
Sinn, H.-W. (2021): Energiepolitik und Klimaschutz, ifo-Institut, online verfügbar auf www.ifo.de
SIPRI (2025): Trends in Woorld Military Expenditure 2024, online verfügbar https://www.sipri.org/sites/default/files/2025-04/2504_fs_milex_2024.pdf
Skelton, D. (2023): The New Snobbery Taking on modern Elitism and Empowering the Working Class, Taschenbuch
Sparke, M. (2007): Geopolitical Fears, Geoeconomic Hopes, and the Responsibilities of Geography, Annals of the Association of American Geographers, Volume 97, S. 338-349
Stiftung Marktwirtschaft, Hrsg., (2025): Ehrbarer Staat?: Die Generationenbilanz, Argumente zu Marktwirtschaft und Politik Nr. 183, von Bernd Raffelhüschen, Sebastian Schultis, Stefan Seuffert und Sebastian Stramka
Stoddard, B. C. (2003): Operation Catapult: Churchill's Desperate Measure, in warfare history network, online https://warfarehistorynetwork.com/article/operation-catapult-the-attack-on-mers-el-kebir/
Strange, S. (1970): International Economics and International Relations: A Case of Mutual Neglect
Todd, E. (2024): Der Westen im Niedergang: Ökonomie, Kultur und Religion im freien Fall, deutsche Ausgabe, 2024
Ullrich, V. (2013): Die nervöse Großmacht 1871 – 1918: Aufstieg und Untergang des deutschen Kaiserreichs, Taschenbuch
Varoufakis, Y. (2017): Die Ganze Geschichte: Meine Auseinandersetzung mit Europas Establishment
Varoufakis, Y. (2024): Technofeudalism: What Killed Capitalism
Vincent, C. P. (1985) The Politics of Hunger: The Allied Blockade of Germany, 1915–1919

Vitali, S., Glattfelder, James B. und Battiston, Stefano (2011): The network of global corporate control, abrufbar unter. https://arxiv.org/pdf/1107.5728.pdf

Wagenknecht, S. (2021): Die Selbstgerechten

Walzer, M. (1977): Just and Unjust Wars: A Moral Argument with Historical Illustrations, aktuelle Auflage 2015

Wedgwood, C.V. (2005): The Thirty Years War. New York: New York Review Books, S. 89–112.

Winkler, H. A. (2016): Geschichte des Westens: Von den Anfängen in der Antike bis zum 20. Jahrhundert

Woodham-Smith, C. (1962): The Great Hunger: Ireland 1845–1849

Yergin, D. (1991): The Prize: The Epic Quest for Oil, Money, and Power

Zhao, S. (2024). The Belt and Road Initiative: China's Vision for Global Connectivity. World Affairs, 187(1), 45–67.

Zuboff, S. (2018): Das Zeitalter des Überwachungskapitalismus, deutsche Ausgabe

Index

nuggets

Die Reihe nuggets behandelt anspruchsvolle Themen und Trends, die nicht nur Studierende beschäftigen. Expert:innen erklären und vertiefen kompakt und gleichzeitig tiefgehend Zusammenhänge und Wissenswertes zu brandneuen und speziellen Themen. Dabei spielt die richtige Balance zwischen gezielter Information und fundierter Analyse die wichtigste Rolle. Das Besondere an dieser Reihe ist, dass sie fachgebiets- und verlagsübergreifend konzipiert ist. Sowohl der Narr-Verlag als auch expert- und UVK-Autor:innen bereichern nuggets.

Bisher sind erschienen:

Ulrich Sailer
Digitalisierung im Controlling
2023, ISBN 978-3-381-10301-0

Michael von Hauff
Wald und Klima
2023, ISBN 978-3-381-10311-9

Ralf Hafner
Unternehmensbewertung
2024, ISBN 978-3-381-11351-4

Irene E. Rath / Wilhelm Schmeisser
Internationale Unternehmenstätigkeit
2024, ISBN 978-3-381-11231-9

Reinhard Hünerberg / Matthias Hartmann
Technologische Innovationen
2024, ISBN 978-3-381-11291-3

Ulrich Sailer
Klimaneutrale Unternehmen
2024, ISBN 978-3-381-11341-5

Oğuz Alakuş
Basiswissen Kryptowährungen
2024, ISBN 978-3-381-11381-1

Uta Kirschten
Personalmanagement: Gezielte Maßnahmen zur langfristigen Personalbindung
2024, ISBN 978-3-381-12151-9

Kariem Soliman
Leitfaden Onlineumfragen
2024, ISBN 978-3-381-11961-5

Oğuz Alakuş
Das Prinzip von Kryptowährungen und Blockchain
2024, ISBN 978-3-381-12211-0

Eckart Koch
Interkulturelles Management
2024, ISBN 978-3-381-11801-4

Margareta Kulessa
Die Konzeption der Sozialen Marktwirtschaft
2024, ISBN 978-3-381-11411-5

Jörg Brüggenkamp / Peter Preuss / Tobias Renk
Schätzen in agilen Projekten
2024, ISBN 978-3-381-12511-1

Michael von Hauff
Nachhaltigkeit – Paradigma und Pflicht der Völkergemeinschaft
2024, ISBN 978-3-381-11281-4

Sven Seidenstricker / Jens Pöppelbuß / Thomas B. Berger / Heiko Fischer
Digitaler Vertrieb
2025, ISBN 978-3-381-11441-2

Thomas Zerres / Michael Zerres
Rechtliche Herausforderungen im Start-up-Marketing
2024, ISBN 978-3-381-12961-4

Barbara Weyerer
Die proaktive Führungskraft
2025, ISBN 978-3-381-12491-6

Andreas Otterbach / Corinna Wenig
Führend durch Wertschätzung
2025, ISBN 978-3-7398-3226-5

Michael Zerres / Thomas Zerres
Start-ups und EU-Recht
2025, ISBN 978-3-381-13571-4

Rolf J. Daxhammer / Máté Facsar / Zsolt Papp
Spekulationsblasen
2025, ISBN 978-3-381-14571-3

Alexander Brem
Frugale Innovationen
2025, ISBN 978-3-381-10611-0

Michael Hesseler
Herausforderungen für das Betriebliche Gesundheitsmanagement
2025, ISBN 978-3-381-12931-7

Bernd Villhauer
Was ist Vermögen?
2026, ISBN 978-3-381-13141-9

Dirk Linowski
Deutsch-chinesische Beziehungen
2026, ISBN 978-3-381-14551-5

Serge Ragotzky
Geoökonomie
2026, ISBN 978-3-381-14661-1